AF523592

Heiner Hastedt

Zurück zum Fortschritt

Deutungsmacht und die
Wende zum Möglichen

Meiner

Bibliographische Information der Deutschen Nationalbibliothek

Die Deutsche Nationalbibliothek verzeichnet diese Publikation in der Deutschen Nationalbibliographie; detaillierte bibliographische Daten sind im Internet über ‹https://portal.dnb.de› abrufbar.

ISBN 978-3-7873-4423-9
ISBN eBook 978-3-7873-4424-6

 Satz: Jens-Sören Mann. Druck und Bindung: Stückle, Ettenheim. Gedruckt auf alterungsbeständigem Werkdruckpapier, hergestellt aus 100% chlorfrei gebleichtem Zellstoff. Printed in Germany.

INHALT

EINLEITUNG

Alternde Gesellschaften wie unsere eigene sind von der Gefahr der Stagnation bedroht. Eine solche können wir uns aber nicht leisten; denn wir brauchen Veränderungen, besonders um den Klimawandel schnell einzudämmen und die bereits eintretenden Folgen zu begrenzen. Als Alternative zum Denken in Alternativlosigkeiten profiliert dieses Buch eine Hinwendung zum Fortschritt als Ermöglichung. Die von Hans Jonas im »Prinzip Verantwortung« herausgestellte »Heuristik der Furcht« hatte an Veränderungen deren schlimmstmögliche Folgen hervorgehoben und damit, wenn auch unwillentlich, Verzagtheit in Kombination mit Nichtstun befördert. Im Kontrast dazu bedarf der von Reinhard Koselleck als »geschichtsphilosophischer Universalbegriff« bezeichnete und oft zu Recht kritisierte Fortschrittsbegriff einer Renaissance – pluralistisch gedacht als Maßstab für normativ erwünschtes Fortschreiten. Verbesserungen ohne die Scheuklappen des alten, oft ziemlich technokratisch und in den Werten einseitig daherkommenden Fortschrittsbegriffes zu bewerkstelligen, erfordert der vom Klimawandel ausgehende zunehmende Zeitdruck.[1] »Wir können auch anders!« oder auf Neudeutsch »Yes, we can!« wären hier die Parolen für unsere Macht zur Veränderung, die ein Nichts-ist-möglich-Denken überwinden und Aufbrüche ermöglichen könnte. Doch auf Barack Obama mit seiner einnehmenden Parole folgte Donald Trump. Und der zitierte Titel des Films von Detlef Buck nimmt ironisch auf eine Gewaltdrohung Bezug. Was ist in beiden Fällen schiefgelaufen? Blieb das Können in Obamas Amerika vielleicht nur eine rhetorische Figur? Womöglich ohne Übersetzung in das tägliche Handwerk der Politik und weitgehend ohne Attraktion für zunächst oppositionell Gestimmte?

Es ist ein weiter Weg von der bloßen Möglichkeit zur wirklichen Realisierung, die durch eine gedankliche Beschäftigung mit den dazu erforderlichen kleinen Schritten vorbereitet werden muss, damit sie über bloße Absichtserklärungen hinausgeht und der

Möglichkeitssinn mit dem Wirklichkeitssinn zusammenkommt. Eine solche Hinwendung zu Fortschritten des realisierbar Möglichen lässt das Schwanken zwischen unabänderlichen Sachzwängen und folgenlosen Änderungsträumen hinter sich. Nicht nur ein Weltmeister im Kritisieren zu sein, sondern Gestaltungschancen zu suchen und wahrzunehmen, ermöglicht es auf die Dauer, dass sich menschliches Leben auf der Erde nicht nur für Privilegierte erhalten lässt. Ob dies gelingen kann, stößt auf eine Frage, die nicht zuletzt durch die »Corona«-Krise in Deutschland bedrängend geworden sind: »Wie soll ein Staat, der es in einem Jahr nicht schafft, Lüfter in Klassenzimmer seiner Schulen einzubauen, den komplexen ökologischen Umbau der gesamten Volkswirtschaft steuern und neue Konzepte für Mobilität und Energie begleiten und durch Investitionen fördern?« Bei der Beantwortung dieser Frage fordert Moritz Schularick als Fachvertreter der Ökonomie ganz ohne Geld- und Zahlenfixierung »ein anderes Mindset: mehr Dynamik, den Willen zum Handeln und das Selbstvertrauen zu erkennen, dass manchmal auch unkonventionelle Lösungen zum Erfolg führen können.« Der so angesprochene Mentalitätswandel verinnerlicht die Einsicht, dass wir auch anders können, klammert sich nicht an den vermeintlich bewährten Status quo, sondern orientiert sich risikobereit an der Ermöglichung von Veränderungen; denn das »Resilienz-Paradox der Risikogesellschaft liegt gewissermaßen darin, dass wir lernen müssen, neue Risiken einzugehen, um andere, größere Risiken zu vermeiden«[2].

Um ein solches mit Risiken nicht nur furchtsam umgehendes Fortschrittsprogramm attraktiv zu machen, steht bei den folgenden Überlegungen theoretisch und ebenso praxisorientiert das philosophische Konzept der Deutungsmacht mit seiner Wende zum Möglichen wiederholt im Zentrum der Aufmerksamkeit. Gemeint ist ein Aufbruch nicht in einem bloß ausgedachten Sinne, sondern unter Bedingungen des für Menschen tatsächlich Möglichen. Für einen solchen Aufbruch reicht es nicht, folgenlos bis ins kleinste Detail die Argumente abzuwägen, sondern Vernunft ist gefragt, die ihre eigene Durchsetzbarkeit mitbedenkt und ihre Argumente für das Große und Ganze handlungsorientiert zu dimensionieren weiß. Ohne Deutungsmacht bleibt die menschliche Vernunft auf den eigenen Resonanzraum beschränkt und entfaltet bei der Bewältigung von Zukunftsproblemen keine oder nur eine geringe Wirkung. In Abgrenzung zur Gewalt wird Deutungsmacht als eine *soft power* und in einer zu klärenden Weise als eine Erscheinungsform der Macht verstanden. Als Brücke zum genannten Programm wird *potentia* mit ihren Möglichkeiten als gedanklicher Kern des Machtbegriffes überhaupt und so auch der Deutungsmacht identifiziert.

Innerhalb der Philosophie kann zur Unterstützung des angesprochenen Mentalitätswandel ein *potential turn* helfen, der sich von einer kritischen Kritik in einem rein negativen Machtverständnis abgrenzt und Gegenwärtiges von den positiven Veränderungsmöglichkeiten her neu denkt. In Seminaren und in Vorträgen habe ich mich oft über die vielen ausgerufenen Turns lustig gemacht: Nach dem noch immer wirkmächtigen *linguistic turn* kam es zunehmend geballter zu *emotional, pictorial, spatial* und *practical turns*. Und das Ganze immer auf Englisch! Jetzt mache ich selbst mit bei diesem Jargon, um augenzwinkernd etwas als richtig Eingeschätztes mit dem *potential turn* zu befördern. Die Rechtfertigung für eine solche Taktik liefert Aleida Assmann: »Jeder *turn* ist damit die Chance eines frischen Blicks und einer Erweiterung des Sichtfeldes, aber auch eine Sache des *Agenda-Settings*, der Deutungsmacht von Forschungsinstitutionen und der strategischen Durchsetzung von Forschungsschwerpunkten.«[3] Eine Wende zum Möglichen bietet eine solche Erweiterung des Sichtfeldes, weil sie sich nicht von den Gegebenheiten der Vergangenheit einschränken lässt. Behauptete Alternativlosigkeiten, Denkstile und Paradigmen stellen demgegenüber mächtige Begrenzungen von Denk- und Handlungsmöglichkeiten dar, die John Dewey nicht ganz ohne Ironie ein »Ministerium für Ruhestörung« fordern lässt, das »kalkuliert Ärger erzeugt; die Routine zerstört, die Selbstzufriedenheit untergräbt«.

Innerhalb der Philosophie geht es nicht nur gegen eine ausschließlich kritische Kritik, sondern auch gegen eine Art der Philosophie, die vermeintlich vernünftig mehr als Logelei daherkommt denn als Klärung großer Zusammenhänge. Übergroße Erwartungen an subtile Einzelargumente zurückzustutzen, könnte die Vernunft demgegenüber auf einer umsichtigeren Basis zur Geltung verhelfen. Als Leitfigur eignet sich Immanuel Kant mit seiner *Kri-*

tik der reinen Vernunft, der die Vernunft durch ihre Eingrenzung stärken wollte und dessen Grenzbestimmung sich hin zu einer Orientierung an Deutungsmacht erweitern lässt. Platons alte Polemisierung gegen die nur an Macht orientierte Sophistik wird mit der Erweiterung Kants obsolet, auch wenn das Bestreben bleibt, Wahrheit und Richtigkeit als Orientierung beizubehalten und nicht die reine Vernunft zugunsten einer reinen Machtfixierung aufzugeben. Wie bei Max Weber die Verantwortungsethik für eine Vermittlung von Gesinnung und politischer Macht steht und die Einseitigkeiten der reinen Gesinnungsethik und der bloßen Machtpolitik vermeidet, geht es nicht um Macht als Selbstzweck, sondern fortschrittsorientiert um Macht plus Wahrheit und Richtigkeit. Eine von John Dewey auf den Punkt gebrachte Einschätzung verdeutlicht, wie gefährlich die bloße Beschäftigung mit der Vernunft des Guten sein kann: »Während Heilige mit der Introspektion beschäftigt sind, bestimmen stämmige Sünder den Lauf der Welt.«[4] Dewey ist mit seinem philosophischen Pragmatismus ohnehin ein wichtiger Gewährsmann, der sich an Problemlösungen der »ernsten Tagesfragen« orientiert statt an opportunistischer Zustimmung und bloß kritisch bleibender Negativität. Lediglich eine »Verbesserung von Techniken« und das »Wiederkäuen der Systeme der Vergangenheit« reichen hierfür aus seiner Sicht in der Philosophie nicht aus. »Die Suche nach Gewissheit« – von Dewey zeitlich parallel zu Heidegger und deutlich vor Wittgenstein kritisiert – führt zu einer Fehlorientierung, die auf ein unerschütterliches Fundament wahlweise in der Tradition von Platon oder Descartes zielt und die das tastende Suchen nach möglichen Lösungen erschwert. Die Suche nach Sicherheit ist im Grunde genommen rückwärtsgewandt, weil erst im Nachhinein das Rechthaben eine Basis gewinnt und Handlungen erst »in einer ungewissen Zukunft wirksam« werden und grundsätzlich immer das »Risiko des Unglücksfalls, des Scheiterns und des Fehlschlags« mit sich führen. Wer Gewissheit anstrebt, begünstigt das zuschauerhafte Am-Rande-Stehenbleiben, um hinterher immer schon gewusst zu haben, dass dies oder jenes nicht klappen konnte.

Auch wenn Hans Jonas die »Heuristik der Furcht« nach der Debattenlage der Zeit um 1980 auf die aus seiner Sicht menschheitsgefährdenden Technologien vom Typ Atomkraft und gentechnologische Keimbahneingriffe beschränkt, ist die breite Wirkung seines Vorrangs der Furcht vor der Hoffnung nicht nur in Deutschland auch im Umgang mit Techniken und ökologischen Veränderungen überhaupt festzustellen. Vom Schlimmsten auszugehen wurde zu einem mit Jonas rechtfertigungsfähigen Prinzip, wonach die »Unheilsprophezeiung« gemacht wird, um ihr »Eintreffen zu verhüten«, und es ungerecht wäre, »Alarmisten später damit zu verspotten, dass es doch gar nicht so schlimm gekommen« sei.[5] Eine solche Heuristik der Furcht richtet sich zwar zu Recht gegen einen blinden Fortschrittsoptimismus, kann aber dazu führen, dass man sich die Anstrengung einer Abwägung zwischen Handlungsalternativen erspart. So entsteht die Neigung, einen jeweils im Raum stehenden Vorschlag zurückzuweisen und im zeitlichen Abstand dazu oft auch den nächsten, alternativ dazu vorgeschlagenen Lösungsweg. Nach diesem Muster hat Deutschland in der Energieversorgung einen Kurs eingeschlagen, der zuerst nach dem Unfall in Fukushima nach und nach vollständig aus der Atomenergie aussteigt und gleichzeitig nur zögerlich die Einstellung der Kohleverstromung in Angriff nimmt, nicht zuletzt weil die Fernleitungen in den Süden für den an den Küsten umweltfreundlich durch Wind erzeugten Strom nicht fertig gestellt sind. Verhinderungskoalitionen finden sich leicht, Ermöglichungskoalitionen dagegen eher nicht. Gegen eine solche letztlich falsch verstandene Heuristik der Furcht, die Veränderungen über Verbote erhofft, aber solche in Wirklichkeit gerade ausbremst, setzt der *potential turn* auf eine an normativ erwünschten Fortschritten orientierte Aufbruchstimmung.

Deutungsmacht ist mit ihrer Ermöglichung ebenso wie mit ihrer Verunmöglichung hochpolitisch; *fake news* spielen nicht nur im Populismus mit der Verächtlichmachung missliebiger Wissensinhalte eine zentrale Rolle, sondern auch für *spin dictators*: Sergei Guriev und Daniel Treisman zeichnen für den späteren Teil des 20. Jahrhunderts eine Entwicklung nach, die wegführt von den alten Diktatoren vom Schlag Hitlers, Stalins und Maos mit ihren terroristischen, auf Verbreitung von Angst zielenden Gewaltherrschaften und mit weltanschaulich geschlossenen Ideologien im Sinne von Hannah Arendts Totalitarismusanalyse. Neue Diktatoren, die wie die namensgebenden Spin-Doktoren in amerikanischen Wahlkämpfen Storys erzählen, arbeiten mit eher geringer oder doch zumindest kaschierter Gewalt und setzen ganz auf Deutungsmacht: Durch meinungsstark vorgetragene und häufig wiederholte *fake news* der allgemeinen Desinformation überzeugen sie ihre Bevölkerung und können so erfolgreich Wahlen bestehen, die einer wirklichen Opposition keine Chance lassen. Unterdrückung und Zensur beschränken sich auf eine dosierte Anwendung und verhindern primär ein Überspringen von Kritik auf die Gesamtbevölkerung. Das Anfang 2022 erschienene Werk von Guriev und Treisman sieht in Singapur in Gestalt von Lee Kuan Yew einen idealtypischen *spin dictator*, aber auch Orban und Erdogan sind in ihrer Unterminierung der Demokratie auf diesem Weg unterwegs.[6] Die Autoren zählen zum Zeitpunkt der Abfassung ihres Werkes auch Wladimir Putin zu den *spin*-Diktatoren: Es bleibt abzuwarten, ob Putin mit dem Ukraine-Krieg dauerhaft zurückschaltet auf einen traditionellen Gewalt-Diktator. Auffällig ist im Ukraine-Krieg, dass die russische Seite immer wieder Kriegsverbrechen begeht, diese aber mit Geschichten verbrämt, die das eigentlich Skandalöse verdecken, ins deutlich Harmlosere zu ziehen suchen oder möglichst gleich ganz ins Gegenteil einer Schuldzuweisung für die Seite des Westens zu verwandeln. An der semantischen Oberfläche des Konfliktes bleibt keine Anschuldigung ohne Antwort, so dass gerade mit Blick auf die russische Innenpolitik Aussagen zur Verfügung stehen, die wie Argumente aussehen. Am Beispiel dieser rhetorischen Ausrichtung zeigt sich, dass Allgemeinbegriffe und Narrationen besonders leicht deutungsmächtige Plausibilität erzeugen, aber gleichwohl nicht wahr sein müssen. Geschlossene Narrationen mit ihren großen Worten verdienen mindestens ebenso viel Misstrauen wie die Einzelinformationen, die als gefälschte gezielt in die Irre führen. Für Guriev und Treisman ist klar, dass es auf mehr vernünftige Deutung und Fokussierung ankommt.[7] Es geht in dieser von mir geteilten Sicht um das Zusammenkommen von Deutungsmacht und Vernunft. Um Wahrheit muss man sich in einer stimmigen Zusammenschau kümmern, sie setzt sich nicht von alleine durch. Einzelne gute Argumente werden oft nicht gehört – und gerade in einer Demokratie bedarf es großer Aufmerksamkeit, um der Vernunft eine Chance zu geben und ihr zur Macht zu verhelfen.

In der Bundesrepublik Deutschland blieben uns *spin*-Diktatoren erspart und jahrzehntelang war es richtig, die eigenen staatlichen Institutionen gerade im Kontrast zu den NSDAP- und SED-Diktaturen als die bisher besten Arrangements einer Demokratie auf deutschem Boden zu sehen. Aus dieser Einschätzung ist allerdings mit den Jahren immer mehr ein nicht gerechtfertigter Konservatismus zugunsten von bestehenden gesellschaftlichen Einrichtungen in und außerhalb der Politik geworden. Aus einer immer schon pauschalen Einschätzung wurde so nach und nach eine Abschottung gegen Veränderungen, die den Blick auf international erprobte Alternativen verstellte. Als politisches Beispiel lässt sich der Länderföderalismus in Deutschland nennen, der nach 1945 nach dem Prinzip der das Lokale und Regionale zuerst in der Verantwortung sehenden Subsidiarität zur Zähmung des Zentralstaates eingeführt wurde und der nach wie vor in seiner Grundidee im Gegensatz beispielsweise zum übermäßig auf Paris fixierten Frankreich Stärken aufweist. In Deutschland ist seit Jahren jedoch ein Prozess festzustellen, der den bundesrepublikanischen Zentralstaat innerstaatlich mit einer parallel dazu laufenden Europäisierung auf Kosten der Bundesländer hat immer stärker werden lassen und der zugleich eine ineffektive Kleinstaaterei in Kombination mit einer Verantwortungsdiffusion zwischen Bund, Ländern und den europäischen Institutionen verzeichnet. Die Konferenzen der Ministerpräsidentinnen und Ministerpräsidenten während der »Corona«-Pandemie verkörperten unter Moderation der Bundesregierung diesen Mangel besonders markant, weil die im Prinzip so wichtige Gewaltenteilung zu unguten Blockierungen führte, die an das Sprichwort »Viele Köche verderben den Brei« erinnern ließ. Im Ergebnis kommt allzu oft ein Schlingerkurs unter Vernachlässigung des Subsidiaritätsprinzips zustande. Angesichts von widerstrebenden Interessen und einer oft nur formal zelebrierten Demokratie richtet sich in Wirklichkeit vor allem überbürokratisiert alle Aufmerksamkeit auf vermeintlich oder tatsächlich komplizierte Details, was eine Sicherheitsfixierung begünstigt und die Kunst der Verständigung unter Abwägung von Risiken als Basis für fortschrittsorientierte Aufbrüche vernachlässigt.

Neben und sogar unabhängig von der Politik könnten solche Aufbrüche mit neuen Techniken einhergehen, die in einer von Furcht geprägten Umgebung ausgebremst wurden und die als »Kunst des Möglichen« (Christoph Hubig) effektiv dem Klimawandel und dessen Negativfolgen entgegenarbeiten. Deren Bewältigung erfordert selbst bei einer zumindest gedanklich möglichen, aber vermutlich unrealistischen weitgehenden Änderung von Bedürfnissen, die sich am Verzicht orientiert, technische Innovationen. Wo die Technikbewertung – wie in der Philosophie schon oft beobachtet – zwischen Euphorie und Ablehnung schwankt, könnte es an der Zeit sein, die reflexive Abwägung wieder etwas stärker von der habitualisierten Ablehnung hin zur Öffnung für technische Zukunftsmöglichkeiten zu verändern: Wenn zum Beispiel eine nachhaltige Wärme- und Elektrizitätserzeugung bei nicht stetig verfügbarer Sonnen- und Windenergie etabliert würde, die mit nicht nur kurzfristigen Speicherungen und mit Weiterleitungen aus wind- und sonnenreichen Gebieten (wie beim vorerst gescheiterten *Desertec*-Projekt) arbeitet, könnte sich dies als Segen erweisen. Diskutierenswert ist neben der unstrittigen CO_2-Bindung durch Bepflanzung von Gebäuden und Ödland eine CO_2-Abscheidung aus der Luft als *direct air capture* mit anschließender Gesteinseinlagerung. Ähnlich weitreichend wäre eine Wasserstoffwirtschaft, die Beton und Stahl klimaneutral herstellen lässt, die Entwicklung von synthetischen Kraftstoffen auch für Flugzeuge sowie in Wassermangelgebieten die Schaffung einer möglichst effektiven Meerwasserentsalzung. Wenn an die Stelle einer falschen Heuristik der Furcht wieder eine keineswegs auf das Technische beschränkte Hoffnung treten soll, dann bleibt es allerdings wichtig, nicht hinter die Dekonstruktion großer Fortschrittserzählungen im Sinne von Jean-François Lyotard zurückzufallen. Doch die Abschaffung des Konzeptes eines einlinigen großen Fortschrittes mit seiner Tendenz zur einseitigen Fixierung auf Wirtschaftswachstum schließt – so die These dieses Buches – das Ringen um viele kleine nicht aus. Schon Max Weber hatte in seiner Pluralisierung nach einem jeweiligen Maßstab viele kleine Fortschrittserzählungen nahegelegt.[8] Einen Fortschritt im Singular in einer großen Erzählung, bei der wie auf einer Linie alle Etappen der Menschheitsgeschichte mit Aufwärtstendenz eingetragen werden, gibt es nicht. Nicht zuletzt in einer interkulturellen Perspektive hat eine solche Orientierung in einem kolonialistischen und durchaus auch sozialistischen »Entwicklungstotalitarismus« viele unterdrückende Wirkungen gezeitigt. Daher stellt es selbst einen Fortschritt dar, wenn ein solcher einliniger Begriff verschwindet und stattdessen jeweils einzelne Verbesserungen anhand eines ausgewiesenen normativen Maßstabes als Aufwärtsbewegung zwischen zwei Zeitpunkten gedacht werden. Räumlich und zeitlich können bei einer solchen Pluralisierung Fortschritte mit Rückschritten zwischen anderen Punkten koexistieren. Eine gleichzeitige Aufwärtsbewegung in allen Dimensionen des Zusammenlebens ist unwahrscheinlich. Ob etwas als Fortschritt einzuschätzen ist, bleibt kontrovers und deutungsmachtabhängig. Es wäre in solchen Kontroversen gleichermaßen geschichtsvergessen, wenn einerseits die eingetretenen Fortschritte der Vergangenheit beispielsweise in der Medizin, trotz aller Ambivalenzen in der Technik, bei sozialen Errungenschaften und auch bei ersten Erfolgen im Umweltschutz wie der Verbesserung der Qualität von Luft und Wasser ignoriert würden und wenn anderseits die gravierenden Kehrseiten wie Kolonialismus, der menschengemachte Klimawandel, das Artensterben in der Tier- und Pflanzenwelt und die Totalitarismen des 20. Jahrhunderts mit ihren massenhaften Grausamkeiten nicht in den Blick kämen. Die Sicht auf die Moderne bleibt ambivalent und erfordert eine differenzierte Abwägung in ihrem Verhältnis von Fortschritten und Rückschritten. Auf Zukunft bezogen wären Fortschritte in einer Wende zum Möglichen mit einer sensiblen Vermeidung von damit verbundenen Rückschritten einzeln zu erringen. *Zurück zum Fortschritt* sieht sich nicht als eine Form des Kulturkonservatismus, sondern als eine Orientierung, die die eingetretene und noch drohende Stagnation für die jetzige und die zukünftigen Generationen zum Wünschenswerten hin überwinden hilft.

In der Verbindung der Deutungsmacht mit der Wende zum Möglichen lädt dieses Buch zu einer selbst fortschreitenden Gedankenreise ein. Ausgehend von Judith Shklars Liberalismus der Furcht grenzt Kapitel 1 den Begriff der Gewalt von Macht und Deutungsmacht ab, die in Kapitel 2 und 3 nacheinander genauer untersucht werden. Am Ende steht ein Konzept von Deutungsmacht, bei dem das auf Einfluss abhebende Machtverständnis von Niklas Luhmann – ebenso wie das von Michel Foucault und Hannah Arendt – an die Seite und teilweise an die Stelle der Kritischen Theorie in der Tradition von Karl Marx tritt. Die in Kapitel 4 eigenständig gerechtfertigte Renaissance des Fortschrittsbegriffes steht im Kontext einer erneuerten Wahrheitsorientierung, die in der an der Dekonstruktion großer Erzählungen orientierten Postmoderne als verdrängt galt. Nach den vor allem machttheoretisch ausgerichteten Teilen des Buches leitet das Kapitel 5 dazu über, angeregt durch Isaiah Berlin und John Dewey Situationen als Herausforderung für eine Deutungsmacht in Theorie und Praxis zu verstehen, die sich nicht mit Allgemeinbegriffen begnügt. Während sich Reflexion und Urteilskraft philosophisch starkmachen lassen, wird deren Deutungsmacht in gesellschaftlichen Konflikten hingegen in Kapitel 6 als begrenzt eingeschätzt. Die anthropologisch und existenzphilosophisch ausgerichteten Kapitel 7 und 8 verknüpfen das Konzept der Deutungsmacht unter Einbeziehung von Martha Nussbaums Nachdenken über Emotionen und Fähigkeiten mit der Endlichkeit von verletzlichen Menschen. In Kapitel 9 stehen sozialphilosophische Vorschläge zur deutungsmächtigen Verbindung von Möglichkeits- und Wirklichkeitssinn im Zentrum der Aufmerksamkeit, die utopischen Phantasien und der Kunst der Kompromisse nicht nur mit Blick auf den Klimawandel einen besonderen Platz einräumen.

1

GEWALT, MACHT, DEUTUNGSMACHT

Eine Welt ohne oder zumindest mit weniger Gewalt stellt für die meisten heute Lebenden eine bessere Welt dar und manifestiert – so der später noch zu thematisierende Steven Pinker – einen Fortschritt in der Geschichte der Menschheit, in der Gewalt eine geradezu zentrale Rolle spielt. Ob auch eine Welt mit weniger Macht und Deutungsmacht eine bessere wäre, lässt sich im Gegensatz zur Gewalt bestreiten. Schon an diesem Punkt kündigt sich eine untersuchungsbedürftige Differenz zwischen einerseits Gewalt sowie andererseits Macht und Deutungsmacht an. Im Zentrum der Bedeutung von *Gewalt* steht die körperliche Brutalität als physischer Zwang von Menschen gegenüber Menschen, die zu mehr oder weniger schweren Verletzungen bis hin zum Tod führt oder führen kann. In Annäherung an die Gegenwart wird zunehmend psychischer Zwang, der über eine äußerlich bleibende Form der Manipulation hinausgeht, in die Gewaltdefinition einbezogen, insbesondere wenn Zwang angedroht wird und auf eine grausame Demütigung zielt.[9] Gewalt als eng gefasster Begriff lässt sich mit Judith Shklar durch Grausamkeit charakterisieren und so von der Macht abgrenzen: Da Gewalt normativ nur im Ausnahmefall zum Beispiel der Notwehr rechtfertigungsfähig ist, geht mit der Einstufung als Gewalt im Normalfall aufgrund der den Begriff bestimmenden Grausamkeit eine Ablehnung einher. Nach diesen Umschreibungen sind kriminelle Aktionen unter Nutzung oder Androhung von Waffen ebenso wie körperliche Züchtigung und sexualisierte Nötigungen eindeutige Formen von Gewalt. Mobbing in Arbeitsverhältnissen oder im Internet sowie Stalking gehören wegen ihres psychischen Nötigungscharakters ebenfalls ins Spektrum der Gewalt. Unübersichtlicher ist in der Bewertung das Konzept der strukturellen Gewalt, wie es von Johan Galtung entwickelt worden ist. Neben Aspekten, die auf die vielfältige Gewalt von Verhältnissen unabhängig von Gewalt zwischen Personen aufmerksam machen, gibt es die problematische Tendenz, jede Beschwernis mit dem Ausdruck »Gewalt« zu belegen: Freiheitsberaubung ist eine Form der Gewalt, die dann als strukturelle angesehen werden kann, wenn beispielsweise ganze Teile einer Bevölkerung in einem eng gefassten Territorium eingesperrt werden. Eine solche strukturelle Gewalt kann so konzipiert sein, dass die unmittelbare Gewaltanwendung durch Personen die Ausnahme bleibt. Wenn in der »Corona«-Pandemie das verpflichtende Tragen von Masken als Freiheitseinschränkung und damit strukturelle Gewalt verstanden wird, dann scheint allerdings jedes Maß verlorenzugehen und der Gewaltbegriff überdehnt zu werden. Strukturelle Gewalt sehe ich als ein graduelles Konzept an, das auf der einen Seite zu Recht genutzt wird, auf der anderen Seite jedoch ohne Trennschärfe in kontroversen Debatten zur Diffamierung anderer Sichtweisen dient. Lebensbedrohlicher Hunger, der in vielen Ländern, insbesondere bei der von Paul Collier sogenannten »untersten Milliarde«, an der Tagesordnung ist, gehört eindeutig in das Themenfeld der strukturellen Gewalt. Aus der berechtigten Sicht der Betroffenen ist ein solches Hungern ein klarer Fall von Gewalt, aber es wäre inkonsistent, einerseits aus dieser Perspektive das Strukturelle zu betonen und andererseits strukturvergessen ganz auf Personen fixiert Täter benennen zu wollen. Personale Gewalt erfordert die Überführung einzelner Täter; strukturelle Gewalt verlangt nach überpersonalen Auswegen. Insgesamt hat das Konzept der strukturellen Gewalt seine wichtige Bedeutung in der Kritik von Verhältnissen, aber Verantwortliche für diese Form der Gewalt lassen sich weniger einfach finden als im personalen Fall. In der Summe ist Gewalt in seiner definierenden Bezugnahme auf Grausamkeit normativ zu vermeiden; dies trifft auf öffentliche Gewalt ebenso zu wie auf Gewalt im Privaten.

Im Alltag wird Macht oft mit Gewalt (oder auch mit Zwang und Herrschaft als hier nicht eigens diskutierten Begriffen) assoziiert und nicht selten wird dann – so in einer Einführung zu Theorien der Macht – »Gewalt als eine Steigerungsform der Macht« gesehen. Ziel muss bei einem solchen Machtbegriff eine Welt ohne Macht sein. Die Bewertung von *Macht* ist allerdings in der Philosophie im Vergleich zur fast immer als negativ einzuschätzenden Gewalt deutlich ambivalenter: Vom »Lob der Macht« bis zur »Kritik der Macht« lässt sich eine vermutlich noch zu vergrößernde Spannweite der Bewertung finden.[10] Eine Kritik der Macht legt eine Welt ohne Macht nahe und wird von Urteilen wie dem von Lord Acton inspiriert: »Macht korrumpiert, absolute Macht korrumpiert absolut.« Demgegenüber betont Rainer Hank in seinem »Lob der Macht« das dauerhaft überwiegend Segensreiche der Macht und strebt keine »Utopie der Machtlosigkeit« an. Die Brücke zwischen beiden Ansichten könnte die Unterscheidung bilden, dass manche Formen der Macht erwünscht und andere unerwünscht sind. Doch was bedeutet das für die Definition der Macht? Zur ersten Annäherung schlage ich folgende Umschreibung vor: Macht bezeichnet die Fähigkeiten von Menschen und von sozialen Verbänden, auf andere Menschen und Verbände mit Erfolg einzuwirken. Das Einwirkungsverhältnis ist aber nicht im Sinne der Gewalt als direktem Zwang oder auch nur im Sinne eines zwingenden Kausalverhältnisses zu verstehen, sondern die Macht erhöht lediglich die Wahrscheinlichkeit, dass ihrem Einfluss gefolgt wird. Macht als Einfluss verstanden ist nicht grundsätzlich unvereinbar mit Handlungsfreiheit, zumal wenn sie in der Tradition der Aufklärung mit Hank als den Horizont öffnende Ermöglichung verstanden wird: »Macht ist nicht schlimm, solange sie bestreitbar ist, ökonomisch gesprochen: solange der Markt der Macht offen ist.« Beispiele für legitime Macht sind verfassungsgemäß zustande gekommene Parlamentsentscheidungen, die Anspruch auf eine Durchsetzung haben. Interessant ist die Frage nach der Macht des Geldes; denn offensichtlich erhöhen sich durch Geld und vor allem durch viel Geld die Chancen auf die Durchsetzung eigener Ziele. Wenn andere von solchen Zielen negativ betroffen sind, stellen sich Herausforderungen, ob hiergegen im »Wettbewerb als Entmachtungsverfahren« erfolgreiche Gegenmächte mobilisierbar sind. In vielen Fällen ist Macht nicht das Problem, sondern die mit Macht verbundenen »Missetaten« und vor allen die »Monopolisierung der Macht«.[11] Die prinzipielle Bestreitbarkeit der Macht und die Chance auf ihre Entmachtung ist für die Legitimität der Macht zentral. Die wohl gegenwärtig am häufigsten zitierte Umschreibung von Macht, deren Vermeidung keineswegs wünschenswert ist, stammt von Max Weber. In einer kurzen Passage in »Wirtschaft und Gesellschaft« charakterisiert er Macht als Durchsetzungschance: »Macht bedeutet jede Chance, innerhalb einer sozialen Beziehung den eigenen Willen auch gegen Widerstreben durchzusetzen, gleichviel worauf diese Chance beruht.« Als Elemente von Webers Umschreibung lassen sich unterscheiden: das Chancenhafte der Macht, die keineswegs auf gewisse Realisierung setzen kann, das Widerstreben, das immer auch mit Gegenmacht rechnet, und vor allem die Konzentrierung von Macht zunächst auf eine Beziehung zwischen Personen.

Deutungsmacht ist unter der Überschrift der Macht aufgrund seines herausgestellten Deutungsanteils gesondert thematisierbar: Der Interpretations- und Kommunikationsanteil, der verbal oder nicht verbal zum Ausdruck kommt, greift im Fall der Deutungsmacht in das Einflussverhältnis ein. Daraus ergeben sich unterschiedliche Formen der Deutungsmacht, auf die später noch differenziert eingegangen wird. Generell ist Deutungsmacht als *soft power* filigran und entfernt sich so nicht nur von der Gewalt, sondern auch von plumperen Formen der Macht. Hinter der mächtigen Parlamentsentscheidung und dem Wirken des Papstes als Teil einer Institution stehen Legitimitätsauffassungen, die sie deutend tragen; für die Macht des Geldes gibt es viele ökonomische Theorien, die ihre freie Entfaltung im Kapitalismus rechtfertigen oder umgekehrt mehr oder weniger grundsätzlich kritisieren. Hinsichtlich des Verhältnisses von Macht und Deutungsmacht muss mit mindestens drei Lesarten gerechnet werden, die jeweils gute Argumente auf ihrer Seite haben: Nach der einen hat Deutungsmacht immer einen integralen Anteil an jeder Form der Macht, so dass Macht immer Deutungsmacht enthält. Nach der zweiten Lesart ist Deutungsmacht eine Unterklasse der Macht, die sich von anderen Machtformen und von Gewalt unterscheidet. In einer dritten Lesart wird davon ausgegangen, dass beide Lesarten richtig sein können, wenn in manchen Kulturen und zu manchen Zeiten jede Erscheinung der Macht mit Deutungen verbunden, aber nicht immer und überall Deutungsmacht an Macht beteiligt ist. Die Abgrenzung von Macht und Deutungsmacht gelingt zwar rein äußerlich schon über das begriffliche Hinzukommen der Deutung, aber die Abgrenzbarkeit in der Wirklichkeit erfordert eine interdisziplinäre Beschäftigung mit dem empirischen Material. Der Basta-Kanzler Gerhard Schröder kann als ein interessantes Beispiel fungieren: Schröder hatte nicht selten die Neigung, Regierungs- und Parteikonflikte möglichst ohne große Debatten und insofern ohne Deutungsmacht einfach mit Macht zu entscheiden und so Einwände gar nicht erst aufkommen zu lassen. Wäre diese Beschreibung richtig, dann gäbe es tatsächlich Macht ohne Deutungsmacht. Mir scheint es jedoch überzeugender zu sein, den Verzicht auf Debatten als taktischen Versuch zu verstehen, Deutungen nicht persönlich und konfliktreich explizit vertreten zu müssen. Im Hintergrund wirkten Deutungen anderer Art in Regierung und Partei, wenn Überlegungen wie »Wollen wir in einer Rebellion gegen das Basta wirklich den Kanzler und unsere Regierung schwächen?« mächtig wurden. So verstanden wird auf Deutungsmacht zugunsten der Macht nur auf der Vorderbühne verzichtet, während sie in den Hinterzimmern umso stärker zur Geltung kommt. Auch wenn offen bleibt, welche der Lesarten im Verhältnis von Macht und Deutungsmacht – wissenschaftlich spezifiziert in unterschiedlichen Untersuchungsgebieten – letztendlich überzeugt, bevorzuge ich bis auf Weiteres die Hypothese einer Allgegenwärtigkeit der Deutungsmacht.

Wie verhalten sich Gewalt, Macht und Deutungsmacht in einer historischen oder auch interkulturellen Perspektive? Lässt sich hier eine Fortschrittsgeschichte erzählen, wonach Gewalt zunehmend durch Deutungsmacht ersetzt wird? Norbert Elias scheint mit seiner Zivilisationstheorie eine solche Lesart zu begünstigen, wonach die rohe Gewalt des Alltags zumindest am Hof von Versailles – zugespitzt formuliert – durch die Essmanieren ersetzt wurde. Den Impuls von Elias hat Steven Pinker in seiner »Geschichte der Menschheit« aufgegriffen.[12] Auch wenn das voluminöse Werk von Pinker in seiner wissenschaftlichen Methodik nicht überzeugt, enthält sein Buch doch interessante Anregungen zum Nachdenken über die Verbreitung von Gewalt besonders im Alltag. Trotz der von ihm selbst eingeräumten statistischen Herausforderung einer solchen Behauptung führt Pinker beispielsweise an, dass die europäischen Staaten zwischen dem Spätmittelalter und dem 20. Jahrhundert einen zehn- bis fünfzigfachen Rückgang der Mordquote erlebten. Noch bedeutsamer für seine Einschätzung ist die sich nach der Aufklärungszeit allmählich verbreitende Ächtung von Sklaverei, Duellen, Folter, überhaupt grausamen Strafen bis hin zur Ausbreitung pazifistischer Bestrebungen: »Parallel zur Verringerung gewalttätigen Verhaltens verringerte sich auch die Neigung, Gewalt zu tolerieren oder zu verherrlichen.« Es bleibt zweifelhaft, ob es Pinker wirklich gelungen ist, die historische Abnahme von Gewalt mehr als anekdotisch zu präsentieren. Der nahe liegende Einwand, wonach der Holocaust des 20. Jahrhunderts die größte Erscheinung von Gewalt in der Menschheitsgeschichte darstellt, wird von Pinker allerdings durchaus gedanklich integriert. Die systematische Vernichtung von Menschen wird von ihm gerade als furchtbarer Rückfall gegenüber einem übergeordneten Trend zu weniger Gewalt verstanden. Vor diesem Hintergrund ist die Sinnfälligkeit seiner Gedanken auf den Spuren von Elias nachvollziehbar, wenn Pinker den Rückgang von Gewalt im Alltag hervorhebt: »Die Vergangenheit wird weniger harmlos, die Gegenwart weniger düster. Man beginnt, die kleinen Geschenke des modernen Miteinander zu schätzen, die unseren Vorfahren utopisch erschienen wären.« Ob dies wirklich weltweit als Trend belegbar ist, sei angesichts des jetzigen Ukraine-Krieges ebenso wie mit Blick auf den Völkermord in Ruanda 1994 in der Brutalisierung gerade auch des Alltags dahingestellt. Insgesamt bleibt es in wissenschaftlicher Hinsicht bei der Einschätzung, dass Pinker vielleicht Recht hat, aber definitive Belege am einzelnen Material methodisch gestützt herausgearbeitet werden müssten.

Anders als in Pinkers Fortschrittsgeschichte, für die ich hier trotz aller Schwächen Sympathie behalte und die – wie gleich zu zeigen sein wird – mit Hannah Arendt Macht und Gewalt voneinander abgrenzt, habe ich in einem früheren Artikel Macht noch als einen Oberbegriff angesehen, der gradualisiert auf der einen Seite vor allem die Gewalt in den Blick nimmt und auf der anderen Seite beispielsweise die wirkmächtige Interpretation von Texten. Sowohl Gewalt als auch Textauslegung könnten demnach Macht ausüben. Handfeste Gewalt, die zu Verletzungen von Menschen führt, und beeinflussende Deutungen stünden dann unter der gleichen Überschrift der Macht, auch wenn sie normativ durchaus gegensätzlich einschätzbar sind. Gegen eine solche Überdehnung des Machtbegriffes scheint mir das zu Verurteilende der Gewalt normativ angemessener zur Geltung zu kommen, wenn Gewalt und Macht schon begrifflich gegenübergestellt werden. Durch die Gedanken von Hannah Arendt, die Macht und Gewalt voneinander abgrenzt, lässt sich dies untermauern. Für sie ist Macht ein positiv besetzter Relationsbegriff des kollektiven Handelns, während Gewalt das Gegenüber nur beziehungslos durch ihren »instrumentalen Charakter« zum Objekt macht. »Von Links bis Rechts« werde fälschlicherweise unterstellt, dass »Macht und Gewalt dasselbe sind, beziehungsweise dass Gewalt nichts weiter ist als die eklatanteste Manifestation von Macht.«[13] Wäre dies richtig, dann käme die größte Macht aus den Gewehrläufen, wie Mao tatsächlich suggerierte. Gewalt ist für Arendt jedoch nicht zur Legitimitätserzeugung geeignet; denn kein Staat kann sich »ausschließlich auf Gewaltmittel« verlassen und sogar die »totale Herrschaft, deren wesentliche Herrschaftsmittel Konzentrationslager, Polizeiterror und Terror sind, bedarf einer Machtbasis«. Da nicht hinter jedem Einwohner ein Spitzel der Geheimpolizei stehen kann, braucht es immer Reste von wie auch immer erlangter Legitimität, zu deren Beschaffung *spin dictators* besonders begabt sind und die sich im Totalitarismus in ganzheitlichen Ideologien findet. Der für Arendt positiv besetzte Machtbegriff gehört zum »Wesen aller staatlichen Gemeinwesen, ja aller irgendwie organisierten Gruppen, Gewalt jedoch nicht«.

Die neuzeitliche politische Tradition des staatlichen Gewaltmonopols geht davon aus, dass politische Macht – spätestens sobald sie angefochten wird – durch Gewalt gestützt wird. Diese Sichtweise, die auch bei Max Weber zu finden ist, widerspricht der gedanklichen Herangehensweise von Hannah Arendt. Wie verhält sich also das neuzeitlich propagierte Gewaltmonopol zu der hier präferierten Machtorientierung? Den Schlüssel bieten das Kriterium der Grausamkeit von Judith Shklar und die Erinnerung daran, dass der hier eingeführte Gewaltbegriff nicht mit dem im »Gewaltmonopol« implizierten identisch ist. Die von Thomas Hobbes beförderte Orientierung am staatlichen Gewaltmonopol will den Bürgerkrieg verhindern und setzt institutionell auf den »Leviathan«, ohne dass der Staat notwendigerweise in seinen Mitteln gewaltsam und grausam vorgehen muss. Vielmehr geht es um Streitschlichtung und Streitentschärfung, die später in Abkehr oder zumindest in Weiterentwicklung von Hobbes mit dem Rechtsstaatgedanken verbunden wurden. Das sogenannte Gewaltmonopol basiert dann auf der Legitimität einer zentralisierten Macht, die etwaige Gegenmächte nur auf der Basis definierter Spielregeln vorzugsweise demokratisch zulässt, um immer wieder einen Bürgerkrieg oder Ansätze dazu zu verhindern. Die Wichtigkeit, Macht gegenüber der Gewalt auch beim staatlichen Monopol zu bevorzugen, betont Collier gerade für die ärmsten Länder der Welt, da Gewalt ein »Hindernis« für ein »verantwortungsvolles und rechtmäßiges Regieren« darstelle, das sich gegen die »Annahme« stelle, eine »Regierung habe zu herrschen und nicht zu dienen«.[14]

Kann Macht zur Gewalt werden? Um diese Frage zu beantworten, hilft ebenfalls ein Blick auf den »Liberalismus der Furcht« von Shklar, die ein Leben ohne Furcht als Kompass auf dem Weg zu einer gelungenen Gesellschaft nimmt und nicht, wie Jonas, die Furcht als Hinweis auf einen falschen Weg.[15] Die Autorin profiliert eine Form des Liberalismus, der sich normativ – in Reaktion auf die Religionskonflikte des 16. und 17. Jahrhunderts – bei den Autoren Montaigne und Montesquieu (ohne Ersteren selbst als Liberalen zu charakterisieren) im Kampf gegen Grausamkeit herauskristallisiert und so das eigene Selbstverständnis erarbeitet: Der »Liberalismus der Furcht« befürwortet den zumindest anfänglichen Verdacht, dass Regieren bedeutet, »Furcht zu erwecken und Grausamkeit zuzuführen«, und dass »kein Ausmaß an Wohlwollen je ausreichen könnte«, die Schwachen einer Gesellschaft komplett vor solchen Negativseiten des Regierens zu schützen. Dieses Konzept des Liberalismus hat den Vorteil, dass es sein Selbstverständnis nicht vom Wirtschaftsliberalismus oder gar vom individualistischen Egoismus oder vom sogenannten Neoliberalismus der Gegenwart her gewinnt. Das Kriterium der Grausamkeit kann gerade in seiner Vagheit Abstufungen vornehmen und gewinnt seine herausgehobene Bedeutung in der Auseinandersetzung mit Massakern der frühneuzeitlichen Religionsspaltung in Europa und den Massenmorden im Totalitarismus des 20. Jahrhunderts. Die Erinnerung an diese Grausamkeiten rückt die Maßstäbe zurecht, wenn wir uns auf die Suche nach alltäglicheren Grausamkeiten begeben, und allemal, wenn wir über Macht kritisch diskutieren. Sofern Menschen das Glück haben, nicht in Zeiten der offensichtlichen Grausamkeit der Gewalt zu leben, gewinnt das Kriterium der Grausamkeit auch Bedeutung bei weniger offensichtlichen Fällen und erlaubt eine Sensibilität für weitere Erscheinungen der Grausamkeit. Judith Shklar betont, dass ein Liberalismus der Furcht anders als eine reine Totalitarismuskritik ebenfalls den Missbrauch von Macht kritisch beäugt und sich durch die »Exzesse der offiziellen Funktionsträger auf allen Ebenen des Staates« mit ihrer »Neigung, Arme und Schwache besonders stark zu belasten«, beunruhigen lässt, um die »Einschüchterung Wehrloser« zu vermeiden. Grausamkeit ist für Shklar mit ihrem Blick von unten ein *summum malum*, das in verschiedensten Formen aufzufinden, aber in einer grundsätzlich universalistischen und interkulturell-kosmopolitischen Ausrichtung zu verurteilen ist. Im Ergebnis kritisiert sie vorrangig die Grausamkeit, die die Gewalt definiert, aber sie rechnet auch mit einer Grausamkeit auf der Basis einer extrem ungleich verteilten öffentlichen Macht, die so im Ausnahmefall selbst zur grausamen Gewalt wird. Shklar erhebt in Übereinstimmung zu John Stuart Mill die folgende zusammenfassende Forderung: »Jeder erwachsene Mensch sollte in der Lage sein, ohne Furcht und Vorurteil so viele Entscheidungen über so viele Aspekte seines Lebens zu fällen, wie es mit der gleichen Freiheit eines jeden anderen erwachsenen Menschen vereinbar ist.«[16]

Die Behauptung einer Affinität von Macht und Gewalt oder sogar eine Gleichsetzung beider ist im alltäglichen Sprachgebrauch, aber auch im intellektuellen Diskurs immer wieder zu finden. Helmut Lethen hat beispielsweise seiner Monographie zum Großinquisitor von Dostojewski das Motto »Mit dem Polytheismus der Einbildungskraft gegen den Monotheismus der Macht« vorangestellt. Sachlich und auf der Basis der vorgeschlagenen Klärungen auch terminologisch wäre es mit Blick auf den Großinquisitor als Schuldigem am Tod zahlreicher Häretiker auf dem Scheiterhaufen angemessener, vom »Monotheismus der Gewalt« zu sprechen und der polytheistischen Einbildungskraft in ihrem Pluralismus Macht und ganz spezifisch Deutungsmacht zuzubilligen. Die Pointe des Mottos ist es ja gerade, der Einbildungskraft zur Wirkung zu verhelfen und ihr so Macht zu wünschen. Unglücklich und im Konzept nicht überzeugend scheint mir auch Gunnar Hindrichs' Formulierung zu sein, wonach die »Macht der Revolution« als »revolutionäre Gewalt« zu rekonstruieren ist. Richtig ist, dass viele Revolutionen wie die französische in den Jahren 1789 und die russische 1917 mit Gewalt einhergegangen sind. Ob im Sinne von Hannah Arendt, die ohnehin die amerikanische Revolution 1776 präferiert, zusätzlich zur Gewalt mit den genannten Revolutionen Macht verbunden war, sei dahingestellt. Der dauerhafte Erfolg einer Revolution wird sich jedenfalls nicht durch ihre Gewalt gewährleisten lassen, da durch diese lediglich das Putschhafte beim Systemwechsel unterstrichen wird, das in der nächsten historischen Runde mit hoher Wahrscheinlichkeit die Gewalt der zunächst unterlegenen Seite provozieren wird. Das Wort »Revolution« lässt sich für radikale Veränderungen beibehalten, aber eine begriffliche Angleichung von Macht und Gewalt auf diesem Feld verwischt das normativ Schreckliche der Grausamkeit, die selbst bei einer mit richtiger Intention verfolgten Revolution vorzukommen droht. Schon im Vorwege führen entsprechende Gewaltphantasien zu einer grausamkeitsbegünstigenden Eskalation, die zukünftige Misserfolge nach einem Anfangserfolg wahrscheinlicher machen: »Was also an der Revolution von Bedeutung ist, das ist nicht die Revolution selbst, die ohnehin ein großes Durcheinander ist, sondern was in den Köpfen der Leute geschieht, die die Regierung nicht veranstalten oder die zumindest nicht deren Hauptakteure sind.«[17] Die Grausamkeitsdimension der Macht – sofern vorhanden – rechtfertigt eine Kritik der Macht; ohne Grausamkeit mag es gelingen, das positiv Ermöglichende der Macht zu erschließen. Insofern leitet der Gedanke von Macht als Ermöglichung im positiven Gegensatz zur Gewalt als für viele Menschen gerade Möglichkeit verschließende Grausamkeit zu den Erörterungen des nächsten Kapitels über.

2

VON DER KRITIK DER MACHT ZUR MACHT ALS *POTENTIA*

Beim Wort »Macht« schwingt im Deutschen die Konnotation von »Macht!« als Imperativ mit, der an andere gerichtet eine autoritäre Fremdbestimmung befürchten lässt. In der weiter entwickelten Aufforderung »Los, lasst es uns endlich machen!« wird in selbstbezüglicher Form ein positives Können unterstellt, in dem der auf Ermöglichung zielende Gedanke der *potentia* das Fortschrittsmotiv mit dem Konzept der Deutungsmacht verbindet. Demgegenüber muss sich ein negativ ausgerichteter Machtbegriff auf die Kritik der Macht mit dem Risiko konzentrieren, zu einer positiven Veränderung des Kritisierten gar nicht mehr zu kommen. Die Verbindung der Kritik der negativ verstandenen Macht aus der »Dialektik der Aufklärung« mit einer »Heuristik der Furcht« stellt womöglich für die deutsche Gegenwart und teilweise sogar darüber hinaus eine Art Hintergrundkonsens dar, der das Positive der Macht als Ermöglichung verstellt. Die von Theodor W. Adorno und Max Horkheimer unter Mitwirkung von Gretel Adorno verfasste »Dialektik der Aufklärung« knüpft an Max Webers Theorem einer Entzauberung der Welt an und sieht in der schon in ihren Anfängen bei Odysseus auf die Antike zurückzuführenden Aufklärung die Anbahnung des Holocaust. Weiter gefasst steht die »Dialektik der Aufklärung« mit ihren weiterhin gültigen Einsichten für die Ambivalenz der Aufklärungstradition unter Einschluss der aus dieser Tradition stammenden Fortschrittsorientierung. Ideologien des Fortschritts, die die mit ihm in permanenten Zielkonflikten verbundenen Nebenwirkungen und Rückschritte ignorieren, werden in ihrer Vernachlässigung der Ambivalenz zurückgewiesen. Bei aller Kritik formulieren Adorno und Horkheimer die hoffnungsvolle Absicht, dass ihre nicht von Verzweiflung freie Auseinandersetzung mit der Aufklärung einen positiven Begriff von ihr vorbereitet.[18] Im Text ihrer Schrift fehlt jedoch die Entfaltung dieses Programms und so bleibt die negativ ausgerichtete Kritik der Macht dominant. Nach der Marx'schen Kritik der Macht, die als Kritik der bürgerlichen Verhältnisse daherkommt, wird diese in der »Dialektik der Aufklärung« nicht mehr eingegrenzt auf die Macht der Kapitalisten, sondern tritt sublimiert in der allgegenwärtigen instrumentellen Vernunft einer vollständig verdüsterten Welt auf: Der Marx'sche Überwindungsversuch des Kapitalismus führte indirekt über die Verengungen des Marxismus-Leninismus zum Stalinismus, während der Faschismus nicht nur in Deutschland die Befreiungshoffnung der Aufklärung in ihr Gegenteil des Massenmordes verkehrt. Zugleich lässt die Kulturindustrie, welche Horkheimer und die beiden Adornos während ihres Exils in Amerika kennenlernen, mehr an Verdummung denken als an eine Überwindung der Macht.

Axel Honneth hat in seiner »Kritik der Macht« die »Reflexionsstufen einer kritischen Gesellschaftstheorie« nachgezeichnet, indem er ausgehend von der frühen Kritischen Theorie mit ihren Aporien der Nicht-Ausweisbarkeit der Maßstäbe der Kritik die »Wiederentdeckung des Sozialen« in der Gegensätzlichkeit der Ansätze von Jürgen Habermas und Michel Foucault profiliert. Für ihn ist die »Machttheorie Foucaults als eine systemtheoretische, die Habermassche Gesellschaftstheorie als eine kommunikationstheoretische Auflösung der Aporien« anzusehen, in die die das Soziale vernachlässigenden Theoretiker »Adorno und Horkheimer mit ihrer geschichtsphilosophischen Analyse des Zivilisationsprozesses geführt haben«. Eine solche systemtheoretische Lesart von Foucault steigert das einseitig negative Weltbild der Frankfurter Schule in Gestalt der »Dialektik der Aufklärung«. Die in Deutschland so verbreitete Diskurstheorie von Habermas bleibt in dessen systemisch ausgerichtetem Werkteil – im Gegensatz zum lebensweltlichen – weiter den negativ-kritischen Grundmotiven seiner Vorgänger in der Frankfurter Schule verhaftet, die in Gestalt von Theodor W. Adornos Spätwerk die gesellschaftliche Lage als derart in Aussichtslosigkeit gefangen und veränderungsresistent einschätzt, dass nur noch eine »Negative Dialektik« oder eine »Ästhetische Theorie« bei einem Widerstand hilft, der sich einer konstruktiven Kritik aus Prinzip verweigert.[19]

Foucault und Habermas profilieren beide den Diskursbegriff, doch inhaltlich meinen sie dabei Unterschiedliches: Für Habermas ermöglicht der Diskurs als Gegensatz zur Macht argumentativ eine normative Positivbestimmung des (Fortschritts-)Kurses. Sein Kognitivismus bleibt jedoch machtblind, wenn er vom zwanglosen Zwang des besseren Arguments ausgeht. Der Diskurs bei Foucault deckt demgegenüber die Machtdimension von Argumenten und von Wissen auf. Diskurse sind für ihn selbst immer Teil der Macht. Diese Einsicht gilt ebenso für den Begriff des Fortschrittes, der in seinen Bestimmungen in einer semantischen Form Deutungsmacht ausübt. Nach seiner verallgemeinerten Kritik der Macht, die das Positive jedenfalls in der angedeuteten einseitigen Wirkungsgeschichte verschwinden lässt, gibt es bei Foucault selbst – wie noch zu zeigen sein wird – eine Wende zum positiven Machtbegriff. Die Kritik von Habermas an Foucault folgt demgegenüber einem fälschlich unterstellten negativen Machtbegriff, wonach Foucault »Horkheimers und Adornos Kritik der instrumentellen Vernunft zu einer Theorie der Ewigen Wiederkehr der Macht« radikalisiert und so »den letzten Funken von Utopie und von Vertrauen der westlichen Kultur in sich selbst« erstickt. Unabhängig von diesen Detailüberlegungen von Habermas und Honneth, die der positiven Ausrichtung der Macht von Foucault nicht gerecht werden, ist die insgesamt theoriegeschichtliche Ausrichtung beider bemerkenswert, in der die Kritik der Macht im Medium einer Auseinandersetzung mit anderen Theorien erfolgt. Wieso konnte eine solche Herangehensweise lange überhaupt als Kritik der Macht gelten? Wäre hierfür nicht zu erwarten, dass Ross und Reiter benannt und die konkreten Verhältnisse einer Kritik unterzogen werden, wie es bei Marx selbst ja durchaus der Fall war? Stattdessen wird mit nicht geringem begrifflichem Aufwand eine Theoriegeschichte erzählt, wie sie als typisch angesehen werden kann für den »langen Sommer der Theorie«.[20]

Franz Schuh bringt als »Denker der Verblüffung ohne Bluff« die in der Tradition Kritischer Theorie geradezu übliche Kritik der Macht als Literat ganz lebensweltlich auf den Punkt: »Geblieben ist mir der Hass auf die Macht, die sich nie wirklich legitimieren kann, weil sie ihre Legitimation immer stillschweigend, anonym voraussetzt, aber auch die romantische Hoffnung auf den Sieg der Literatur gegen die mächtigen Lemuren.« In solchen Bekundungen verbindet sich die Kritik der Macht mit einer Kritik an der Ungerechtigkeit der Welt, die sich – so eine erste Spur – über die Ungleichverteilung der Macht empört. Judith Shklar sieht in der Fundamentalkritik von Macht einen kritikwürdigen Romantizismus: Eine »romantische politische Theorie« besteht für sie darin, »alle historisch möglichen Formen politischen Lebens abzulehnen«, was schließlich dazu führt, resignativ im »Geist der Vergeblichkeit« zu landen.[21] Statt sich beim romantisch ausgerichteten Kritisieren in einer dauerhaften Opposition einzurichten und bloß die Kritikfähigkeit zu perfektionieren, könnte eine positive Aufbruchsmentalität Missstände abstellen und bessere Wege erkunden. Der Maßstab ist auf den Spuren von Shklar dann vorrangig die Verhinderung von Grausamkeit in allen Erscheinungsformen, während die politische Romantik entgegen ihren eigenen Veränderungsansprüchen für Shklar sich im Gefühl der Aussichtslosigkeit wiederfindet, das Resignation und Zynismus in einem »Wachstum des unglücklichen Bewusstseins« begünstigt und »heute der am weitesten verbreitete intellektuelle Zustand« ist, »zu dem sich die erfinderischsten und subtilsten Geister hingezogen fühlen«. Bei aller Kritik an der negativ bleibenden Macht ist eine spezifische, nicht fundamentalistische Art und Weise, die entweder die Verteilung von Macht oder bestimmte Erscheinungsformen von ihr kritisiert, für Veränderungen als Durchgangsstadium notwendig. Forderungen nach einer Überwindung von Macht als solcher sind demgegenüber als Fehlentwicklung anzusehen, die sich aus einer berechtigten Kritik der Gewalt entwickelt.

In der Tradition von Platon gehört es zum Grundbestand philosophischer Selbstverständlichkeiten, dass Wahrheit und Macht in einem Gegensatz stehen. In seiner Kritik der Sophisten macht Platon ganz polemisch deutlich, dass diese für ihn nur am übermäßigen ökonomischen Gewinn und an der Interessendurchsetzung durch Rhetorik interessiert sind, aber nicht an der Erkenntnis als solcher. Seitdem hat es der Begriff der Macht in der Philosophie schwer, aus dieser Negativprägung herauszukommen. Verschärft wird dies durch eine einseitige Lesart von Machiavelli und Hobbes, die bei Dolf Sternberger als Protagonisten eines dämonologischen Politikverständnisses gelten. Herfried Münkler hat jedoch in seiner Interpretation von Machiavelli herausgearbeitet, dass es für diesen nicht als Selbstzweck um Macht geht, sondern in einem spezifischen Auseinandersetzungskontext der Gefährdung der Republik Florenz. Machiavelli reagiert in seinem Misstrauen gegen einen transzendent begründeten Moralismus auf eine besondere Situation und gelangt – paradox formuliert – zu einer Positivbewertung des eigentlich negativ konnotierten Machtbegriffes. Dies gilt seitdem in der politischen Philosophie als Provokation und Herausforderung, an der sich beispielsweise Dolf Sternberger besonders in seiner Kritik an Carl Schmitt abarbeitet. Auch die Machtorientierung von Hobbes hat den spezifischen Hintergrund, dass er seinen »Leviathan« braucht, um durch dessen ungefährdeter Macht die Sicherheit der Bürger zu garantieren und den neuzeitlichen Gedanken des staatlichen Gewaltmonopols als Überwindung des Bürgerkrieges zu etablieren.[22]

Wie kommen wir von einer prinzipiell negativ ausgerichteten Kritik der Macht zu einem grundsätzlich positiv konnotierten Machbegriff? Diese Frage zu beantworten, ist eine umfangreiche Aufgabe, insbesondere wenn »Macht« wirklich »ein weitgehend ungeklärter Begriff« sein sollte. An dieser Stelle konzentriere ich mich in knapper Form darauf, die Kontaktpunkte der allgemeinen Machttheorien über die Zuspitzung auf Deutungsmacht für einen *potential turn* und für die Rückkehr zu einer Fortschrittsorientierung herauszustellen. Dafür nutze ich im Folgenden zunächst Niklas Luhmanns systemtheoretische Annäherung an den Machtbegriff und Michel Foucaults Entwürfe eines positiven Machtbegriffs, bevor die *potentia*, von Aristoteles herkommend, leitend wird.

Von Niklas Luhmann liegen zwei eigenständige Monographien vor, in denen er Macht erschließt: Neben »Macht«, einem Werk, das er zu Lebzeiten selbst herausbrachte, gibt es einen Text, der erst nach seinem Tode auf der Basis früher Entwürfe zugänglich gemacht worden ist.[23] In Letzterem wartet er mit einer glänzenden Kritik der klassischen Machttheorie auf, die für ihn fälschlicherweise von einer Kausalbeziehung zwischen Akteuren ausgeht. Eine solche kausale Machttheorie ist für ihn die »Folge einer vorliegenden Theoretisierung eines Einzelphänomens«, wonach Macht ein »Bewirken von Wirkungen gegen möglichen Widerstand« ist, »sozusagen Kausalität unter ungünstigen Bedingungen«. Die kausale Machttheorie folge einem physikalistischen und durchaus auch mit dem Namen von Thomas Hobbes verbindbaren Modell der Kraftübertragung. Der Machtinhaber bringe kausal eine Wirkung beim weniger Mächtigen hervor und wie in einem Vorgesetztenverhältnis könne diese Wirkung dann weitergegeben werden. Eine Zirkularität, wonach eine dritte Person in einem anderen Lebensbereich dann wiederum Macht gegenüber der ersten Person ausübt, ist in diesem einfachen Kausalmodell nicht vorgesehen. In diesem wenig attraktiven Verständnis wird Macht wie ein besitzbares Gut als etwas »Ganzes und Einheitliches« gesehen, das man »entweder hat oder nicht hat«. Dass die Wirklichkeit weniger einfach ist, lässt sich für Luhmann auch in der Nicht-Messbarkeit von Macht feststellen. Fälschlicherweise werde nach dem Kausalmodell die »Gesamtsumme der Macht im System invariant gesetzt« und ein Nullsummenspiel unterstellt: Die gleiche Maßeinheit (wie immer die sich auch bestimmen lässt), die jemand verliere, werde einfach einer anderen Person oder Gruppen von Akteuren als Personen oder Institutionen zuteil. Zusammengefasst ist für Luhmann klar, dass die Darstellung der klassischen Machttheorie nach dem Kausalmodell angesichts der Komplexität der Wirklichkeit nur die »Form eines Nachrufs« annehmen kann.

Nachdem Luhmann den kausalen Machtbegriff kritisiert und abgewiesen hat, wendet er sich der Formulierung eines positiven Machtbegriffes zu, den er in einem gesellschaftstheoretischen Zusammenhang als Einfluss und als symbolisch generalisiertes Medium der Kommunikation versteht. Macht durch Einfluss zu bestimmen, erklärt einen Begriff durch einen anderen, der zugleich metaphorische Elemente enthält und nicht frei von Vagheit ist. Gleichwohl lässt sich mit einer vorsichtigen Gleichsetzung von Macht und Einfluss gut arbeiten, weil sie den Machtbegriff von einer selbst vagen Negativaura befreit und das Mysterium der Macht transparent macht. Zugleich kann so eine Macht zwischen einzelnen Personen ebenso gedacht werden wie die Macht der Verhältnisse, die Einfluss ausüben, ohne dass einzelne Personen als aktive Akteure ausgemacht werden können. Die Metapher des Einflusses beispielsweise beim Zusammenkommen eines Nebenflusses mit einem Hauptfluss kann verdeutlichen, dass das Einfließende bestenfalls mit aufwändigen Mikroanalysen von dem anderen Wasser im Hauptfluss unterscheidbar gemacht werden kann. Ähnlich unübersichtlich geht es bei der Macht unter gesellschaftlichen Bedingungen zu. Die Gegebenheit des Einflusses kann leichter festgestellt werden als die genaue Dimensionierung. Von Luhmann abweichend können Einfluss und Einflüsse unter Beibehaltung einer Abkehr vom traditionellen Kausalmodell gleichwohl gewichtet werden: Es gibt zwar nicht die eine Ursache nach dem Modell einer Black-Box-Erklärung – »es geschah, weil er oder sie die Macht hatte« –, die für sich alleine keine Erklärungskraft hat. Ein bei Luhmann in seiner Kritik am Kausalmodell erkennbarer Dualismus von Kausalität und Kommunikation unterstellt aber selbst einen verengten Ursachenbegriff, der sich immer noch an dem frühneuzeitlichen Konzept der Ursache aus der Mechanik orientiert, wonach echte Ursachen wie im Billardspiel nur durch Kraftübertragung wirken. Nach diesem Ursachenverständnis sind die unzulänglichen Kausaltheorien der Macht geformt. John L. Mackie hat demgegenüber die sogenannte INUS-Bedingung als Kriterium für den Ursachenbegriff eingeführt und so die Gegenstellung des Kausalitätsverständnisses zu Modalbegriffen überwunden.[24] INUS steht für *insufficient, but necessary part of an unnecessary but sufficient condition.* Mackie pluralisiert das Kausalitätskonzept und lässt in einer komplexen Ursachenforschung auch eine Vielfalt von Ursachen zu. Nur Ursachen führen demnach zu einem Unterschied im Weltenlauf, selbst wenn dieser Unterschied – sozusagen als wenig beeindruckender Nebenfluss – in seinem Ergebnis bescheiden bleibt. Wenn auch Kommunikation und die noch zu thematisierenden Deutungen zu einem solchen mehr oder weniger bedeutenden Unterschied führen, kann ihnen ebenfalls Einfluss und damit definitorisch Macht zugesprochen werden.

Luhmann verweist auf die aristotelische *potentia* und charakterisiert »Macht als *Möglichkeit* (Potenz, Chance, Disposition)«.[25] Damit ergibt sich die Chance, die Dimension der Ermöglichung im Machtbegriff zur Veranschaulichung mit dem sinnfälligen Verständnis von Einfluss zu verbinden. Die gedanklich naheliegende Konturierung von Macht als politischer Macht wird dabei aufgelöst; ebenso eine Verengung auf personale Macht. Luhmann spricht gleichermaßen von einer »*Entpersonalisierung* des Mediums« und »*Grenzen der Politisierbarkeit von Macht*«, da für ihn Politik nur ein Teilsystem einer modernen Gesellschaft darstellt. Die Vorstellung von Macht wäre demnach eher nach der Figur des Influencers zu modellieren, die gegenwärtig im Internet eine immer größere Rolle spielt. Über den Begriff des Einflusses wird deutlich, dass Influencer mit ihrem fließenden Übergang zur Werbung Macht haben und sicherlich auch ganz absichtlich suchen. Wie Arendt Macht und Gewalt unterscheidet, findet sich bei Luhmann die Differenzierung von Macht und Zwang: »Macht verliert ihre Funktion, doppelte Kontingenz zu überbrücken, in dem Maße, als sie sich dem Charakter von Zwang annähert.«[26] Zwang ist etwas für einfache, zentralisierte Systeme, während Macht mit »Freiheiten auf beiden Seiten« wichtiger wird, weil sie »Alternativen erzeugt«.

In einem Paralleluniversum zu Luhmann arbeitet auch Foucault an einem positiven Begriff der Macht, die zwar bei ihm nicht explizit mit Einfluss gleichgesetzt wird, aber sachlich doch von einflussnehmenden Dispositionen und Kräfteverhältnissen ausgeht. Macht ist ein Standardbegriff besonders in Foucaults mittlerer Werkphase.[27] Zur Überwindung eines negativen Machtbegriffes, der zu einer reinen Kritik der Macht ohne Ermöglichung führt, stellt Foucault die folgende Frage: »Wie kommt es, dass unsere Gesellschaft und die westliche Gesellschaft schlechthin Macht so restriktiv, so arm, so negativ versteht? Warum denken wir bei Macht immer an Gesetz und Verbot?« Ein solcher negativer Machtbegriff ist für ihn formal juristisch geprägt und löst die Frage aus: »Warum akzeptiert man diese juridische Konzeption der Macht so ohne weiteres? Und lässt damit alles unter den Tisch fallen, was die produktive Effizienz, den strategischen Reichtum und die Positivität der Macht ausmacht?« Die Konsequenz ist für ihn ganz sinnfällig: In Abgrenzung vom negativen Machtbegriff will Foucault die »positiven Mechanismen« untersuchen, wonach Macht als Strukturierung des Möglichkeitsraumes »Einfluss« nimmt auf die »Wahrscheinlichkeit von Verhalten«. In dieser Formulierung steht Foucault dem schon aufgegriffenen Gedanken Max Webers nahe, während er zugleich die Wichtigkeit der Semantik herausarbeitet: »Machtbeziehungen« bei Foucault »laufen zu ganz erheblichen Teilen über die Erzeugung und den Austausch von Zeichen«. Im Wissen selbst steckt Macht: »Von jedem, der etwas weiß, können wir sagen, dass er Macht ausübt.« Die »positiven Mechanismen« der Macht zu untersuchen, erfordert, von »Mächten im Plural« auszugehen; denn die »Gesellschaft ist ein Archipel aus verschiedenen Mächten«. Foucault spricht von Taktiken der Macht und grenzt diese von handfest benennbaren regierenden Kasten, Staatsapparaten und ökonomische Entscheidungen treffenden Kreisen ab. Weil Macht nicht so einfach personalisier- und verortbar ist, gilt für ihn auch, dass es im »Verhältnis zur Macht nicht den einen Ort der Großen Weigerung« gibt, sondern nur »einzelne Widerstände«. Ohnehin gilt: »Wo es Macht gibt, gibt es Widerstand.«

Nach der jetzt erfolgten Bestimmung der Macht als Einfluss auf den Spuren von Luhmann und der Positivbewertung der Macht bei Foucault bleibt noch der Gedanke der *potentia* zu vertiefen. Kurt Röttgers arbeitet in seiner großen Studie auf den »Spuren der Macht« in Auseinandersetzung mit der antiken Tradition minutiös heraus, dass Möglichkeit zum Kern des Machtbegriffes gehört. Gleichzeitig stellt er fest, dass es immer auch den Sog gab, hierbei nicht zu bleiben und stattdessen Kausalitätsvorstellungen mit ihrer Verschiebung zu beobachtbaren Verwirklichungen einzubringen und so »abtrünnig« zu werden. Der exegetische Befund im Werk von Aristoteles ist für Röttgers, dass der Vorläuferbegriff von »Macht« bei diesem eindeutig die *potentia* in der Nachbarschaft zur *dynamis* ist und nicht die *potestas*: »Es ist nämlich bereits der griechische Begriff der ›*Dynamis*‹ (für den ich im Folgenden meist schlichtweg ›Macht‹ sagen werde), der diese Doppelheit eines Möglichkeitsbegriffs, d.h. eines *Modalbegriffs*, und eines *Vermögensbegriffs*, d.h. eines ›anthropologischen‹ Begriffs, enthält.«[28] Genau in diesem Spannungsverhältnis möchte ich die Interpretationsleistung von Röttgers aufgreifen: Als *dynamis* steht Macht zwischen einer reinen Modalbegrifflichkeit und einem Vermögensbegriff, der sich anthropologisch auf die Fähigkeiten von Menschen konzentriert. Von der Modalseite her erschließt sich, dass Macht keineswegs nur auf Personen ausgerichtet gedacht werden darf. Von der Seite des Vermögensbegrifflichen wird aber zugleich auch formulierbar, dass personale Macht im Spiel bleibt und dass sich der Machtbegriff nicht in die Grauzonen eines reinen Modalbegriffes auflöst. Um diese Verbundenheit auf den Punkt zu bringen, spreche ich von der Macht als *potentia* im Sinne einer existentiellen Möglichkeit, wobei ich sprachlich das Adjektiv »existentiell« später noch konkretisieren werde und es insgesamt zur Vereinfachung in diesem Buch nicht immer sprachlich der Möglichkeit gesondert beifüge. In Verbindung mit dem von Luhmann profilierten Machtbegriff als Einfluss ergibt sich so folgende Umschreibung: *Macht lässt sich bestimmen als ermöglichender Einfluss.* Dies lässt sich personal ebenso wie nicht-personal bestimmen; gemeinsam ist beiden Varianten die Bezugnahme auf den menschenmöglichen Einfluss. Analytisch betrachtet geht mit jeder Ermöglichung auch eine Verunmöglichung einher, da nicht alles gleichzeitig ins Werk gesetzt werden kann: Wo – beispielhaft – die Entscheidung getroffen wird, eine Tür zu öffnen, bleibt zugleich eine andere geschlossen. Diese Erläuterungen zum Begriff der Macht sind in dem Sinne neutral gemeint, als Verteilungsfragen von Macht ebenso normativ debattierbar bleiben wie die Zwecke der menschlichen Macht. Der Machtbegriff als solcher wird dadurch aber positiv konnotiert, zumal die Gestaltung der Welt der Macht bedarf. Ohne Macht gäbe es keine gesellschaftlichen Veränderungen. Dies schließt aber keineswegs aus, dass Ungleichverteilungen von Macht und ihr normativ unerwünschter Gebrauch weiterhin der Kritik bedürfen. Ausgehend von dem neutralen Machtbegriff ergibt sich eine Brücke zwischen Macht als existentiell ermöglichendem Einfluss in einem deskriptiven Sinne und Macht als Befähigung in einem normativen Sinne, wie es gegenwärtig besonders im später nochmals aufzugreifenden *capability approach* ausgearbeitet wird. Ermöglichung kann so zugleich als Explikation des Machtbegriffes genutzt und normativ als *empowerment* zum Kriterium von erwünschter Macht im Rahmen des Fähigkeitenansatzes gewendet werden.

Von einer negativen Ausrichtung zu einer Macht als *potentia* zu gelangen, stellt einen begrifflichen Fortschritt dar, nicht zuletzt, weil der Negativbegriff noch zu sehr von Assoziationen der Gewalt beherrscht wird. Von Marx und der Kritischen Theorie wie bei Honneth lässt sich so zum positiven Machtbegriff bei Arendt, Luhmann, Foucault und Röttgers gelangen, um die Dominanz der negativen Verhinderungskritik womöglich in Koalition mit einer kurzschlüssigen »Heuristik der Furcht« zu überwinden und die einflussnehmende Ermöglichungsdimension von Macht zu erschließen. Selbst Jonas formuliert eine »Dialektik der Macht«, weil ihr »nur mit einer weiteren Stufe«, nicht mit einem »quietiven Verzicht auf Macht, beizukommen ist«[29]. Im Verweis auf Verantwortung nähert er sich einem positiven Machtbegriff: »Das also, was

Wollen und Sollen überhaupt verknüpft, die *Macht*, ist ebendasselbe, was Verantwortung ins Zentrum der Moral rückt.« Neben einer zumindest partiell immer wichtigen Kritik nicht legitimer Macht ist zugleich im Horizont der Verantwortung ein Machtbewusstsein zur Realisierung des Möglichen zu entwickeln. Nicht die Macht als solche stellt das Problematische dar, sondern die Asymmetrien, die das Thema einer enormen Ungleichverteilung aufwerfen. Im Gedanken der Ermöglichung ist zur Beurteilung einer solchen Ungleichverteilung selbst ein Gedanke der universalistischen Berücksichtigung enthalten: Wo die Ungleichverteilung übermächtig wird, ist der *potential turn* in der Breite der Gesellschaft gefährdet. Wichtig ist es daher, nicht nur die individuelle Ermöglichung in den Horizont zu nehmen, die womöglich auf Kosten anderer geht, sondern auch die gesellschaftliche Verteilung der individuellen Möglichkeiten.

3

FORMEN DER DEUTUNGSMACHT

Die Macht der Deutungen kommt nicht nur in der Politik zur Geltung, sondern fast überall vom Privaten bis zum Öffentlichen. Ein Paar besucht einen Film oder ein Fest: Welcher Teil eines Paares setzt sich nach dem Besuch eines Kinos oder eines Festes mit seiner Deutung zur Beantwortung der Frage durch, ob der gesehene Film interessant oder die Fete amüsant war? Weshalb wurde Christian Drosten in der »Corona«-Zeit zum erfolgreichen Medienstar, während besonders Thomas Mertens als Leiter der Ständigen Impfkommission, aber teilweise auch Lothar Wieler als Chef des Robert-Koch-Instituts oft auf weniger Zustimmung stießen? Wie schafft man es, eine historische Figur mit Überzeugungskraft zu interpretieren, ob also Eichmann der Inbegriff einer »Banalität des Bösen« war oder ob er im Jerusalemer Prozess nur erfolgreich seinen fundamentalen Antisemitismus tarnte? Handelt es sich bei der Bartholomäusnacht 1572 um ein historisches Ereignis mit einer Eskalation, die letztlich niemand wollte, oder um eine von langer Hand geplante Gelegenheit zur Abrechnung mit der Gegenpartei? Welche Rolle spielt Deutungsmacht bei der Auswahl der in Medien behandelten Themen und überhaupt beim Bestimmen dessen, was auf der Tagesordnung steht (»Agenda Setting«)? Wie beeinflusst das Bundesverfassungsgericht beispielsweise in der Klimadebatte gesellschaftliche Veränderungen? Weshalb werden in der Psychologie zunehmend neurobiologische Ansätze leitend? Inwiefern haben Chefs das Sagen – und wird die informelle Macht von Teams nicht unterschätzt, die sich mitunter einig darin sind, dass es ihnen egal ist, wer »unter ihnen Chef ist«? Der »Code des Kapitals«, die Standards der ärztlichen Kunst und das, was als Stand der Technik gilt, bringen am Ende dieser Beispielliste Deutungsmacht in all ihren detaillierten Festlegungen zum Ausdruck.[30]

Deutungsmacht geht im Binnenerleben von Akteuren meist mit der Annahme einher, dass es die Richtigkeit von Argumenten ist, die die Durchsetzung von Deutungen herbeiführt. Auch wenn

Argumente tatsächlich eine große Rolle spielen, reichen sie allein nicht aus, um Deutungsmacht zu erlangen. Drastisch drückt dies der Gangster John Dillinger aus: »Nichts ist so überzeugend wie ein gutes Argument. Außer vielleicht ... ein gutes Argument verbunden mit einer geladenen Pistole.«[31] Der an die Pistolenwelt gewöhnte Verbrecher traut Argumenten und Deutungen ohne handfeste Unterstützung ihre Wirksamkeit nicht zu. Wenn die Fortschrittsgeschichte einer Abnahme von Gewalt stimmt und Pistolen in der modernen Welt für die Durchsetzung von Deutungen an Gewicht verloren haben, dann gewinnen in diesem Freiraum Argumente eine höhere Bedeutung zur Erlangung von Deutungsmacht. Auf sich allein gestellt reichen sie aber weiterhin nicht aus: Um Argumente und intellektualistisch verstandene Deutungen nicht zu überschätzen, führt Luhmann die »Entstehung, Wirksamkeit und Generalisierung von Einfluss« nicht auf eine »besondere Kraft des Überzeugens, Zwingens« zurück, da eine solche Vorstellung »uns in sehr alte Mythologien zurückwerfen« würde.[32] Im Rahmen seiner Kritik des Kausalismus der klassischen Machttheorie weist er zurück, dass Argumente und Intellektuelles die direkte Chance haben, »etwas Gewolltes durchzusetzen«. Beiden spricht er lediglich die Macht der »Selektivitätsverstärkung« auf der Basis einer »Gemeinsamkeit des Weltentwurfs« zu.

Unabhängig von der Frage nach dem argumentativen Gehalt von Deutungen setzt sich Helmuth Plessner mit der verbreiteten »Überzeugung« auseinander, dass »Politik eine Technik ist, die von Exponenten irgendwelcher Machtgruppen gemacht« wird, aber mit »Wissenschaft, Kunst, des Rechts und des Glaubens« wenig oder gar nichts zu tun hat.[33] Wer Macht auf diese Weise ohne einen Deutungsanteil als Gerangel zwischen Herrschenden versteht und auf solche Spiele der Macht reduziert, verkennt sie und kann sie bestenfalls zynisch begleiten statt zu gestalten. Byung-Chul Han hat ebenso wie Plessner keine Schwierigkeiten mit der Verbindung von Deutung und Macht: »Der Griffel stellt die Macht auf einen stabileren Boden als das Schwert.« Für Han gilt das Wechselverhältnis dementsprechend in beide Richtungen: Nicht nur stiftet Macht Sinn, sondern ebenso gilt: »Sinn ist Macht«. Wenn schon Macht im Medium der Semantik operiert, dann können Machtverhältnisse auch durch Sinn beeinflusst werden. Argumente, Deutungen und

Sinn werden dabei allerdings nur in einer geeigneten Rahmung wirksam. Ein noch so gutes Argument kann wirkungslos bleiben, wenn ein solcher Kontext fehlt.

Die von Luhmann und Foucault aufgegriffenen Verständnisse von Macht als positiv zu verstehendem Einfluss ebnen nicht nur den Weg für ein Verständnis der *potentia*, sondern zugleich für die Deutungsmacht als einer Form der *soft power*. Wenn das kausale Modell von Macht, das vom Bild einer mechanischen Kraftübertragung zwischen Akteuren geprägt wird, überwunden ist, dann lässt sich auch der Einfluss von Deutungen, die nicht mechanisch berühren, besser verstehen. Im Bedingungsgefüge von Handlungen und Verhältnissen bekommen Deutungen so einen wichtigen, wenn auch nicht exklusiven Platz im Feld der Machttheorien: Deutungen können beeinflussen und in diesem Sinne Macht entfalten – nicht mehr und nicht weniger.

Friedrich Nietzsche untersucht weniger die Macht der Deutungen, sondern folgt dem Gedanken, dass in jeder Deutung Macht zur Geltung kommt.[34] Es ist ein Wille zur Macht als Grundinstinkt des Lebens, der Deutungen produziert. Nietzsche ist Entmythologisierer: Allein die Deutungen zu betrachten, reicht nicht, sondern der Gesamtkomplex von Deutung und Macht muss in den Horizont treten, um Menschen zu verstehen. Wer beispielsweise moralische Aufforderungen nur als solche nimmt, übersieht für Nietzsche allzu leicht, dass sie nicht selten im Leben nur Ausdruck eines Machtbedürfnisses sind. Im lebendigen Willen zur Macht versucht das Individuum, seine partikulare Beschränktheit zu überwinden und sich selbstbildend zum Übermenschen zu entwickeln. Diese Gedanken, die mit einer Ablehnung der Gleichheitsvorstellung aller Menschen einhergehen, haben Nietzsche besonders in seiner Wirkungsgeschichte – politisch hochgradig ambivalent – anschlussfähig gemacht an reaktionäre und nationalistische Bewegungen. Von Nietzsche lässt sich allerdings wie von den anderen auch nicht unbedingt immer ohne Ambivalenz bleibenden Ideologiekritikern Karl Marx und Sigmund Freud lernen, dass Deutungen in ganz unterschiedlicher Weise von dahinterstehenden Interessen geformt und nur vorgeschoben sein können. Ideologiekritik hat eine Affinität zur Kritik der Macht, die eine bleibende Wichtigkeit behält, aber hier durch die andere Fragerichtung, wie Deutungen in einer Wende zum Möglichen Macht entwickeln können, neu fokussiert wird. Der Nachweis der grundsätzlichen Bedeutung von Deutungsmacht und eine Differenzierung ihrer Formen steht im Mittelpunkt der folgenden Überlegungen, während Taktiken und Praktiken zur Erlangung von Deutungsmacht wie im erwähnten Agenda Setting oder im Interpretieren von Ereignissen oder im Zusammenspiel von Chef und Team höchstens indirekt thematisiert werden. Es wird ein Rahmen abgesteckt, der der weiteren Diskussion auch praxisorientiert bedarf und interdisziplinär eine Deutungsmachtanalyse in einzelnen Feldern erfordert.

Wilhelm Dilthey hat in der deutschsprachigen Philosophie um 1900 in wirkmächtiger Weise das verstehende Deuten vom Erklären abgegrenzt. Er wollte dabei ganz defensiv das Verstehen der Geisteswissenschaften vor der Erklärungsdominanz der Naturwissenschaften schützen. Ein solcher Dualismus führt jedoch in eine Sackgasse: Deutungen stehen nicht vollkommen getrennt den vermeintlich unerschütterlichen Aussagen beispielsweise in den Naturwissenschaften gegenüber. »Atome« und »Elementarteilchen« sind vielmehr ebenfalls Deutungen, insofern sich diese Kategorien für das Verständnis der Wirklichkeit auf der Basis einer langen Geschichte der Physik in Forschergemeinschaften herausgebildet haben. Doch trotz ihres Deutungscharakters gibt es keinen Grund, sie für bloß konstruiert im Sinne von erfunden zu halten. Deutungen sind allgegenwärtig selbst in den vermeintlich harten Wissenschaften wie Physik, Ökonomie, Neurobiologie und Medizin. Doch ihre Allgegenwart verweist nicht auf Beliebigkeit, als wenn wir erst dort deuten, wo die Fakten aufhören. Der alte Gegensatz, wonach wir in den Geisteswissenschaften Beliebiges verstehen und in den Naturwissenschaften Faktisches erklären, ist obsolet. Zugespitzt und angesichts des vertrackten Geist-Körper-Problems etwas schräg formuliert lässt sich sagen: Nicht nur naturwissenschaftlich erklärt haben Gehirne über uns Macht, sondern auch mit den von ihnen hervorgebrachten Deutungen.

Alltagssprachlich enthält der Begriff der Deutung etwas Relativierendes – wie beispielsweise in einem kriminalistischen Fall, in dem unterschiedliche Deutungen zur Aufklärung des Verbrechens vorgebracht werden. Der Sprachgebrauch geht nach erfolgreicher Identifizierung des Täters und seiner rechtlich bestätigten Verurteilung davon aus, dass sich die ursprüngliche Vielfalt der Deutungen zugunsten einer Tatsache aufgelöst hat. Philosophisch bleibt eine Tatsache allerdings die Deutung von etwas als Tatsache, die im Prinzip weiterhin von anderen Deutungen angefochten werden kann. Sogar im Kriminalfall können neue Indizien auftauchen, die weitere Deutungen zulassen. Die prinzipielle Fraglichkeit jeder Tatsachenbehauptung kommt in der begrifflichen Vorrangigkeit des Deutungsbegriffes zur Geltung, der fallibel bis in die Fundamente der Naturwissenschaften hinein immer mit konkurrierenden Erschließungen durch andere Deutungen rechnet. Dies macht nicht alle Deutungen gleich gültig; abwegige Deutungen lassen sich argumentativ als solche benennen. Philosophisch unterscheiden sich Deutungen und Tatsachen in ihrer begrifflichen Weltannäherung, aber eine Gegenstellung zum Wissen und zu Tatsachen besteht für Deutungen nicht: Analog zur antiken Tradition, in der Wissen als wahre gerechtfertigte Meinung verstanden wird, lassen sich solche Deutungen als Wissen auszeichnen, die einen entsprechenden Rechtfertigungsprozess überstanden haben. Ähnliches gilt für Tatsachen, deren positivistischer Sound der Alternativlosigkeit jedoch bewusst nicht übernommen wird. Gerechtfertigte Deutungen sind umgangssprachlich als Tatsachen anzusehen. Gegenwärtig wird in der akademischen Philosophie das Gettier-Problem intensiv diskutiert, wonach eine wahre gerechtfertigte Meinung auch dem Zufall geschuldet sein kann und dementsprechend nicht notwendig als Wissen kategorisiert werden darf. Wenn »gerechtfertigt« so verstanden wird, dass ein Subjekt die Anstrengungen der Rechtfertigung selbst unternommen haben muss, um von Wissen zu sprechen, dann kann es das Wahre und Gerechtfertigte als bloße Meinung des Zufalls nicht geben. »Wahr« verweist auf eine objektive Realität und »gerechtfertigt« auf die subjektive Anstrengung, so dass es sich nur in deren Kombination um Wissen handelt. Wenn eine wahre gerechtfertigte Meinung als Wissen und eine wahre gerechtfertigte Deutung als Tatsache gilt, dann schließt dies nicht aus, dass sich auf Zukunft bezogen ein solches Wissen als unwahr und eine solche Deutung als falsch herausstellen kann.[35]

Unterscheiden sich Interpretationen im Tatsachenbezug von Deutungen? In meiner Begriffsverwendung, in der »Interpretation« gleichbedeutend mit »Deutung« benutzt wird, ist dies nicht der Fall, auch wenn es Kontexte gibt, in denen sinnvollerweise eine bewusste und nachdenkliche Interpretation in Konkurrenz zu anderen Auslegungen von einer bloßen mehr oder weniger intuitiven Deutung sprachlich abgrenzbar ist. Umberto Eco legt besonderen Wert darauf, dass eine Interpretationsphilosophie wie seine eigene keine relativistisch verstandenen Konsequenzen einer Tatsachenleugnung hat und Interpretationen wie Deutungen auf Realität verweisen, da sie stets als Verständnis von etwas zu verstehen sind.[36] Entsprechend fordert er Menschen, die Deutungen vorbringen, dazu auf, »bremsbereit« zu sein und ein Eigeninteresse daran zu entwickeln, sich von der Realität dementieren zu lassen. Der allzu selbstgewissen Gestaltschließung, die in einem verschwörungstheoretischen Wahngebilde enden kann, soll mit dieser reflexiven Gedankenfigur vorgebeugt werden. Deutungen beziehen sich intentional auf etwas; dieses Etwas wird in Übereinstimmung mit Eco als Wirklichkeit gedeutet, ohne dass hiermit eine objektivistische Tatsachenmetaphysik unterstellt wird. Hermeneutik als am Verstehen und mit Eco am Interpretieren orientierte Deutungsphilosophie und Kritische Theorie als auf Veränderung hinarbeitende Kritik der Macht haben in ihrer Wirkungsgeschichte mit gegensätzlichen Gefahren zu kämpfen: Die Hermeneutik steht im wahrheitsvernachlässigenden Relativismus-Sog und die Kritische Theorie tendiert – durch die schon thematisierte Überbetonung der Kritik – zur moralistischen, von Odo Marquard festgestellten »Wacht am Nein«. Im Konzept der Deutungsmacht lassen sich die beiden Traditionen zusammendenken: Verstehen ist kein Selbstzweck und normativ erwünschtes Verändern erfordert Verstehen. In der Geschichte der Hermeneutik besteht ähnlich wie bei Platon als einseitigem Machtkritiker, beim Intellektualisten Kant sowie im Logizismus von Teilen der gegenwärtigen analytischen Philosophie eine Vernachlässigung der Macht.[37]

Isaiah Berlin hat einige seiner ins Deutsche übersetzten Aufsätze unter dem Titel »Die Macht der Ideen« publizieren lassen. Demnach erfüllen Ideen ebenso wie Deutungen entgegen der eigentlich intendierten materialistischen Ausrichtung durchaus das Kriterium von Karl Marx in der 11. These über Ludwig Feuerbach, wenn sie die Welt durch ihren Einfluss verändern und in diesem Sinne deutungsmächtig sind. Nicht nur Geld, ökonomisch eng gefasst, lässt die Welt rotieren, sondern durchaus auch Deutungen. Daher können Deutungen zu Ursachen in einem nicht-kausalistischen Sinne werden; ihr mächtiges Eingreifen in die Welt ist prinzipiell kein Rätsel. Immer wenn sie einen Unterschied machen, entfalten sie Macht und überführen Möglichkeit in Wirklichkeit. Dies lässt sich beispielswiese an Christopher Clarks Analyse der Ursachen des Ersten Weltkrieges verdeutlichen. Der Autor arbeitet im Detail heraus, wie die Deutungen der späteren Kriegsgegner im Sommer 1914 dadurch Macht gewinnen, dass sie der jeweils anderen Seite mit *Worst-Case*-Annahmen begegnen. Die Eskalation findet statt, weil die deutende Erwartung im Raum steht, dass sie von der anderen Seite ohnehin kommen wird. Die Vorwegnahme rechtfertigt die antizipierende Eskalation von der eigenen Seite, was wiederum den zukünftigen Gegnern als Legitimation eigener Eskalationsschritte dient. Wenn Deutungen zu einem solchen Unterschied führen, kann ihnen Einfluss und damit terminologisch Macht zugesprochen werden. Auch wenn sie nicht im Sinne der von Luhmann kritisierten kausalen Machttheorie die Welt verändern, so können sie doch Einfluss nehmen. Um dies festzustellen, bietet die erwähnte INUS-Bedingungsanalyse von Mackie die Chance, Argumente und Deutungen genau dann als wirksam auszuweisen, wenn ohne sie andere Wirkungen in der Welt eingetreten wären. Zugleich macht die Bedingungsanalyse in Übereinstimmung mit Luhmanns Perspektive deutlich, dass nicht Argumente und Deutungen allein solche Wirkungen zeitigen können. Vage ausgedrückt sind sie auf sie stützende Hintergründe oder – anders formuliert – auf *framing* angewiesen.[38] Selbst wo Hintergründe und *frames* prinzipiell wiederum durch Deutungen veränderbar sind, ermöglichen sie doch in ihrer jeweiligen Gestalt Deutungsmacht. Der Kommunikationswissenschaftler Jo Reichertz beschreibt die Kontextualisierung von deutungsmächtigen Argumenten im *framing* ähnlich: »Argumente haben von sich aus keine Kraft und keine Macht. Argumente müssen, sollen sie etwas bewirken können, in einer Umgebung und in einer solchen Gesellschaft geäußert werden, in denen Argumente etwas zählen. Das Argument braucht ein bestimmtes politisches, intellektuelles Klima …, in dem man das Argument ehrt und würdigt.« Nur wenn Argumente in einem für sie günstig konstituierten Kontext auftreten, können sie Deutungsmacht gewinnen. In anderer Terminologie als Reichertz schärft Luhmann indirekt das Spezifische von Deutungsmacht, indem er mit ihrer Wirksamkeit ebenso wie mit ihrer Begrenzung rechnet, da Macht kein »nur sporadisch auftretender Wille« ist, der sich im »Befehl oder im Brechen von Widerstand äußert«, sondern meist eine Form von »latenter Systemmacht«, die »Komplexität« – typischerweise in Deutungen – durch ein »frühzeitiges Definieren von Alternativen oder Operationalisieren von Zwecken reduziert«. So verstanden kann die Macht des Systems nie in »einzelnen Akten eingesetzt und zur Entscheidung von Konflikten auf die Waagschale geworfen werden«.

In der Unterscheidung zwischen Formen der Deutungsmacht kann mit Luhmann die Bedeutung der personalen Deutungsmacht zugunsten der überpersonalen Macht zurückdrängt werden. Zugleich stellen sich zwei Anschlussfragen: Ist zum einen eine solche überpersonale Macht überhaupt noch Deutungsmacht oder stellt sie vielmehr eine Form robusterer, nicht deutender Macht dar? Besteht im Anschluss an Luhmanns systemische Orientierung an der überpersonalen Macht zum anderen die Gefahr, dass der Gedanke der menschlichen Autonomie auf der Basis personaler Deutungsmacht an den Rand gedrängt oder gar aufgegeben wird? In der Beantwortung beider Fragen schlage ich vor, Deutungsmacht sowohl personal als auch überpersonal zu denken und beide Formen von anderer Macht abzugrenzen. Diese Differenzierung akzeptiert, dass die Deutungen anderer sowohl durch eigene Deutungsangebote zu beeinflussen als auch selbst immer schon überpersonal durch historisch und kulturell wandelbare Deutungen konstituiert worden sind. Die *personale Deutungsmacht* spielt sich zwischen einzelnen oder mehreren Individuen unabhängig davon ab, ob sie dabei explizit in einem kommunikativen Dialog stehen oder eher ein instrumentelles Verhältnis haben. Wie ist es anthropologisch möglich, dass Menschen über Menschen Macht durch Deutungen gewinnen? Helmuth Plessner charakterisiert den Menschen als Wesen der exzentrischen Positionalität, das von Offenheit und Unbestimmtheit geprägt ist. Arnold Gehlen formuliert einen verwandten Punkt, indem er den Menschen von Natur aus für ein Kulturwesen hält. Mit dieser anthropologischen Verortung oder besser Nicht-Verortung des »Mängelwesens« Mensch lässt sich der

Einfluss durch kulturell hervorgebrachte Deutungen verstehen. Ein naturhaftes, geschlossenes, perfekt in eine ökologische Nische eingepasstes Wesen bedarf nicht der Deutung. Anthropologisch gesprochen können Deutungen Macht gewinnen, weil Machtfragen nicht rein naturalistisch zu beantworten sind. Plessner spricht in diesem Zusammenhang vom »Prinzip der Unergründlichkeit des Menschen«, in dem sich der Mensch als »offene Frage« entdeckt.[39] Der Mensch ist von Natur aus »künstlich und nie im Gleichgewicht«; deshalb kommt ihm jede »Unmittelbarkeit nur in einer Vermittlung« durch Deutungen zu. Die personale Deutungsmacht erfordert anthropologisch die Abweisung des Naturalismus und des Determinismus: »Könnte ich nicht anders, müsste der andere nicht kommunizieren« – und wir würden es uns ersparen, uns mit Deutungen überzeugen zu wollen, wenn wir uns nach dem »Reiz-Reaktions-Muster« als determiniert ansähen. Solche Überlegungen erfassen vorerst nur die personale Seite der Deutungsmacht, die nach der nicht-mechanistischen INUS-Konzeption modaler Kausalität in ihren Wirkungen durchaus auffällig werden kann. Die *überpersonale Deutungsmacht* wird in den schon thematisierten Machtkonzeptionen von Luhmann, Foucault und Röttgers unter weitgehender Vernachlässigung der personalen Version in den Mittelpunkt ihrer Untersuchungen gestellt und ohne Bezug auf menschliche Autonomie gedacht. Ein Beispiel für nicht-personale Macht findet sich in der Form der Digitalisierung, wie sie in den ohne zentrale Server auskommenden *block chains* mit der Ermöglichung eines transparenten Austausches von Werten ohne Zwischenhändler zum Ausdruck kommt: Eine *Blockchain*-Wirtschaft speichert in ihrer infrastrukturellen Gestaltung Daten dezentral und unveränderlich, so dass der Interventionszugriff auf dem Weg zwischen Sender und Empfänger technisch nicht mehr möglich ist.[40] Auch wenn personal gesteuerte Zentralinstanzen als Manipulatoren wegfallen, kommt die im Digitalen wirkende nicht-personale Macht in ihrer der unmittelbaren Sichtbarkeit entzogenen Effektivität weiterhin zur Geltung. Aus der Ausschaltung personaler Interventionsmacht folgt nicht, dass Digitalisierung überhaupt keine Macht ausübt. Eine solche in Strukturen und Systemen eingelagerte Macht lässt sich als überpersonale Deutungsmacht mit dem Begriff der Konstitution genauer untersuchen.

Konstitution lässt sich bestimmen in der Abgrenzung von der naturalistischen Aufhebung der Deutung, selbst wenn sie beispielsweise in der Digitalisierung wie ein personal nicht durchschaubarer Einfluss zur Geltung kommt. In der Konstitution als Form eines stützenden und zugleich einschränkenden Hintergrundes liegt keine strikte Determination vor, die uns alternativlos zwingt und keiner personalen Auflösung zugänglich ist. Wir haben es mit drei Varianten und nicht nur mit zweien zu tun: 1. Die naturalistisch-reduktive Auflösung der Deutungsebene, die mit ihren Erklärungen naturwissenschaftlich geprägt ist und sich nicht selten auch am alten mechanischen Kausalmodell orientiert. 2. Die personale Deutungsmacht, die eine Affinität zur Autonomie des Menschen hat, sofern sie auf der aktiven Seite agiert, während passiv gedacht – sozusagen auf der Opferseite – personale Deutungsmacht autonomiegefährdend sein kann. 3. Die überpersonale Deutungsmacht als Konstitution, die keiner Determination gleichkommt, aber die entsprechenden Einflüsse auch nicht autonom in einer einfachen Entscheidung personal abschütteln kann. Wir sprechen von einer körperlichen Konstitution und von einer politischen Verfassung als *constitution*. Unsere Körperlichkeit lässt sich durch Training und Ernährung prinzipiell ändern, aber nicht sofort und ohne Anstrengung. Gleiches gilt für Bemühungen beispielsweise zur Änderung unseres Grundgesetzes. Konstitution beschreibt etwas Verfestigtes, das im Täglichen stabil bleibt, aber grundsätzlich auch anders sein könnte. Oft entzieht sich die Konstitution in ihrer Vorgängigkeit der Infragestellung, auch wenn sie prinzipiell geändert werden kann. Anders als die selbst in Deutungen in Erscheinung tretenden Determinationsunterstellungen eines reduktiven Naturalismus, die nicht direkt durch Deutungen außer Kraft gesetzt werden können, erweisen sich Konstitutionen im Prinzip in ihrer Deutungsabhängigkeit als veränderbar – wenn auch träge und nicht grenzenlos.

Der ursprüngliche Klassiker des Nachdenkens über Konstitution ist Immanuel Kant, der sich über die apriorische Konstitution beispielsweise von Raum und Zeit Gedanken macht. Für ihn ist Konstituiertes für alle Menschen gleich und unterliegt weder einer historischen noch einer kulturellen Wandelbarkeit. Selbst wenn diese Nicht-Wandelbarkeit von Raum und Zeit physikalische Einwände aus der Relativitätstheorie überstehen sollte, ist es fragwürdig, ob auch die Kantischen Kategorien schon mit Blick auf die Vorgängerkonzeption von Aristoteles wirklich in der Menschheitsentwicklung als unveränderbar gelten können. Michael Foucault stellt die Unwandelbarkeit grundsätzlich in Frage und setzt neue Akzente, indem er Kant teils missversteht und teils erweitert: In der »Ordnung der Dinge« führt er den Begriff des historischen Apriori ein.[41] Was im Sinne der klassischen Interpretation von Kant wie ein schlichter Fehler im Verständnis des Apriori wirkt, eröffnet kulturwissenschaftlich eine neue Verständnisdimension. Für Foucault gibt es tiefgelagerte, historisch wandelbare Prägungen, die zwischen der personalen und oft relativ leicht bewusst zu machenden Deutungsebene und der nicht nur in Naturwissenschaften zu beschreibenden Gattungsausstattung des Menschen liegen. Diskurse oder gar Dispositive fungieren im Sinne einer solchen grundsätzlichen Veränderbarkeit als historisches und kulturelles Bedingungsgefüge, das im Alltag wie ein Apriori wirkt, ohne eine naturalistische Determination zu sein. Foucault sieht sich als Genealoge, der solche Bedingungsgefüge nachzeichnet und sie damit der prinzipiellen Verflüssigung zugänglich macht. Deutungen haben eine mächtige Konstitutionsgeschichte und sind durch Deutungen mit Macht auch wieder in ihrer Konstitution aufzulösen – wie schwer auch immer. So ist für Foucault »anzunehmen, dass die Macht«, stellvertretend und beispielhaft für Deutungen, »Wissen hervorbringt (und nicht bloß fördert, anwendet, ausnutzt)« und dass es keine »Machtbeziehung gibt, ohne dass sich ein entsprechendes Wissensfeld konstituiert, und kein Wissen, das nicht gleichzeitig Machtbeziehungen voraussetzt und konstituiert«. Daher wäre es für ihn falsch, diese »Macht/Wissen-Beziehungen« von einem personalen »Erkenntnissubjekt aus zu analysieren, das gegenüber dem Machtsystem frei oder unfrei ist«. Deutungen übersteigen in ihrer Konstitution die personale Ebene; denn Subjekte können nicht einfach Deutungen aus ihrem Hintergrund beliebig ändern. Pierre Bourdieu entwickelt in ähnlicher Ausrichtung sein Habituskonzept, das als ein drittes mittleres Konzept zwischen einer von ihm sogenannten finalistischen Freiheit und einer mechanistischen Determination steht und das an *hexis* bei Aristoteles im Sinne einer durchgängigen Grundhaltung erinnert. Der Habitus prägt sich für ihn (weder teleologisch noch mechanistisch deutbar) durch vergangene Erfahrungen dem Körper ein und führt zu einer Einverleibung, bei der der »Akteur nie ganz Subjekt seiner Praxis« wird: »Die strengsten sozialen Befehle richten sich nicht an den Intellekt, sondern an den Körper, der dabei als ›Gedächtnisstütze‹ behandelt wird«. Dieser Grundgedanke, der Habitus als einverleibte Gewohnheit verstehbar macht, wird von Bourdieu sprachlich immer wieder variiert: Der Mensch »fühlt sich in der Welt zu Hause, weil die Welt in Form des Habitus auch in ihm zu Hause ist«.[42]

Weder die personale noch die nicht- oder – gleichbedeutend – die überpersonale Form der Deutungsmacht erschließen sich allein in bisher vorgenommenen begrifflichen Klärungen, sondern profitieren von empirischen Analysen am konkreten Material, die sich mit einzelnen Phänomenen von Deutungsmacht in Situationen ebenso wie mit Deutungsmachtkonflikten beschäftigen. Beispielsweise legte Danny Otto in unserem Graduiertenkolleg »Deutungsmacht« materialreich eine Deutungsmachtanalyse zum »Prekariat« vor, das für den Autor ein vielfach rezipiertes Stichwort in die Debatte wirft, das aber empirisch auf dem Prüfstand die Lage unserer Gesellschaft nicht trifft. Es gibt – so der in der Debatte um das Prekariat herausgearbeitete Punkt – in jeder Gesellschaft und in jedem Leben viel Prekäres, aber ein womöglich einheitliches Prekariat in der Nachfolge des in Wirklichkeit auch nicht besonders homogenen Proletariats gibt es nur im auf Deutungsmacht zielenden politischen Wunschdenken. Linda Stiehm arbeitete ebenfalls differenzierend an der »Deutungsmacht moderner Paternalismen im aufgeklärten *belief system* von Freiheit und Autonomie«. Die gut gemeinten Ratschläge der *Pater*nalisten (trotz des sprachlichen Vaterbezuges oft auch von Müttern) in ihrer schwer vermeidbaren Deutungsmacht werden unten wieder aufgegriffen, indem weniger das Paternalistische, als vielmehr das durchaus mit Autonomie vereinbare Motivierende von *nudges* stark gemacht wird.[43]

Ändert die Verschiebung der Begrifflichkeit von der Macht zur Deutungsmacht den von Franz Schuh annoncierten »Hass auf die Macht«? Ist Deutungsmacht leichter wettbewerblich einzukreisen als beispielsweise Regierungsmacht? Wenn Deutungsmacht Teil jeder Macht ist, dann sind diese Fragen falsch gestellt und führen in die Irre. Die Gleichverteilung ist bei der Macht allgemein genauso wichtig wie bei der Deutungsmacht. Hass kann als eine richtige oder zumindest verständliche Reaktion auf Gewalt angesehen werden; hinsichtlich Macht und Deutungsmacht als ermöglichendem Einfluss führt eine solche Reaktion eher auf Abwege. In normativer Ausrichtung bedürfen Macht und Deutungsmacht der Kritik, wenn sie für die falschen Zwecke mobilisiert werden und einen inakzeptablen Grad von Asymmetrie in ihrer Verteilung aufweisen. Deutungsmacht lässt sich normativ unterschiedlich nach dem Ausmaß beurteilen, in dem sie Teilhabe in einer Gesellschaft fördert und zwischen den Polen einer eher kommunizierenden und befehlenden sowie manipulativen und transparenten Erscheinungsform angesiedelt ist. Eine solche selbst der Deutungsmacht unterliegende Differenzierung grenzt normativ gute und normativ schlechte Deutungsmacht voneinander ab: Aus dem Umfeld der grundsätzlich normativ erwünschten Deutungsmacht, die von der Legitimität ihrer Zwecke auf sie übertragen wird, sind besonders diejenigen Formen der Deutungsmacht zu bevorzugen, die die Vermeidung von Gewalt und Grausamkeit begünstigen, die prinzipiell universalistisch alle Menschen berücksichtigen und die eine den Horizont eröffnende Ermöglichung von Fortschritten unterstützen. Eine solche normative Auszeichnung ist schwach normativ und im Sinne einer Minimalmoral zu verstehen, die einzelnen Deutungsmächten einerseits nicht neutral gegenübersteht, aber andererseits innerhalb dieses Rahmens keine spezifischen Inhalte präjudiziert. Diese jetzt sichtbar gewordene Bezugnahme auf das Normative erfordert im nächsten Kapitel erstens eine Rechtfertigung der Orientierung von Deutungsmacht an Wahrheit und zweitens ein Verständnis des Konzeptes von Fortschritt als normativ ausweisbaren Fortschritten im Plural.

4

REHABILITIERUNG VON WAHRHEIT UND FORTSCHRITT

In den letzten Jahrzehnten haben falsch verstandene Versionen von Postmoderne, Dekonstruktion und Post-Kolonialismus in ihrer Wirkungsgeschichte aus der Aufklärungszeit stammende Ideale wie den normativen Universalismus sowie die Fortschrittsidee fundamental in Frage gestellt und zugleich die Orientierung an Wahrheit fragwürdig werden lassen.[44] Weil lebensweltlich und digital Verschwörungstheorien, die Debatte um *fake news* sowie die Verarbeitung des Angriffskrieges gegen die Ukraine konstruktivistische Ansätze dem Verdacht aussetzen, die Beliebigkeit der Weltannäherung zu unterstützen und Argumente gegen Formen des Populismus zu verunmöglichen, werden erkenntnistheoretische Debatten und die Suche nach Wahrheit auch politisch wieder aktuell. Diese neue Entwicklung findet allerdings schon ein Echo in alten Konstellationen: Michiko Kakutani greift in ihrem Buch zum »Tod der Wahrheit« ein Motiv von Hannah Arendt auf, nach dem in einer totalitären Herrschaft derjenige oder diejenige ideale Untertanen sind, die gar nicht unbedingt überzeugt von Nationalsozialismus oder Kommunismus einfach nur die Unterschiede von Fakt und Fiktion bzw. von wahr und falsch nicht mehr als existent betrachten und so ohne belastbare Kriterien höchstens achselzuckend dem Unrecht gegenüber stehen.[45] Harry Frankfurt hat in seinem Buch zum »Bullshit« ganz ähnlich darauf hingewiesen, dass der größte Mist seine Kenntlichkeit in einem Kontext verliert, in dem ein relativistischer Sound gepflegt wird. Neben der Kritik am »Bullshit«-Relativismus beobachtet William Davies, dass Wahrheit von vielen selbst als parteiisch und voreingenommen angesehen wird: »Die Ansprüche Sachverständiger – insbesondere der Technokraten des Staats – stoßen auf einen vergrößerten Argwohn, als seien sie quasikoloniale Herrschaftsinstrumente«, so dass eine breite Abstumpfung »gegenüber den Verlautbarungen und Prognosen von Experten« festzustellen ist. Das wissenschaftliche Establishment habe zu lange geglaubt, dass die Fakten für sich selbst sprechen, und habe seine Fähigkeit verkümmern lassen, die eigene Wahrheitsorientierung auch politisch zu verteidigen. Wenn Experten in einer Gesellschaft nur noch als Teil des Establishments gesehen werden, dann werden Gegenkräfte mobilisiert, die die Orientierung an Wahrheit erschweren. In diesem Kontext verliert für Davies die Wahrheitsorientierung die Fähigkeit, Streit zu entschärfen und Konflikte zu lösen, so dass jeder »Respekt vor der Wahrheit« verloren zu gehen droht und diese »zu einer politischen Frage wird, die den Dissens und das Konfliktpotenzial erhöht, anstatt beide zu entschärfen«. In der Wissenschaft müsste vor diesem Hintergrund ein übergreifendes Wahrheitsverständnis stark gemacht werden, das im Einzelfall auch gegen die spezialisierten Ergebnisse von Experten auftreten kann und das im wissenschaftlichen Miteinander selbst wieder vermehrt um die Angemessenheit von disziplinären Zugängen streitet. Der argumentative Bezug auf Wahrheit kann dann wieder als Schiedsrichter für wissenschaftliche und gesellschaftliche Debatten ins Spiel gebracht werden. Wie schwer dies bleibt, lässt Collier in einem lakonisch-kämpferischen Fazit erahnen, das er nach der Beschäftigung mit der Frage zieht, wie die Lage der untersten Milliarde auf der Welt verbessert werden kann: »Obwohl die Reformer die Wahrheit auf ihrer Seite haben, ist auch die Wahrheit nur ein Einzelinteresse, und kein besonders machtvolles. Schurken, die lügen wollen, um die Veränderung zu stoppen, haben einen Vorteil gegenüber denen, die an ihre Ehrlichkeit gebunden sind.«

Wenn eine Rehabilitierung von Wahrheit und Fortschritt zugunsten von nicht leicht zu realisierenden Reformen ansteht, dann richtet sich dies nicht grundsätzlich gegen Postmoderne, Dekonstruktion und Post-Kolonialismus: Anspruchsvolle Versionen der Postmoderne – so von Anfang an die in Deutschland von Wolfgang Welsch[46] vertretene – erhöhen die Ansprüche an Wahrheit und unterminieren sie nicht, so dass ein postmoderner Pluralismus der Wahrheitsorientierung nicht entgegensteht. Die Postmoderne bildet nicht den Gegenpol zur Aufklärung, sondern deren selbstreflexive Radikalisierung, mit der sich dem reinen Relativismussog der Vielfalt die Orientierung an Wahrheit und normativer Richtigkeit entgegensetzen lässt. Jean-François Lyotard kritisiert zu Recht totalitäre große Erzählungen, verunmöglicht aber keineswegs wahrheitsorientierte kleine Erzählungen. Jacques Derridas Dekonstruktion geht über Lyotards Ablehnung großer Erzählungen hinaus, insofern sie von einer fast schon besessen zu nennenden Ablehnung eines tatsächlichen oder nur vermeintlichen intellektuellen Totalitarismus geprägt wird, die wohlwollend als eine indirekte Auseinandersetzung mit dem überkommenen Stalinismus der französischen Linken verstanden werden kann. Lyotard, Derrida und besonders Foucault lassen sich durchaus positiv beziehen auf Anliegen der Aufklärungstradition; dies geschieht vor allem durch eine Orientierung an Pluralität, die beispielsweise bei Ersterem ganz konventionell über Wittgensteins Sprachspielpluralismus erschlossen wird.[47] Die Aufklärungstradition selbst ist ohnehin als viel weniger homogen anzusehen, als dies dekonstruktiv oft unterstellt wird; dies macht ein Blick auf die Vielfalt von Autoren deutlich, zu denen in Deutschland nicht nur Immanuel Kant und Gotthold Ephraim Lessing zählen, sondern auch Johann Gottfried Herder als vermeintlicher Aufklärungskritiker sowie in der schottischen Aufklärung David Hume als Skeptiker und Adam Smith als Gefühlsethiker und Wohlstandstheoretiker und ebenso divergent in Frankreich Denis Diderot und – last but not least – Voltaire. Post-Kolonialismus schließlich verfolgt das doppelte Anliegen, die Verbrechen des Kolonialismus in der Aufarbeitung mindestens so ernst zu nehmen wie andere Verbrechen und zugleich Formen des verkappten Rassismus sensibel zu kritisieren. Wie alle kritischen Bewegungen stehen post-kolonialistische Ansätze aber in der Gefahr, zu einer Ein-Punkt-Bewegung zu werden und das richtige Maß der Kritik zu verfehlen.

Der in Wissenschaft und Öffentlichkeit lange in den Hintergrund getretene Wahrheitsbegriff bedarf einer Renaissance, um wissenschaftlichen Überspezialisierungen ebenso entgegenzuarbeiten wie Verschwörungsideologien und *fake news*. Wissenschaftliche Überspezialisierung mit der Konzentration auf Einzelstudien und auf die dominante Einwerbung von Drittmitteln hatte die Wahrheit als Orientierung bei der Beantwortung großer übergreifender Fragen wohl ohnehin aus dem Auge verloren. »Wahrheit« klang lange altmodisch und stand für manche sogar unter Dogmatismusverdacht, weil sie diese mit einem absoluten Wahrheitsanspruch und nicht mit einer korrekturfähigen Wahrheitssuche verbanden. Verteidigungswert ist ein relationaler Wahrheitsbegriff, der sich in kommunikativer Auseinandersetzung zu einem standhaften Wahrheitsbekenntnis durcharbeitet, ohne einen dogmatischen Wahrheitsbesitz zu suggerieren. Der besonders seit Thomas von Aquin bis hin zu weiten Teilen der heutigen analytischen Philosophie wertgeschätzte Wahrheitsbegriff als Übereinstimmung mit der Realität greift zu kurz, weil er in der Gefahr steht, die Kontextualisierung der einzelnen Realitätsannäherungen nicht mitzubedenken.

Mit dem Konzept der Deutungsmacht tritt im Rahmen der philosophischen Wahrheitsdebatte in den Horizont, dass Deutungen in ihrer orientierenden Kraft eine Durchsetzungsdimension haben, die keine notwendige Korrelation zu ihrer Angemessenheit aufweist. Die Machtdimension der Deutungen dreht sozusagen frei; denn eine bei der Orientierung erfolgreiche Deutung kann auch falsch sein. Aber im Gegensatz zum Macht-Diskurs, der nicht selten von der Rezeption Friedrich Nietzsches und auch Michel Foucaults in seiner mittleren Werkphase ausgeht, besteht im Namen der Orientierung ein besonderes Interesse, das Konzept der Deutungsmacht nicht von der Wahrheitsfrage abzukoppeln. Die Macht von Deutungen zu untersuchen, setzt die Frage, ob wir es mit wahren, zustimmungsfähigen und überhaupt akzeptablen Deutungen zu tun haben, nicht außer Kraft. Auch wenn das Wahrheitsgeschehen selbst unter der Perspektive der Macht betrachtet werden kann und das Behaupten von Wahrheit Deutungsmacht ausübt, wäre eine Reduktion von Wahrheit auf Macht gleichbedeutend mit einer Auslieferung an die jeweiligen Wahrheitsmächte, die so jenseits jeder Kritik blieben. Wer Theorien ebenso wie die Welt verbessern will, braucht die auch unabhängig von der Macht thematisierbare Wahrheitsfrage. Die Wahrheit ist ermächtigend, unterliegt aber selbst auch den Einflüssen der Macht. Gegen die Verführung einer bloßen Machtorientierung verweist eine gelingende Wahrheitssuche auf die ethische Verpflichtung, Einwände nicht gegen die schwächste, sondern die stärkste Stelle der Gegenseite vorzubringen. Diese Wahrheitsorientierung gilt sowohl für theoretische als auch für praktische Deutungsmachtkonflikte, denn die Theorie-Praxis-Unterscheidung wird auf der hermeneutischen Basis von Deutungen fragwürdig.

Seine eigene Kritik an der Postmoderne aufgreifend macht Michael Hampe gegen diese, in der Tradition der Aufklärung, den Gedanken der »Wahrheitspraktiken« stark.[48] Im Konsens etablierte Wahrheitspraktiken für Deutungen gibt es bisher in einigen Bereichen der Wissenschaften; daher spricht Hampe – wie ich denke, selbst unabsichtlich ganz postmodern – von Praktiken im Plural, da nicht von der einen Wahrheitspraxis im Singular gesprochen werden kann, die auf allen Feldern der Wirklichkeitserschließung gleich wäre. Bei Hampe finden sich wichtige Fingerzeige auf solche Praktiken als »Suchbewegungen« auch in Bereichen ohne bereits etablierte Wahrheitspraktiken wie beispielsweise im interkulturellen Kontakt. Auf den Spuren von pragmatistischen Autoren betont er das Prozedurale der Wahrheit: »Wahrheit ist das, was am Ende einer erfolgreichen *Inquiry* steht, am Ende einer Untersuchung, die Zweifel ausräumt, Widersprüche beseitigt, Zusammenhanglosigkeiten klärt, Entsprechungen ans Licht bringt oder was auch immer. Das Wort ›Wahrheit‹ hat deshalb mit den Erfolgen zu tun, die am Ende einer Anstrengung stehen können.« Erkenntnis wird bei Hampe so zu einem Prozess des Alternativen erwägenden Suchens nach Wahrheit, das einem endlosen Gerichtsprozess ähnelt, der immer nur zu einem vorläufigen Ende kommt und der bei neuer Indizienlage stets fortgesetzt wird. Die pragmatistische Tradition sollte nicht in Anknüpfung an manche Formulierungen von William James als evolutionistisches Loblied auf erfolgreiche Realitätsbehauptungen verstanden werden, selbst wenn eine Orientierung an Deweys verkürzendem Slogan »Leben heißt Problemlösen« nicht aufgegeben wird. Wahrheitspraktiken bei Hampe stehen für den Versuch, in der Tradition der Aufklärung urteilskräftig Zugänge zur Realität zu bestimmen, die die Auseinandersetzung mit Einwänden überstehen.

John Dewey selbst hat erstaunlich ähnlich wie Heidegger und der späte Wittgenstein in der »Suche nach Gewissheit« die Alternative von Realismus und Anti-Realismus als Ausdruck der gleichen Sicherheitsorientierung der neuzeitlichen Philosophie verstanden, die das Scheitern des Realismus mit dem Defätismus des Anti-Realismus beantwortet und offenere Formen der Wahrheitssuche vernachlässigt. Die Wahrheit von Aussagen kann nicht ein für alle Mal als Übereinstimmung mit der Realität definiert werden, sondern bedarf der Praktiken, die die Annäherung an die Wirklichkeit wahrheitssuchend etablieren können. Wer von Wahrheitspraktiken spricht, setzt in der Tradition des Pragmatismus nicht auf ein Set von überzeitlich stabilen Kriterien für Wahrheit, sondern zielt auf einen in der sozialen Praxis etablierten, vernünftigen und Anstrengung erfordernden Umgang mit orientierenden Deutungen, der die Dimension der Macht dabei nicht hinter sich lassen kann: »Intelligenz hat mit Navigation, mit einem Manövrieren durch eine verwirrende Welt mehr zu tun als mit der Kenntnis der Fakten.«[49]

In den beiden letzten Vorlesungen von Michel Foucault am Collège de France, »Die Regierung des Selbst und der anderen« und »Mut zur Wahrheit«, wird die Sichtweise nahegelegt, dass Wahrheit eines geradezu tugendethisch auszuzeichnenden Kümmerns bedarf. Im Mittelpunkt der Vorlesungen steht das antike Konzept der *parrhesia* als Wahrsprechen besonders im Umfeld der antiken Demokratie Athens, in der dieses im Konflikt mit anderslautenden Sichtweisen steht und »agonistisch« nicht von vornherein im Konsens auf die Zustimmung aller setzen kann.

Das Kümmern um Wahrheit hat politisch einen deutlichen Handlungsbezug: »Die *parrhesia* betrifft also jene, die sich um den Staat kümmern.« Wahrheit muss im Wahrsprechen seine Aktualisierung finden; die Wahrheit still für sich bleibt wirkungslos. Ihr Lautwerden geht nur mit Akteuren, die sich für sie einsetzen. Es reicht nicht, wenn Wahrheit irgendwo – sagen wir in einem wissenschaftlichen Aufsatz – schriftlich fixiert ist. Vielmehr bedarf es des stetigen Kümmerns um Wahrheit im Wahrsprechen. Foucaults befürwortende Explikation der *parrhesia* betont das klare Sprechen gegen einen Diktator, wie es Platon in Syrakus mit persönlichen Negativfolgen für sich selbst praktiziert. Diese Schilderung verstellt, dass Widerstand gegen Diktatoren kluger Taktiken bedarf, die sich nicht im einfachen Herausschreien der Wahrheit erschöpft. Zugleich ermuntert sie zu sehr, die bloß imaginierte Wahrheit mit womöglich absolutem Anspruch als bereits festgestellt zu erklären. Immerhin könnte es sein, dass der Diktator gar keiner ist und nur in einer kurzschlüssigen Polemik als solcher angesehen wird. Deshalb bietet der Begriff der Wahrheitssuche die bessere Orientierung und bei der Praktizierung der Suche ein klares Verständnis davon, dass in Wahrheitspraktiken Kriterien zur Anwendung gebracht werden müssen, auf deren Basis anschließend der wahrsprechende Bekennermut in Abgrenzung zu Verschwörungstheorien zu einer Tugend werden kann.

Christian Bermes eröffnet für die Rolle von Meinungen bei der Wahrheitssuche einen neuen Horizont, indem er diese nicht einfach dualistisch in ihrer vermeintlichen Beliebigkeit von der Vernunft und der Wahrheit abgrenzt. Er identifiziert im Begriff der für ihn wahrheitsfähigen Meinung schon Elemente, die der reinen Willkürlichkeit entgegenstehen. Auch wenn Meinungen »unsicher« in der Weltorientierung sein mögen, so sind sie doch in ihrer Bildung nicht »beliebig«. Schon für die Meinung gelten bei Bermes Qualitätskriterien und nicht erst für deren vernünftige Abwägung.[50] Da nicht alle Personen bei allen Themen immer zur engagierten Wahrheitssuche befähigt sein dürften und ohnehin Zeit ein knappes Gut ist, behalten im gesellschaftlichen Miteinander Meinungen eine nicht vermeidbare hohe Bedeutung. Ausgehend von Bermes ist es sinnvoll, den Prozess der Meinungsbildung stärker zu berücksichtigen und Meinungen nicht einfach in ihrer bloßen womöglich trotzigen Äußerung zu wertzuschätzen. Wie im erwähnten Sinne von Foucaults »Mut zur Wahrheit« erfordern Meinungen ebenfalls ein Kümmern um ihre Vertretbarkeit. Meinungen sind insofern nicht das Gegenteil von Wahrheit, sondern eher ein erster Zugang bei ihrer Suche und in der Haltung des kümmernden Weitersuchens erwünscht. Wahrheitsargumente werden ohnehin nicht einfach wie Medikamente injiziert, zumal selbst Injektionen deutungsmächtigen Placebo-Nocebo-Effekten unterliegen und nicht bloß pharmakologisch wirken: Die Wirksamkeit tritt nicht von selbst ein, sondern ein Argument muss Adressaten innerlich überzeugen, damit es nicht nur äußerlich gehört wird oder gar nur ungelesen in einer Schrift verkümmert. Wahrheit setzt sich nicht von selbst – nur kognitiv theoretisch – durch, sondern bedarf der Menschen, die sich – ganz praktisch tugendhaft – für sie einsetzen. Alle Aussagen über die Realität ebenso wie das Eintreten für Werte stehen pluralistisch in Konkurrenz zu anderen Vorschlägen, die jeweils ihre Stärken und Schwächen haben. Wahrsprechende benötigen ein Element des Kämpferischen, zumindest wenn es ihnen zugleich gelingt, sich nicht zu immunisieren, sondern für Zweifel offen zu bleiben. Wahrheitssuche als Haltung ohne Illusion des

Wahrheitsbesitzes erfordert auf jeden Fall weiterhin in einem *principle of charity* Aufgeschlossenheit gegenüber dem Abgelehnten.

Nach dem Plädoyer zur Rehabilitierung der Wahrheitsorientierung steht jetzt analog die Neubewertung des Fortschrittsbegriffes an. Während der Wahrheitsbegriff von Anfang an in der griechischen Antike mit der abendländischen Philosophie verbunden ist, lassen sich zwar auch schon früh Fortschrittsmotive rekonstruieren, aber richtig in Schwung kommen diese erst mit der Aufklärungszeit[51] und dann beschleunigt vor dem Hintergrund der Industrialisierung des 19. Jahrhunderts. Gegenwärtige Infragestellungen der Bedeutung von Wahrheit und Fortschritt berufen sich gleichermaßen auf eine Kritik der Aufklärung und die schon erwähnte Abkehr von den großen Erzählungen. Der lineare Fortschrittgedanke der Aufklärungszeit, der eine gleichartige zielgerichtete Entwicklung der Menschheit überhaupt normativ anstrebt oder sogar deskriptiv unterstellt, ist sicher nicht zu retten. Um den Begriff gleichwohl zu rehabilitieren, bedarf es mindestens zweier gedanklicher Motive: Zum einen ist eine Abkehr von der einen großen Aufwärtsbewegung zugunsten der vielen kleinen, pluralisiert und kontrovers gedacht, erforderlich. Zum anderen bedarf es eines normativen Maßstabes, der Entwicklungen als erwünscht ausweist; denn nicht alle Veränderungen werden von allen positiv bewertet. Zumindest der letzte Gesichtspunkt findet sich schon deutlich in Ernst Blochs Differenzierungen: In der ihm eigenen Sprache benennt er »Verluste im Fortschreiten«; denn »immer wurde auch klar, dass selbst ein gelungenes Vorwärts nicht durch und durch eines zu sein brauchte«. Zugleich werde der »Begriff Fortschritt« von denen »geehrt«, die damit »weniger Nichts vor sich haben« und die ihn »nicht nur einleuchtend, sondern selber einfach und klar«, sozusagen deutungsmächtig, vor sich haben. Max Weber hat sich im Rahmen seiner Auseinandersetzung mit der Wertfreiheit ebenfalls dieses zweitgenannten Gesichtspunktes, aber auch des erstgenannten Motivs in weiterführender Weise bedient, um die falsche normative Aufladung eines alten monolithischen Fortschrittsbegriffes zu kritisieren.[52] Er hat seine ganze Energie darauf verwandt, den Begriff als wertbezogenen, aber selbst wertfreien Begriff in der Beschreibung von gesellschaftlichen und kulturellen Veränderungen zu retten. Fortschritte beispielsweise als technische bei der Entwicklung von Mitteln für gegebene Zwecke oder auch in der Zuschreibung des für Weber wichtigen Konzeptes der Rationalisierung werden von ihm wertfrei rekonstruiert. Dabei wird durch den gesamten Gestus seiner Beschäftigung deutlich, dass die nur weltanschaulich behauptete Entwicklung der Menschheit in ihrer schon erkenntnistheoretischen fragwürdigen Form nicht der Gegenstand seiner Betrachtung ist. Es geht um empirisch feststellbare Zusammenhänge im Einzelnen und nicht um Wunschdenken. Weber pluralisiert den Fortschrittsbegriff also in Beziehung auf die Vielzahl der Wertsphären, die je nach normativem Kriterium eine Bewegung sichtbar werden lassen. Ohne hier das Postulat der inneren Wertfreiheit bei Weber, das eine Wertbezogenheit gerade nicht ausschließt, umfassend diskutieren zu wollen, bleibt für den Gedanken des Fortschritts, angeregt durch Weber, doch die nüchterne Beziehung auf Kriterien zentral, um einen solchen überhaupt diagnostizieren zu können. Auf einem anderen Blatt steht, dass jenseits dieser Nüchternheit der Gedanke unter Deutungsmachtaspekten ein normatives Mobilisierungspotential enthält. Dabei muss im Auge behalten werden, ob dieses Potential wiederum normativ erwünscht ist oder selbst gefährlich zu werden droht.

Hans Jonas, der das Prinzip Hoffnung durch das Prinzip Verantwortung ersetzt, spricht gleichwohl von einem »Fortschritt zum Besseren« und, auf Vergangenheit sowie möglichweise auf Zukunft bezogen, von einem »Aufstieg der Menschheit«. Allerdings plädiert er gleichzeitig ganz überzeugend dafür, die Kehrseiten einer solchen Entwicklung wahrzunehmen: »Nur ist, wie man heute genugsam weiß, ein Preis dafür zu zahlen, mit jedem Gewinn geht auch Wertvolles verloren, und dass die menschlichen und animalischen Kosten der Zivilisation hoch sind und mit dem Fortschritt nur noch steigen, darüber braucht kaum noch etwas gesagt zu werden.« Diese Ambivalenz von Entwicklungen zu erkennen, kann selbst als Verbesserung angesehen werden. Deshalb unterstreicht die Mahnung von Jonas die Notwendigkeit, Fortschritt als Singular zur Einschätzung der Menschheitsgeschichte aufzugeben. Nur in der Pluralisierung von eingeschätzten Fortschritten, die ins Verhältnis zu gleichzeitigen Rückschritten und dem Hinter-sich-Gelassenen gesetzt werden, kann ein Weg liegen, die Vorwärtsbewegung als

Ideal wichtig zu nehmen, bei der etwas Erwünschtes – empirisch festgestellt – als realisiert angesehen wird. Fortschreiten ist dabei immer etwas, das Stagnation zu überwinden hilft und das auf Einzelnes bezogen nicht als Universalkategorie fungiert. Die von Philipp Staab im Namen der Anpassung als Leitmotiv der Gesellschaft vorgebrachte Kritik am Fortschritt als »konstanter Perfektionierung« trifft nicht das hier profilierte Fortschreiten mit seinen jeweiligen Wechselfällen, die auch mit Rückschritten rechnen lassen.[53]

Fortschritt tritt nicht von selbst ein. Diesem Irrtum folgte allerdings die sozialistische Tradition oft mit dem Preis der Inhumanität. »Den Sozialismus in seinem Lauf halten weder Ochs noch Esel auf«, formulierte Erich Honecker trotzig, als er 1989 ein in der Arbeiterbewegung schon viel länger kursierendes geflügeltes Wort aufgriff. Gänzlich getrennt von dieser geschichtsphilosophischen Verirrung ist der normativ geladene Gesichtspunkt zu verteidigen, der ein Fortschreiten zum Besseren als mögliches Ziel ansieht und dafür Macht mobilisiert. Macht als Einfluss gedacht ermöglicht Fortschritt. Und kann zugleich zu Rückschritten führen. Der falsche monolithische Fortschrittsbegriff muss aufgegeben werden, um die grundsätzliche mobilisierende Wirkung des Fortschreitens wieder erschließen zu können. Im Sinne von Lyotards Kritik an großen Erzählungen, die im »postmodernen Wissen« abgeräumt werden, lässt sich differenzieren zwischen dem kritikwürdigen Begriff des Fortschrittes, der alle Verhältnisse in allen Teilen der Welt auf einem einlinigen Fortschrittsstrahl positioniert, und kleinen Fortschrittserzählungen, die in normativer Ausrichtung realisierte Positivveränderungen herausstellen. In solchen kleinen Fortschrittserzählungen wird Macht nicht als Selbstzweck befürwortet, sondern um Einfluss zugunsten eines normativ ausgewiesenen Fortschreitens zu gewinnen, das dann auf der Basis wahrer Aussagen ergebnisoffen festgestellt wird. Mehr als um eine Annäherung an ein bestimmtes, in der Vergangenheit festgelegtes Ziel geht es also darum, sensibel für die Erfordernisse der Gegenwart in Bewegung zu bleiben und weder in bequeme, als Überlegenheit ausgegebene Tatenlosigkeit noch in blinden Aktionismus zu verfallen.

Im Kontrast zu einer offenen und pluralistischen Orientierung an Fortschritten sind in der Tradition Kritischer Theorie beispielsweise bei Rainer Forst und Peter Wagner die Versuche problematisch, den Fortschrittsbegriff doch letztlich im Singular in einer grundsätzlichen Bindung an eine spezifische Form der Gesellschaftskritik zu verteidigen. Rainer Forst setzt sich zunächst in einer diagnostischen Ausrichtung ganz in Übereinstimmung mit meinen Überlegungen für einen Fortschrittsbegriff ein, der alte Motive aufgibt und dabei Ausrichtungen des Fortschritts unterscheidet: »Einerseits ist er unverzichtbar für alle, die an Prozessen der Emanzipation als Überwindung sozialer Diskriminierung und Unterdrückung interessiert sind (was ich ›moralisch-politischen Fortschritt‹ nenne), oder für die, die an der Verbesserung menschlicher Lebensbedingungen, etwa durch medizinischen Fortschritt, arbeiten (was ich ›Fortschritt in Bezug auf Lebensbedingungen‹ nenne).« Andererseits steht der Begriff des Fortschritts bei Forst für ein Programm, das »soziale und politische Repression allzu oft legitimiert hat, innerhalb und zwischen Gesellschaften«.[54] Nach solchen plausiblen Eingangsüberlegungen mündet Forst gedanklich aber schnell ein in seine Rechtfertigungsversion der von Habermas entworfenen Diskurstheorie, die letztlich doch wieder ganz grundsätzlich das Pluralistische und das Kontroverse in den Debatten um das Fortschreiten marginalisiert. Für Forst können allzu abstrakt unter Fortschritt »nur die Prozesse verstanden werden, die Rechtfertigungsordnungen so aufbrechen, dass neue Formen der reziprok-allgemeinen Rechtfertigung möglich werden, damit die Betroffenen *selbst* bestimmen können, in welche Richtung sich ihre Gesellschaft entwickeln soll«. Noch fragwürdiger scheint mir Peter Wagners Erneuerung der Idee des Fortschritts[55] mit der Differenzierung, dass der epistemisch-ökonomische Komplex kein Hoffnungsträger mehr sein kann und Fortschritt sich ganz auf den politischen Komplex konzentrieren muss. Demgegenüber schlage ich vor, daran festzuhalten, dass bei Verbesserungen die epistemischen und die ökonomischen Dimensionen stets einbezogen bleiben: Wenn Technik einen Beitrag leisten soll, den Klimawandel aufzuhalten und die Folgen einzudämmen, dann bedarf es umfangreichen Wissens und einer großen Menge Geldes zur Realisierung. Deshalb ist eine radikale Pluralisierung der Fortschrittskriterien auch bei Einzelthemen hilfreich, die nicht in einer großen Systemfrage münden. Es wäre nämlich sackgassenverdächtig, alle Fortschritte auf eine einzige Weise erreichen zu wollen, etwa durch die Auflösung eines Hauptwiderspruches – altmarxistisch – wie dem des Klassenantagonismus oder – feministisch – aus der Ablösung des Patriarchats. Die von mir vorgeschlagene Rückkehr zur Fortschrittsorientierung sieht sich vor diesem Hintergrund in einer Mittelposition zwischen Grundsatzkritik und einer letztlich doch monolithisch bleibenden Wiederbelebung des Begriffes.

Die Deutungsmachtkonflikte um die Frage, ob Fortschritte vorliegen, weichen oft der Komplexität der Diskussionen um normative Kriterien sowie um die Tatsächlichkeit erwünschter Veränderungen aus und münden nicht selten in fruchtlose Kontroversen über Grundsätzliches. Wie wichtig Empirie zur Beurteilung des Eintretens von Fortschritten ist, lässt sich immer wieder studieren, wenn Debatten zur richtigen Schulform und zu weiterführenden ökonomischen Vorschlägen – nicht zuletzt zur Überwindung von Armut – wieder einmal nur im allgemein Weltanschaulichen geführt werden.[56] Selbst ein so reflektierter Sozialwissenschaftler wie Claus Offe verirrt sich aus meiner Sicht, wenn er Fortschritt allzu allgemein und zugleich resignativ nur noch als Vermeidung von Rückschritten für möglich hält. Zur Überwindung einer bloß formal bleibenden Diskussion könnte Fortschrittsorientierung geradezu utopisch an Einzelbeispielen im Plural konkretisiert werden; denn der Vorteil des Begriffs liegt gerade in seiner Vielfalt und in seiner prinzipiellen Anschaulichkeit. Einzelne Fortschritte in einem konkreten Feld können mit ihrer impliziten Wegmetapher leichter dingfest gemacht werden als der eine große. Es besteht die Hoffnung, dass der so im Detail ausgemalte mehr motiviert als der Fortschritt der ganzen Menschheit, der sich leicht im Ungefähren verliert. Solch eine Konkretisierung mobilisiert vermutlich auch leichter Deutungsmacht als bloß moralische Perspektiven, die oft nur eine trotzige Widerständigkeit befördern. Der Fortschrittsgedanke lässt sich an das Narrativ der Linken (»Revolution«, »Reform«, »Gerechtigkeit«) ebenso anschließend wie an Gedanken der Rechten (»Expertokratie«, »Technikinnovation«, »Ordnung der Freiheit«).

Wo sind rückwirkend gesehen Positiventwicklungen festzustellen? Da es mit der Parole *Zurück zum Fortschritt* nicht so sehr darum gehen soll, sich über solche der Vergangenheit zu freuen, sondern die Chancen für zukünftige zu sichten, will ich mit Hilfe der Perspektiven von Hans Rosling und Johan Norberg nur kurz bereits Eingetretenes thematisieren. Hans Rosling betont in seinem Buch »Factfulness«, dass die Lage der Welt viel besser ist als die Stimmung, wobei diese Einschätzung mit eindrücklichen Visualisierungen untermalt wird: Die Berücksichtigung der Positivfakten wie die stark zunehmende Lebenserwartung und der bemerkenswerte Rückgang der absoluten Armut in Ländern wie China und Indien ermögliche eine Abweisung der von Angst geprägten Negativszenarien. Nicht die ganze Welt sei in jeder Hinsicht aus den Fugen, sondern vorrangig einige der über sie mächtig gewordenen Deutungen. Norberg stellt heraus, dass »Armut, Unterernährung, Analphabetismus, Kinderarbeit und Kindersterblichkeit« schneller zurückgehen »als zu irgendeiner anderen Zeit in der Geschichte der Menschheit«.[57] Interessant ist die Einschätzung von Armut, die für Norberg das ist, »was man hat, ehe man Wohlstand schafft«, stellt also für ihn den weltgeschichtlichen Normalzustand dar, der nicht erst durch Ausbeutung oder Kapitalismus in die Welt tritt: »Man vergisst leicht die schrecklichen Lebensumstände unserer Vorfahren selbst in den reichsten Ländern der Erde.«

Die von Norberg formulierte Positivperspektive nimmt meist auf Durchschnittswerte einer Zunahme oder einer Abnahme Bezug und leugnet nicht die vielfach noch vorhandenen Defizite. Es handelt sich um Trendeinschätzungen, die allerdings, um richtig zu sein, empirisch fundiert sein müssen. Auch abgesehen von Rosling und Norberg ist Fortschrittsorientierung nicht mit einem Optimismus gleichzusetzen, der implizit einen Positivausgang erwartet oder gar prognostiziert. Die Orientierung am Fortschritt erfordert als normative Ausrichtung eine solche Hoffnung nicht, sondern schließt nicht aus, dass intendierte Fortschritte auch ausbleiben können. Wie bei Sisyphos ändert ein solches Ausbleiben aber nichts an der Sinnhaftigkeit des Anstrebens. Fortschritte zu realisieren ist mit Anstrengung verbunden, die sich lohnt, selbst wenn ein entsprechendes Ziel gar nicht oder nur teilweise erreicht wird. Wer allerdings das Fortschreiten gar nicht erst versucht, bleibt in der Stagnation stecken und gibt sich vielleicht mit allzu wenig zufrieden.

Bei den in der Zukunft erhofften und zu erarbeitenden Fortschritten fallen mir ausgesprochen viele ein, die angesichts der hier vertretenen Pluralisierung der Fortschrittsorientierung nicht zwingend von allen geteilt werden müssen: Was der eine als Fortschritt erlebt, kann für die andere als Rückschritt erscheinen. Deutungsmachtkonflikte um das Fortschreiten sind nicht vermeidbar, und zwar gleichermaßen im Hinblick auf das normativ Erwünschte wie auf die Frage, ob es empirisch tatsächlich realisiert ist. Die folgende Liste in ihrer bewussten, nicht nur inhaltlichen Spannweite vom Unkontroversen zum Kontroversen versteht sich in der Zielformulierung als Anfang einer Debatte und nicht als das Ende: 1. Fortschritte bei der weltweiten Erreichung von Klimazielen, insbesondere bei der Einhaltung des in Paris verabredeten 1,5 Grad-Limits. 2. Fortschritte bei der Eindämmung der bereits eingetretenen Klimaschäden wie der Ausbreitung und Zunahme von Wüstengebieten, Gletscherschmelzen, Überschwemmungen und Stürmen. 3. Fortschritte zu einer Energiewende, die nicht teuer, fast staatssozialistisch das Große subventioniert, sondern eher technische und soziale Innovationen in ihrer ganzen Vielfalt begünstigt. 4. Fortschritte zugunsten einer lebendigen Schule, in der wirkliche Bildung von ganzen Menschen aller sozialer Schichten und Herkünfte ganz pragmatisch ohne Fixierung auf einen 45-Minuten-Takt stattfindet. 5. Fortschritte zu einer Universität, die grenzbewusst nicht nur das Fachwissen von spezialisierten Experten wertschätzt und die gemäß ihrem Leitspruch »Forschung *und* Lehre« Letztere eigenständig als Leistung ernst nimmt, statt mit einer »Forschung *ohne* Lehre« zu liebäugeln. 6. Fortschritte beim klimaneutralen Wohnen, das für alle bezahlbar ist und auch die Innenstädte nicht länger den Geschäften und Büros überlässt. 7. Fortschritte bei einem föderalen Europa mit grundsätzlich geteilter Wertbasis, das aber institutionell weiter die Vielfalt schätzt. 8. Fortschritte bei einer Migration ohne Abschottung im Konsens der Beteiligten, die gleichwohl das Leben weltweit nicht komplett uniform ohne regionale Besonderheiten gestalten lässt.[58] 9. Fortschritte bei der lebensweltlichen Inklusion und der Teilhabe von bisher Benachteiligten und Diskriminierten im Sinne der Chancengerechtigkeit. 10. Fortschritte bei der weltweiten Überwindung von Hunger und absoluter Armut. 11. Fortschritte bei der Krebsbekämpfung, der

Erforschung der seltenen Krankheiten und bei der Bewältigung zunehmender Altersdemenz. 12. Fortschritte bei der Einbeziehung des Todes in einer Akzeptanz der Endlichkeit, die die Kostbarkeit des Lebens immer neu bewusst macht. 13. Fortschritte bei einem Mentalitätswandel weg von der Dominanz der Rechthaberei hin zu mehr Bescheidenheit. 14. Fortschritte bei der weiteren Zurückdrängung von Gewalt weltweit in Kriegen zugunsten eines »ewigen Friedens« im Sinne von Kant, aber auch im Alltag von Kriminalität unter Einschluss der sexualisierten Gewalt zugunsten einer weiteren Zivilisierung des Miteinanders. 15. Fortschritte bei der Entwicklung von konkreten Phantasien des Fortschreitens, gerne angefangen bei den Lesern und Leserinnen dieser Zeilen. In welchem Sinn die jeweiligen Realisierungen in Angriff genommen werden können, dazu geben die folgenden Kapitel Anregungen.

5

DEUTUNGEN VON SITUATIONEN IN THEORIE UND PRAXIS

Die Regierungskoalition von SPD, Grünen und FDP hat Ende 2021 ihr Programm unter die Überschrift »Mehr Fortschritt wagen« gestellt. Doch eine gute Ankündigung führt nicht von selbst zu einer entsprechenden Praxis! Ein Programm oder gar nur eine passende Überschrift dazu garantieren noch keine handfesten Regierungserfolge – zumal solche ganz kleinteilig oft schwer durchschaubaren Lagen abgerungen werden müssen. Es gibt bei aller Vorsicht gegenüber bloßen Ankündigungen gleichwohl nichts Praktischeres als eine gute Theorie – jedenfalls wenn diese sich wirklich für einzelne Situationen geöffnet zeigt. Zu Beginn der jetzigen zwanziger Jahre sind bei vielen zentralen Themen die Deutungen wichtig, die sich nicht im Allgemeinen aufhalten, sondern in Theorie und Praxis das Situative herausstellen: Zur Bewältigung des Klimawandels reicht es nicht, immer neu programmatische Ziele für die Eindämmung des CO_2-Ausstoßes und zur Erreichung der Erwärmungsgrenze von 1,5 Grad nur politisch auf mehr oder weniger groß dimensionierten Konferenzen zu formulieren. Die Frage nach dem Erfolg entscheidet sich letztlich in zahlreichen Situationen, in denen Windkrafträder und Sonnenkollektoren gebaut oder nicht gebaut werden, sich eine Wärmepumpe in einem Haus bzw. in einem größeren Fernverbund unter gleichzeitiger Nutzung von Abwärme einzubauen lohnt oder nicht und wo das Stück Fleisch gegessen oder nicht gegessen wird. Diese nicht auf individuelle Moralisierung zielende, sondern beschreibend gemeinte Aufzählung lässt sich fortsetzen in der Dämmung von Häusern, der Nutzung von recyceltem Baumaterial, der Mobilitätswende weg von Benzin und anderen Ölprodukten, der ›grünen‹ Erzeugung von Stahl und der Ersetzung von Beton, der Aufforstung von Wäldern, der Wiedervernässung von Mooren usw. Wie es in der Klimawende um situativ wirkende Änderungen in der Praxis geht, reicht auch in der Einschätzung des russischen Krieges gegen die

Ukraine eine allgemein bleibende Theorie des Krieges nicht aus. Die Situation nach dem russischen Überfall auf die Ukraine lässt sich nach gegensätzlichen Mustern erschließen: Entweder wird auf den Spuren von Winston Churchill eine für dringend erforderlich gehaltene Überwindung der Appeasement-Politik hervorgehoben oder trotz aller Ablehnung des russischen Handelns das Risiko zum Ausbruch eines Atomkriegs stark gewichtet (gemäß der von dem schon erwähnten Christopher Clark zum Ausbruch des Ersten Weltkrieges 1914 nachgezeichneten schlafwandlerischen Eskalation auf der Basis beidseitigen *Worst-Case*-Denkens). Wahrscheinlich sind aber beide sich aufdrängende Deutungsalternativen verstellend und verfehlen die gegenwärtige Ukraine-Situation, die besser nicht nach alten Mustern in Missachtung des Neuen untersucht wird. Selbst die Frage, welche Form der Unterstützung Deutschland der Ukraine zukommen lässt, ohne selbst die definitorische Grenze einer eigenen Kriegsteilnahme zu überschreiten, enthält eine situationsbezogene Herausforderung, bei der allgemeine Ratschläge wenig helfen.

Gert Scobel beschreibt die Ratlosigkeit angesichts der Komplexität in Situationen so: »Eine häufig zu beobachtende Lösung besteht darin, den unliebsamen Elefanten [zum Beispiel den Klimawandel oder auch Putins über einen langen Zeitraum sichtbar werdende Eskalationspolitik], der sich wieder einmal ungebeten mitten im Raum befindet, mit Hilfe einiger theoretischer Tricks so zu irritieren, dass er sich an die Kette legen und möglichst schnell in den großen Saal nebenan führen lässt, wo die Praktiker:innen [Politiker:innen] arbeiten: als könnten diese, nur weil sie Praktiker:innen [Politiker:innen] sind, automatisch besser mit einem solchen Elefanten umgehen.«[59] Für Scobel geht es um »Übersicht« angesichts der Komplexität. Ein *big picture* ist gefragt, das weder in Spezialistenwissen aufgeht noch sich der Erfassung von Situationen verweigert. Der Psychologe Gerd Gigerenzer arbeitet als Wissenschaftler an einem solchen Überblick, um Menschen in modernen Gesellschaften kompetenter im Umgang mit Risikosituationen zu machen. In eindrücklichen Untersuchungen, die von der Wettervorhersage über die Krebsvorsorge bis hin zu Führungsstilen im Management reichen, weist er nach, dass Handlungsgewissheit eine Illusion ist und dass unter Unsicherheit

Abschätzungen von Risiken zentral sind. Zur Mündigkeit gehört heute Risikokompetenz, damit Experten, die für Gigerenzer »eher ein Teil des Problems sind als die Lösung«, keine Dominanz bei der Risikoeinschätzung erhalten.[60] Experten tendieren für ihn zur Überkomplexität und Krisenverschärfung, wenn sie kleinteilig auf immer höherem Niveau falsch eingeschlagene Wege stabilisieren. Daher kann weniger Expertentum in einer immer riskanten Praxis für ihn mehr Risikokompetenz bedeuten. Die Fähigkeit zur Risikoeinschätzung gehört zum heutigen Praxis-Wissen dazu – und zwar nicht nur für Spezialisten, sondern für jeden Akteur oder jede Akteurin (Konsument, Medizinerin, Lehrer, Politikerin, Manager, Technikerin): »Die Logik von Heuristiken liegt darin, wenige, aber wesentliche Eigenschaften einer Situation zu identifizieren und den Rest zu ignorieren. Mit dem Begriff *Big Data* ist dagegen die Philosophie verknüpft, dass mehr Daten immer besser sind.«

Nassim Nicholas Taleb, der die Finanzkrise 2008 gleichfalls als Datenskeptiker luzide mit dem Begriff des schwarzen Schwans analysiert hat, der in den mathematischen Risikoberechnungen der Experten nicht vorkam, zieht in seinem Buch zur *Antifragilität* grundsätzliche Konsequenzen aus seiner Diagnose, indem er Situationen in den drei Kategorien der nicht-stabilen Fragilität, der stabilen Unbeweglichkeit und eben der Antifragilität untersucht. Das Kunstwort der Antifragilität steht für Lernfähigkeiten angesichts von Unsicherheit und unerwarteten Ereignissen. Die Moderne hat sich für Taleb in ihrer Überwindung des stationär Vormodernen zu einseitig in Lagen der Fragilität gebracht. Mit einem bunten Strauß von Beispielen arbeitet er heraus, dass das Handeln von Experten in Medizin, Ökonomie und Sozialtechnologie davon geprägt ist, Interventionen mit wenigen Effekten zu bevorzugen und zugleich langfristige Nebenwirkungen zu übersehen.[61] Die Beschäftigung mit Praxis in der philosophischen Tradition lässt sich für die Auseinandersetzung mit gegenwärtigen Problemen in den Horizont der Frage stellen, ob diese Konzepte uns risikokompetenter machen und zur Antifragilität beitragen. Philosophische Weisheit müsste dann auf den Spuren von Scobel, Gigerenzer und Taleb im Grunde auf etwas Einfaches zielen und zugleich zeigen, dass sie in der Bewältigung von Komplexität nicht zu falschen Reduktionen führt, die ja gerade dem im nächsten Kapitel thematisierten Populismus zu Recht zum Vorwurf gemacht werden. Das Kunststück besteht darin, einerseits Deutungsmacht nicht bloß im Allgemeinen unter Vernachlässigung von Situationen als bloße Macht des Vorwortes in der Zielformulierung zu erlangen und andererseits nicht in der durch Experten in ihrem Einzelwissen verschärften Komplexität ohne Perspektive auf eine Zielerreichung zu bleiben. Zielformulierung und Zielerreichung sind nur schwach korreliert, auch wenn das Formulieren von Zielen immerhin als Vorbedingung einer absichtlichen Erreichung von Zielen eine Richtungsentscheidung enthalten mag. Deutungsmacht in Theorie und Praxis erfordert mehr als nur eine allgemeine Zielformulierung und muss zur Zielerreichung eine situationsangemessene Auseinandersetzung mit Schwierigkeiten auf diesem Weg einschließen. Bei der Frage, wie Wahrheit und Richtigkeit im Namen des Fortschritts zur Macht verholfen werden kann, reichen allgemeine Deutungen nicht aus, die Phänomene nur verkürzt zur Geltung bringen und so Konflikte eher verschärfen als zu ihrer angemessenen Lösung beizutragen.

Martin Heideggers Beobachtung, dass der moderne Mensch nicht mehr in der Lage ist, den blühenden Baum wahrzunehmen, und stattdessen nur noch auf womöglich allgemeines Gesetzeswissen zielt, weitet philosophisch den Blick dafür, dass eine auf Allgemeinheit zielende Haltung Situationen in Theorie und Praxis nicht mehr als solche zur Geltung kommen lässt. Für die Deutungsmacht erfordert Heideggers Analyse, dass sie diese Situationsorientierung nachvollzieht und sich wegbewegt von der nur vordergründig erfolgreichen Konzentration auf das Expertenhafte und das begrifflich Allgemeine. In »Sein und Zeit« erörtert Heidegger im Kontext des Nachdenkens über die Geworfenheit des menschlichen Daseins grundsätzlich das Konzept der Situation, während Edmund Husserl die Situationsorientierung in der Lebenswelt im Kontrast zur Wissenschaft verortet. Für die Leibphilosophie ergänzt Hermann Schmitz die Profilierung von Situationen mit ihrer »Binnendiffusion« gegen von ihm sogenannten Konstellationen[62] und kritisiert die Prägung durch die dominante europäische »Intellektualkultur«. Diese habe sich »auf den Kutschbock des schon fahrenden Wagens geschwungen und die Pferde zu immer schnellerem Tempo angetrieben, in Richtung auf eine Vergegenständlichung dessen, was jeder selbst ist«. Nach den Maßstäben dieser Kritik des Intellektualismus lässt sich dessen Fortleben in der gegenwärtigen Philosophie phänomenvergessen in einer bloß analytisch arbeitenden Ausrichtung ebenso feststellen wie in den empirischen Wissenschaften in einem partikularen Wissens- und Faktenpositivismus ohne Nachdenklichkeit und Theorie.

Nicht ohne zumindest indirekten Sachbezug auf die vorgenannten Philosophen sind Isaiah Berlin und John Dewey wichtige Gewährsleute, um die Bedeutung von Situationen für Theorie und Praxis weniger systematisch, aber direkt auf das Politische beziehen zu können. Berlin hebt in seinem Werk zum »Wirklichkeitssinn« die Fähigkeit hervor, das »einzigartige Gepräge einer ganz bestimmten, konkreten Situation mit ihren spezifischen Unterschieden« wahrzunehmen, die »sich von allen anderen Situationen unterscheidet« und die sich einer auf Verallgemeinerung zielenden »wissenschaftlichen Behandlung« entzieht.[63] Für ihn ist die »konkrete Situation« »beinahe alles, denn es gibt keine Ausflucht vor ihr. Wir müssen uns, wie immer wir entscheiden, in ihr entscheiden.« Berlin kritisiert einen Umgang mit Praxis, der in Analogie zu einem verbreiteten Verständnis der naturwissenschaftlichen Methode meint, Einsichten deduktiv durch Gesetzesanwendung aus dem Allgemeinen gewinnen zu können. Im Kontrast zur Gesetzeswissenschaft würdigt er die »Kunst exquisiter Porträtmalerei«, bei der »jeder einzigartige Gegenstand lebenslange penible, hingebungsvolle Beobachtung, Einführung und Einsicht erfordert«.

Analog zu den anderen Situationsphilosophen kritisiert Dewey die »Logik der allgemeinen Begriffe«, unter die »die spezifischen Situationen subsumiert werden sollen«.[64] Begriffe neigen für ihn dazu, in Dualismen zu verharren und weltanschauliche Debatten zu befördern. Die Fähigkeit zur Wahrnehmung der Situation ermöglicht in Abgrenzung zu dem bloßen Arbeiten mit Allgemeinbegriffen eher ein abwägungsfähiges Urteil, das nicht einfach »fertige Prinzipien« in einer »Logik der Universalien« anwendet, die »den Einzelheiten übergestülpt« werden. Dewey vertieft seine Kritik der falschen Allgemeinheit, indem er selbst einen Dualismus formuliert und den Philosophen verurteilt, der im »Reich seiner Begriffe weilt« und nur vermeintlich Probleme löst, indem er die »Beziehungen von Ideen zueinander aufweist«. Positiv profiliert Dewey in der geforderten Erneuerung der Philosophie eine Herangehensweise, die problemlösende »Hypothesen« anbietet, die in »Reformprojekten genutzt und geprüft« werden können. Für Dewey ist »erstaunlich, wieviel geistige Energie damit verschwendet wird, dass man Gesellschaftsfragen in begrifflichen Allgemeinheiten diskutiert«, was dazu führte, dass die so produzierten allgemeinen Einschätzungen »gleichermaßen wahr und gleichermaßen nichtig« sind. Anders als in Deweys zu einfacher Gegenüberstellung von Ideengeschichte und Problemlösung wäre es angemessener, zwar die Problemorientierung zu betonen, aber zugleich wie Berlin die Konkretisierung durch eine portraitierende Beschäftigung mit historischen Ideen nicht gering zu schätzen. Die von Dewey und Berlin intendierte Kritik kann sich dann auf Formen der Wissenschaft beschränken, die ausschließlich die eigene Disziplin sehen und denen die Probleme außerhalb der Bücherstube oder des Labors letztlich gleichgültig sind. Arthur Koestler hat in seinem Roman »Die Herren Callgirls« eine solche Wissenschaft karikiert, die vorgibt, die Welt zu retten, aber primär an den Vergnügungen des Tagungsbetriebes interessiert ist und dabei die eingeschränkten Lieblingsideen der je eigenen Wissenschaft pflegt.

Situationsorientierung intendiert keine Theoriefeindschaft zugunsten der Praxis, sondern formuliert ein Kriterium für bessere Theorien, die im Sinne von John Maynard Keynes der Praxis zu Gute kommen: »Praktiker, die sich ganz frei von intellektuellen Einflüssen glauben, sind gewöhnlich die Sklaven irgendeines verblichenen Theoretikers.«[65] Für Keynes ist es in Politik, Wirtschaft, aber auch im Krankenhaus eine Illusion, sich einfach an der Praxis zu orientieren, vielmehr hat man es immer mit mehr oder weniger einseitigen Theorien der Praxis zu tun. Wer sich mit Praxis beschäftigt, denkt eigentlich über Praxis-Wissen nach. Der Unterschied besteht dann weniger darin, ob eine Theorie praxisbezogen ist oder nicht, sondern die entscheidende Differenz liegt in der Art des Praxisbezuges in Theorien, die nach Keynes oft gar nicht als solche erkannt werden und bei denen die Vermeidung einer falschen Allgemeinheit zugunsten des Situationsbezuges entscheidend ist. Indem Dewey die Bezogenheit von Theorie und Praxis betont, kritisiert er die dualistische Beziehungslosigkeit beider, die als Ausdruck des Dualismus überhaupt in ihren mannigfaltigen Gestalten das Hauptproblem der modernen Philosophie darstellt und für ihn ganz polemisch als »Brut« anzusehen ist.[66] Positiv gewendet ist sein Ziel, in der Lösung von Problemen die »scharfe Trennung zwischen Tun und Wissen« zu überwinden, die fälschlicherweise »in eine vollständige Trennung von Theorie und ›Praxis‹ verallgemeinert wurde«. Dewey beklagt die »Abwertung des Handelns, des Tuns und Machens«, die von den »Philosophen kultiviert« worden ist, die durch die »Erhöhung der Theorie über die Praxis die eigene Funktion« glorifiziert haben.

Ein Blick weit zurück in die Philosophiegeschichte kann verdeutlichen, dass Theorie und Praxis gleichermaßen offen für Deutungen in Situationen sind. Es waren die von Platon diffamierten Sophisten, die wie Dewey als Situationspragmatiker bezeichnet werden können: Ein Sophist ist in der Tradition ihrer Diffamierung ein kluger, aber spitzfindiger und interessengeleiteter Argumentierer, der mehr an rhetorischem Glanz denn an philosophischer Wahrheit interessiert ist. Platon kann so abwertend über die Sophisten urteilen, weil er mit seiner Ideenlehre vermeintlich über einen positiv formulierbaren Weg zur Wahrheit ohne Situationsbezug verfügt. Anders als nach der relativistischen Deutung der Sophisten, die eine taktische Mentalität unterstellt, geht es ihnen in ihrem Alternativentwurf zu Platons Machtvergessenheit um die Situationsbezüge von Vorstellungen und Meinungen. Wahrheit ist demnach nichts, was kontextlos in allgemeinen Sätzen überall gleichermaßen aussagbar wäre. Nicht die Götter und das von Parmenides als unbeweglich charakterisierte Sein sind das eigentliche Ziel des Menschseins, sondern der Mensch selbst.[67] Die Sophisten sehen keinen Wert darin, überzeitlich starre Maßstäbe zu formulieren. Vielmehr müssen die Maßstäbe in ihren jeweiligen Kontexten aufgesucht werden; denn »die Maßstäblichkeit all dessen, was als Maß fungieren soll«, gilt »nicht unabhängig vom konkreten Prozess der Messung«. Als »Techniker des Ungefähren« reagiert ein Sophist ohne gedankliche Weltflucht auf die »Vagheit der menschlichen Lage«. Ein Denken, das sich auf die »interne Folgerichtigkeit« von Situationen einlässt, kann nicht in gleicher Weise zu allgemeinen Richtigkeiten gelangen wie das kontextüberwindende Denken Platons. Praktisches Denken folgt vielmehr einer Rationalität, welche die »Strategie ihres Gebrauchs unentwegt der Situation anpasst und also nie zu situationsunabhängigen Prinzipien gelangt«. Die

Situationsbezogenheit praktischen Denkens ist mit Gefahren verbunden, weil eine »Disponibilität der Prinzipien und Elastizität der Anpassung« unabhängig »von den Erfordernissen jeweiliger Situationen« als »Inkonsequenz und Opportunismus« wahrgenommen werden kann. Eine grundsätzliche Gewähr, dass die Verführungen des Situativen vermieden werden können, bietet die Sophistik nicht.

Spielen Situationen in Theorie und Praxis gleichermaßen eine Rolle? Die Antwort lautet »ja«, wenn die genannten Situationsphilosophen von Heidegger bis zur Sophistik die gedankliche Grundlage bilden, die auf angemessene Deutungen statt auf bloß im Allgemeinen bleibendes Gesetzeswissen setzen. Im Griechischen steht Praxis als Wort für Handeln sowohl im Gegensatz zur handlungsentlasteten Theorie als auch als Gegenbegriff zur instrumentell konnotierten *poiesis* (Herstellung) und zur Arbeit. Wenn Praxis als Handeln und Theorie als handlungsentlastet verstanden werden, dann widmet sich jemand dem Theoretischen beim Lösen einer mathematischen Gleichung, selbst wenn nur Regeln aus einer Formelsammlung zur Anwendung kommen, und beim Abdichten eines Wasserrohrs dem Praktischen. Doch hilft nicht theoretisches Nachdenken, das selbst eine Praxis darstellt, die Ursache des Wasserrohrbruches zu finden und eine effektive Abdichtung zu ermöglichen? Und kann nicht die mathematische Lösung beispielsweise bei der Konstruktion einer Brücke ganz praktisch die statische Stabilität gewährleisten? Bei Ludwig Wittgenstein findet sich in den »Philosophischen Untersuchungen« eine Umschreibung für das, was ein philosophisches Problem ist und wie es zu therapieren ist: »Was ist dein Ziel in der Philosophie? – Der Fliege den Ausweg aus dem Fliegenglas zeigen.«[68] Im Kontext dieses Zitats suggeriert Wittgenstein, dass seine therapeutische Form der Philosophie theoretische Probleme löst – doch die Fliegenmetapher legt nahe, dass wir es mit einem praktischen Problem zu tun haben. Wenn Denken eine Form der Praxis darstellt, dann kann man die Praxis gar nicht vermeiden. Wer denkt, nimmt Raum und Zeit in Anspruch und kann sich währenddessen höchstens als im Multitasking begabte Person um anderes kümmern. Das Konzept der Wissensgesellschaft unterstellt, dass heutige gesellschaftliche Praxis selbst wissensbasiert und der Gegensatz von Theorie und Praxis in Auflösung begriffen ist. Wissen bekommt eine zentrale Funktion in der Praxis der Gesellschaft; selbst die Praxis der Rohrabdichtung – um bei diesem Beispiel aus dem Handwerk zu bleiben – basiert auf Wissen. Wolfgang Wieland hat ganz ähnlich über Diagnosen im Feld der Medizin nachgedacht, diese weder einseitig der Theorie noch der Praxis zugeordnet und den neuzeitlichen »Dualismus von begründbarer, theoretischer Erkenntnis und grundloser, freier Entscheidung« kritisiert.[69] Die praktische Seite wird in dieser Fehlentwicklung sozusagen erst sekundär durch eine »überstrapazierte Ethik« vertreten, wobei der Praxisverlust oft durch ein unklares allgemeines soziales oder politisches Engagement ohne wirkliche Beachtung von Situationen kompensiert wird, wie sie sich bei einem von Krankheit betroffenen Menschen in Symptomen und Beschwerden zeigen.

Mit Blick auf Thomas Kuhns Wissenschaftsverständnis bedarf es der Einschätzung in einer Situation, wann die Anomalien im alten Paradigma zunehmen und die Frage im Raum steht, ob das alte Paradigma zugunsten eines neuen aufzugeben ist. In seiner Analyse der Kopernikanischen Revolution betont Kuhn, dass diese »zerstörerische Neuerung von einer Tradition hervorgebracht« wurde, die dadurch schließlich schrittweise »untergehen sollte«, wobei die »revolutionäre Vorstellung der Erdbewegung ursprünglich ein Nebenprodukt des Versuches« in einer spezifischen Situation war, die »Rechentechniken zu verbessern«.[70] Auch wenn bei Kuhn der Situationsbezug bei der Entstehung des Neuen präsent ist, neigt er in seiner Konzeption des Paradigmenwechsels zu einer holistischen Sicht: »Wissenschaft schreitet fort, indem sie alte Theorien durch neue ersetzt.« Die Theorieorientierung und das Einlassen auf Situationen mit ihren Unübersichtlichkeiten bildet auch in den Wissenschaften ein Spannungsverhältnis, weil Akteure oft gar nicht in der Lage sind, die Komplexität von Situationen zu würdigen, insbesondere wenn sie dabei bisherige Muster wie bei Kuhns Paradigmenwechsel ganz grundsätzlich aufgeben müssen. Michel Foucaults Verteidigung des Nominalismus kann wie bei Kuhns Analyse der Entstehung des Neuen als eine erforderliche Stärkung der Situierung des Wissens verstanden werden. Anstatt von »Universalien auszugehen, um daraus konkrete Phänomene abzuleiten« will er, fast im Sinne der alten Hegel'schen Dialektik, aber diese gegen den Strich lesend, von einzelnen »Praktiken ausgehen und gewissermaßen die Universalien in das Raster dieser Praktiken einordnen«. Der Begriff der Situation setzt in der Vermittlung von Theorie und Praxis auf ein differenziertes Denken im Zusammenspiel von Allgemeinem und Besonderem mit den jeweiligen Vor- und Nachteilen, das sich nicht auf »allgemeine Allgemeinheiten« (Herber Schnädelbach) zurückzieht, sondern sich direkt und kundig auf die zur Verhandlung stehenden Sachen bezieht.

Deutungsmacht wird besonders von Interessengruppen gerne über eindeutig positiv oder eindeutig negativ besetzte Allgemeinbegriffe angestrebt; diese entbehren jedoch in vielen Fällen der angemessenen und differenzierten Berücksichtigung der Wirklichkeit. Unter Würdigung des Besonderen von Situationen Deutungsmacht zu erlangen, ist im Vergleich zur reinen Interessenvertretung anspruchsvoller. Wie beim Fortschritt die Pluralisierung zu den Fortschritten Differenzierung ermöglicht, besteht die Aufgabe auch in anderen Fällen darin, das Deutungsmachtpotential des undifferenzierten Ausgangsbegriffes mit Situationsangemessenheit zu kombinieren. Eine solche Orientierung am erklärenden Verstehen von Situationen gilt ebenso für den Begriff des Klimawandels, der seine Berechtigung in der öffentlichen Debatte als eine plakative Abkürzung für ein Bündel von Sachverhalten hat, die sich heute implizit wie vage auch immer auf den menschengemachten Wandel durch CO_2 und andere schädliche Gase wie Methan beziehen. Wissenschaftlich betrachtet ist auch der Begriff des Klimawandels zu allgemein und bedarf der Differenzierung und Situationsbezogenheit vor allem im Hinblick auf die unterschiedlichen Regionen der Welt, die in vielen Fällen unter eklatanten Folgen des Klimawandels wie Trinkwassermangel, Ausbreitung von Wüsten und Erosion der Böden, Überschwemmungen, Unbewohnbarkeit von Küstenregionen durch den Anstieg des Meeresspiegels, ausgedehnten Wald- und Buschbränden sowie unter den dadurch ausgelösten Fluchtbewegungen von zahlreichen Menschen leiden.

Ebenso gewichtig gilt das Differenzierungsgebot für den Allgemeinbegriff des Kapitalismus, der zur alleinigen Diagnose von Gesellschaften zu grobschlächtig und als meist negativ konnotierter Kampfbegriff zwar deutungsmächtig, aber letztlich realitätsverstellend ist. Es lohnt sich, in der globalen Perspektive von

»varieties of capitalism« auszugehen und einen nüchternen Blick auf die Geschichte des Kapitalismus zu werfen, um ein differenziertes Bild jenseits von Apologetik und Fundamentalkritik zu gewinnen. Im Stil der Kantischen Antinomien, die in seiner »Kritik der reinen Vernunft« spekulative Argumentationsreihen für und gegen die Existenz Gottes aufbauen, ist es leicht, Pro-Argumente und Contra-Argumente zum Kapitalismus als Allgemeinbegriff schlüssig zu formulieren. In der Contra-Variante muss man sich nur bei den Einsichten von Karl Marx und der in seiner Tradition schreibenden Autoren bedienen. Gegenwärtig ist es fast schwerer, Muster für eine spekulative Pro-Variante zu finden.[71] In der vergleichenden Würdigung verhält es sich wie bei Kants Antinomien: Für sich gelesen erzeugen beide Narrationen Plausibilität, und es liegt mehr an den Vorlieben des geneigten oder ungeneigten Lesenden, welche Variante präferiert wird. Beide Varianten missachten jedoch Kants entscheidenden Punkt, indem sie die Grenzen des empirisch Feststellbaren vernachlässigen und im Stile spekulativer Metaphysik daherkommen. Wie Kant in den Antinomien aufzeigt, ist es erkenntniskritisch angemessener, das Spekulieren zu lassen und in der Kapitalismusfrage wie bei der Gottesfrage zum Agnostiker zu werden. Dies ermöglicht es, Verstellungen der Realität durch allgemeine Bewertungen auf der Basis von Allgemeinbegriffen zu vermeiden. Die tagespolitische Debatte um die Einschätzung des globalisierten Kapitalismus und die Chancen seiner politischen Steuerung werden vermutlich ohnehin immer noch (und nach den Krisen der letzten Jahre sogar wieder verstärkt) von der nach 1989 doch eigentlich überwundenen Systemfrage mit ihrer Links-Rechts-Polarisierung dominiert. Jenseits dieser Polarisierung erschließt sich die bisher oft tabuisierte Frage, ob es deutungsmächtig gelingen kann, das Potential der Ökonomie ohne deren allzu leicht Dominanz entwickelnde Nebenwirkungen freizusetzen. Bei der Untersuchung dieser Frage steht auch die Möglichkeit einer Entkopplung von Wirtschaftswachstum und CO_2-Emissionen zur Debatte, da bei der Eindämmung des Klimawandels und der Vermeidung von dessen bereits eingetretenen Negativfolgen ökonomische Dynamik und viel Kapital zur Finanzierung von Veränderungen notwendig sein dürften.[72] Die Redeweise vom Globalen Süden wäre ein weiteres Beispiel für einen unangemessenen Allgemeinbegriff;

denn was haben der Kongo, Bangladesch, Indien, Mali, Syrien, Iran, China und Brasilien wirklich gemeinsam? Besser ist es, die Besonderheiten von Regionen und Nationen in Teilen der Welt zu würdigen, statt pauschal über die Welt oder über die Differenz von Norden und Süden zu reden. So wie es kein Prekariat als Nachfolger des auch nur allgemein behaupteten Proletariats gibt, taugt auch der Globale Süden nicht zu einem einheitlichen Gegenkonzept zur Aufhebung des Kapitalismus oder zur Zurückdrängung eines ebenfalls nicht einheitlichen Westens. Auch wenn es wenig oder gar keine Indizien gibt, dass der globale Süden oder ein Prekariat klassentheoretisch verstanden als neues Proletariat existieren, gehören das existenziell Prekäre des Menschen offensichtlich zu einer später noch zu thematisierenden Verletzlichkeit und Endlichkeit dazu. Schließlich kann schon ein unglücklicher Sturz auf den Kopf, ein unachtsamer Moment beim Überqueren der Straße, eine in die Luftröhre gelangte Fischgräte und vieles andere ein menschliches Leben von einer Sekunde auf die andere in einer einzelnen verhängnisvollen Situation auslöschen.

6

URTEILSKRAFT UND REFLEXION IM PRAXISTEST

Situationen – so die zuvor gewonnene Einsicht – fordern in einer theorieoffenen Praxis eine Deutungsmacht, die sich differenziert der Komplexität von Situationen stellt. So mag der Kategorische Imperativ von Kant mit der universalistischen Ausrichtung in seiner ethischen Orientierung richtig sein, aber die eigentliche Herausforderung kommt erst in seiner situationsbezogenen Anwendung. Kant selbst hat das Vermögen der Urteilskraft thematisiert – allerdings ohne Bezug auf den Kategorischen Imperativ, dessen Situierung er wohl für die praktische Vernunft als selbstevident ansah. Vielmehr kommt es bei ihm in der Ästhetik zur Geltung, wo anders als bei bloß persönlichen Vorlieben ein spezifisches Zusammenspiel von Eigenschaften im Objekt mit dem betrachtenden Subjekt gefordert ist, um Schönheit oder Erhabenheit zu attestieren. Der Begriff der Urteilskraft steht ausgehend von Kants Ästhetik und politisch ausgerichtet von Hannah Arendt im Mittelpunkt philosophischer Bemühungen, wenn es um die Anwendung des Allgemeinen auf das Besondere geht. Ob politisch eine Partei im Wahlkampf nur populäre Forderungen stellt oder durch und durch populistisch agiert, ist ebenso wie die Auswertung von radiologischen Bildern in der Krebsdiagnose eine nicht selten herausfordernde Aufgabe für die Urteilskraft. Solche Herausforderungen lassen sich nicht bloß durch Erfahrung und übliche Praxen routinisieren, sondern sehen sich Deutungsmachtkonflikten ebenso ausgesetzt, wie sie einen nachdenklichen Umgang mit eingespielten Routinen benötigen. Erst in einer gleichzeitig zur Reflexion fähigen Urteilskraft wird sichtbar, dass konkurrierende Deutungen nicht selten ähnlich gute Gründe für sich mobilisieren können, die Praxen des eigenen Handelns und Denkens in diesem Licht zur Disposition stellen. Praktizierte Reflexion ist individuell und überindividuell bedeutsam und verkörpert in der Wende zum Möglichen den Slogan *Wir können auch anders* ebenso wie in der Selbststellungnahme *Ich kann auch anders.*

Schon die Ausbildung der Fähigkeit von Urteilskraft und Reflexion stellt Menschen vor die Aufgabe, sich von ihrem Herkommen und ihren Umgebungen distanzieren zu können. Dies ist für Menschen anspruchsvoll, insbesondere wenn Ergebnisse von Urteilskraft und Reflexion deutungsmächtig werden und Möglichkeiten erschließen sollen. Um diesen doppelten Anspruchscharakter einer grundsätzlichen Ausbildung der Fähigkeit von Urteilskraft und Reflexion und ihrer deutungsmächtigen Praktizierung zu erörtern, nutze ich in diesem Kapitel die gegenwärtigen politischen Herausforderungen durch den Populismus als Praxistest mit folgender Hypothese: Urteilskraft als Anwendung des Allgemeinen auf ein Besonderes in Situationen sowie Reflexion können in ihrer individuellen und kognitiven Herangehensweise Entscheidendes zu einer anspruchsvoll verstandenen Bildung beitragen, aber angesichts der gesellschaftlichen Komplexität sind sie in der Praxis überfordert, allein für die Deutungsmacht des Wahren und Richtigen zu sorgen. Urteilskraft und Reflexion gehören zum Selbstverständnis der Philosophie und sind – innerphilosophisch betrachtet – in ihrer Wichtigkeit kaum zu überschätzen. In der Perspektive der Deutungsmacht stellt sich aber die darüber hinaus gehende Frage, ob sie geeignet sind, eine Gesellschaft oder auch nur ein Individuum insgesamt zu verändern oder ob dafür robustere Antriebe erforderlich sind. Situationen fordern Urteilskraft und Reflexion nicht nur bei der Identifikation angemessener Problemlösungen heraus, sondern bedürfen auch der mächtig werdenden Durchsetzung der zur Lösung erarbeiteten Deutungen. Dieses Erfordernis verdeutlicht, dass angemessene Antworten auf komplexe Fragen gerade im Politischen nicht leicht Deutungsmacht gewinnen und vor diesem Hintergrund populistische Antworten attraktiv werden, die alles leichter zu nehmen scheinen. Fortschritt kann in diesem Kontext allgemein so formuliert werden, dass es bei seiner Realisierung Urteilskraft und Reflexion schaffen, Situationen im Hinblick auf realisierbare Möglichkeiten zu erschließen und dabei mit der Deutungsmacht nicht im Kognitiven stehenzubleiben.

Niklas Luhmann und Hans Blumenberg haben die Bedeutung der Reflexion im Kontext einer überindividuell wirksam werdenden Urteilskraft unterschiedlich herausgestellt. Für Luhmann steigert Reflexion gesellschaftlich und evolutionär in der Moderne die Leistungsfähigkeit eines Systems, da es in »einigermaßen komplexen Systemen undenkbar« ist, »alle Macht des Systems als Ursache an der Spitze zu versammeln und von dorther auszugehen«.[73] Diese Einsicht gilt in komplexen Systemen für Manager und Bundeskanzlerinnen gleichermaßen, die »Macht auf Macht« anwenden, damit die »Systemmacht« und nicht etwa nur die »jeweils an der Spitze verfügbare Macht« reflexiv wird. In einer technischen Metapher sieht Luhmann Reflexivität als »Steigerung der Leistung durch eine Art von Relaistechnik«, die die eigenen Prozesse zum expliziten Gegenstand nimmt: »Ein gestufter Einsatz dieser Art erlaubt die Bewältigung größerer Komplexität.« Nicht-reflexive Systeme kennzeichnen vormoderne Formen einer stationären Gesellschaft, während Reflexion mit der Chance einer Wende zum Möglichen auf Systemfehler und einem Nicht-Erreichen von Zielen in der Moderne nachsteuernd reagieren kann.

Während Luhmann Reflexivität auf gesellschaftliche Systeme bezieht und nicht primär an den einzelnen Menschen denkt, betont Hans Blumenberg die individuelle Nachdenklichkeit. Für ihn kann Nachdenklichkeit im Sinne der reflexiven Urteilskraft für den »zögernden Menschen« evolutionär von Vorteil sein, denn sie hilft nach Blumenberg im Innehalten, das Banale und das kurzschlüssig Selbstverständliche zu meiden.[74] Er nimmt die Perspektive des Sokrates ein, der mit seiner Einsicht »Ich weiß, dass ich nicht weiß« die Infragestellung der je eigenen Selbstverständlichkeiten ebenso wie ein Bewusstsein von den Grenzen des eigenen Wissens herausgestellt hat. Reflexion ist für Blumenberg als Ausdruck einer Haltung der Nachdenklichkeit zu verstehen, die er in ihrem nochmaligen gründlichen Überlegen als alltäglichen Ausdruck für Reflexion nimmt. Die Tätigkeit des Philosophen als solche ist nicht gleichzusetzen mit der von ihm herausgestellten Nachdenklichkeit als Habitus: »Denken und Denken über Denken mag eine Fachkompetenz verleihen«, aber nicht jede Philosophie ist für Blumenberg nachdenkliche Philosophie. Für ihn gedeiht selbstverständlich auch außerhalb der Philosophie anspruchsvolle Nachdenklichkeit, auch wenn diese angesichts ihrer Neigung zur Verzögerung nicht immer geschätzt wird. Das Nachdenken über Reflexion in seinen

Machtbezügen steht dann in der Tradition von Blumenberg, wenn Reflexion nicht als leeres Ritual genommen, sondern das sokratische Nicht-Wissen auch konsequent auf die je eigenen Wissensansprüche angewendet wird und es auch praktisch zu der Einsicht führt: »Es bleibt nicht alles so selbstverständlich, wie es war.« Diese von Blumenberg unterstellte Veränderbarkeit ist eine intellektuelle, während Michel Foucault darüber hinaus gehend auf den Spuren des Sokrates in »Die Regierung des Selbst und der anderen« die sich um sich selbst kümmernde Fähigkeit zum Zweifel, nämlich zu »wissen, ob man das, was man weiß, wirklich weiß oder ob man es nicht weiß«, mit der Aufgabe einer Verbesserung der Politik verbindet: Die Demokratie profitiert für Foucault von einer solchen das Subjekt einbeziehenden Kultivierung des Selbstzweifels, um die Suche nach überzeugenden Antworten nicht vorschnell oder gar nur in Orientierung an Zufallsmehrheiten abzubrechen. Wenn nicht nur in der Politik Zweifel zur Verbesserung des Handlungsplans und ebenso nachträglich zur reflexiven Auswertung wichtig sind, erfordert – so meine Überlegung über Foucault hinausgehend – das Handeln selbst in der Ausführung aber Tatkraft und Zuversicht ohne permanente Selbstinfragestellung. Dies gilt für die politische Umsetzung von Klimaschutzzielen vermutlich genauso wie im Sport beim Anlauf zum Weitsprung, bei dem Selbstzweifel die Konzentration gefährdet und vermutlich schon von daher nicht zum erhofften Ergebnis führt.

Wenn die von Luhmann und Blumenberg entfaltete Bedeutung der Reflexion die Chance auf eine mächtige Veränderung der gesellschaftlichen Welt erhalten soll, dann sind die Hürden schon aus immanenten Schwierigkeiten bei ihrer Praktizierung hoch. Zur Reflexion und dem damit einhergehenden Selbstzweifel gesellt sich leicht die für Dewey philosophisch und lebensweltlich fatale »Suche nach Gewissheit«, die als Wunsch, nicht »gestört und beunruhigt« zu werden, zu »Dogmatismus, Autoritätsgläubigkeit, Intoleranz und Fanatismus« führen kann.[75] Aus diesen Fehlentwicklungen ergibt sich ein Gegensatz zwischen dem Sicherheitsbedürfnis und der sachangemessenen Haltung des im Idealfall sogar genossenen nachdenklichen Zweifels, wenn ein »disziplinierter Geist« seine »Freude am Problematischen« hat und nicht »locker« lässt, bis ein »Ausweg gefunden ist, der auch einer Prüfung standhält«. Mit anderer Akzentsetzung als Dewey befürwortet Berlin Haltungen, die die schon thematisierte ideologische Rechthaberei in Allgemeinbegriffen vermeidet, aber zugleich nicht in eine falsch verstandene kleinteilige Wissenschaftsorientierung abrutscht: »Zu leugnen, dass wissenschaftliche Modelle von Nutzen sein können, wäre purer Obskurantismus; doch zu behaupten, sie könnten uns mehr lehren als jede andere Form der Erfahrung, wäre eine ebenso blinde Form von doktrinärem Fanatismus.« Berlins Versuch, eine reflexive Urteilskraft ohne falsche Wissenschaftsorientierung zu etablieren, wendet sich zugleich gegen die Tendenz von an Deutungsmacht interessierten Denkern und Denkerinnen, die oft nur einen geringen Reiz in einer abwägenden, erst auf den zweiten Blick wichtig werdenden Position entdecken, weil die einseitige Stellungnahme leichter Aufmerksamkeit gewinnt.

Hannah Arendt hat ausgehend von dem Eichmann-Prozess gegen die damals vorherrschenden Verharmlosungen von nationalsozialistischen Verbrechen auf dem »Funktionieren der Urteilskraft« bestanden: »Was wir in diesen Prozessen fordern, ist, dass Menschen auch dann noch Recht von Unrecht zu unterscheiden fähig sind, wenn sie wirklich auf nichts anderes mehr zurückgreifen können als auf das eigene Urteil, das zudem unter solchen Umständen in schreiendem Gegensatz zu dem steht, was sie für die einhellige Meinung ihrer gesamten Umgebung halten müssen.«[76] Um die Zumutung dieses Anspruches zu mildern, verweist sie darauf, dass die Verweigerung einer Mitwirkung an der Judenvernichtung in keinem einzigen Fall nachweisbar negative Konsequenzen für den Verweigerer gehabt hat und beispielsweise in Dänemark ein ganzes Land ohne Sanktionen der deutschen Besatzer bei seiner Nicht-Kooperation in der Juden-Vernichtung geblieben ist. Doch die Hürde für die Realisierung ihrer Erwartung ist hoch, zumal sie selbst in aller Schärfe betont, dass »es in Deutschland keine einzige Organisation oder öffentliche Institution gab, die nicht in verbrecherische Handlungen und Transaktionen verwickelt gewesen wäre«.

In ihrem unvollendeten Spätwerk zur Urteilskraft geht Arendt in Auseinandersetzung mit Kants »Kritik der Urteilskraft« erneut auf das sie umtreibende Thema der Urteilskraft ein, ohne es aus meiner Sicht befriedigend klären zu können. Über Kant hinausgehend fasst sie Urteilskraft lediglich als eigenständiges Vermögen, mit der bei ihm fehlenden Frage »Wie urteile ich?«, die sich für sie allein weder durch Induktion noch durch Deduktion bestimmen lässt. Nur formal und summarisch charakterisiert sie »Urteilskraft als das Vermögen des menschlichen Geistes, sich mit dem Besonderen zu befassen.«[77] Hermann Lübbe setzt sich wie Arendt mit Blick auf den Totalitarismus mit der Rolle der Urteilskraft auseinander und diagnostiziert deren Überlastung wie indirekt auch die Verführbarkeit der Reflexion. Zunächst vertritt er gegen Max Horkheimers Kritische Theorie die These, dass die Verbrechen im Totalitarismus nicht wegen der Coolness der instrumentellen Vernunft bei betäubter Moralorientierung durch Mitläufer unterstützt werden, sondern durch Ideologisierung. Das offensichtlich Verbrecherische von Massentötungen wird »unter Berufung auf das höhere Recht einer ideologisch fortgeschrittenen Wirklichkeitsorientierung« legitimiert: »Nicht die moralisierende Reflexionstüchtigkeit ist beschädigt, sondern die Urteilskraft, die einen in Orientierung an Erfahrung und traditionell gefestigten politischen Wirklichkeitssinn gemeinsinnsfähig urteilen ließe, was erlaubt und was nicht erlaubt ist.«[78]

Angesichts der Schwierigkeiten schon in der Bestimmung von Urteilskraft ist es nicht verwunderlich, wenn die Politikwissenschaftler Wilfried von Bredow und Thomas Noetzel zu folgender Einschätzung kommen: »Wollte man eine Geschichte der politischen Urteilskraft schreiben, müsste man sich zuvor wirksam gegen Melancholien und Fatalismus wappnen, denn es würde in der Hauptsache eine düstere Geschichte des Versagens.« Die beiden Autoren untermauern ihre Sichtweise mit zwei Hinweisen auf fatale Fehlurteile im Deutschland des Jahres 1933: Die nationalkonservativen Akteure wie Franz von Papen als Kurzzeitkanzler des vorhergehenden Jahres meinten nach der Regierungsbildung Ende Januar zunächst, dass sie Hitler einrahmen und so faktisch kaltstellen könnten, und in der jüdischen Bevölkerung dominierte die Auffassung, dass sich nicht alles zum letzten Schlimmen entwickeln und dass keine Emigration erforderlich wird. Die spätere Kuba-Krise 1962, in der im Dominanzstreben der beteiligten Mächte trotz Abschreckungsdoktrin ein Atomkrieg nur knapp vermieden werden konnte und die gerade auf Seiten der USA von Protagonisten der vermeintlich rationalen Entscheidungstheorie beeinflusst worden ist, löst bis heute einen Schrecken aus, wie schnell in einer solchen Situation Urteilskraft und Reflexion an ihre Grenzen kommen. Aber selbst der operierende Chirurg, der geprägt von evidenzbasierter Medizin auf dem Hintergrund statistischer Auswertungen dem einzelnen Patienten gerecht werden muss, ist in seiner Urteilskraft permanent gefordert und angesichts von Verzögerung nicht zulassendem Zeitdruck im Alltag nicht besonders reflexionsoffen.[79] In einem letzten Beispiel für die Herausforderungen von Urteilskraft und Reflexion seien die Ökonomin und der Politikberater genannt, die in Nachtsitzungen möglichst noch vor der morgendlichen Öffnung von Börsen die Rettung einer insolventen Bank oder eines insolventen Staates empfehlen oder davon abraten müssen. All diese Fälle zeigen, dass die Urteilskraft in der Anwendung auf Situationen als notwendig und dass Reflexion für die gesellschaftliche Entwicklung als wichtig einzuschätzen ist. Bei beiden Vermögen der Vernunft gibt es trotz ihrer Wichtigkeit aber keine Garantie, dass sie unter Umständen des alltäglichen Lebens Deutungsmacht erlangen. Dieses Fazit soll jetzt in Auseinandersetzung mit dem politischen Populismus der Gegenwart weiter untersucht werden, wobei zunächst die Legitimitäts- und Effizienzkrise der Demokratie und das Konzept der Postdemokratie angesprochen werden.

David van Reybrouck diagnostiziert gegenwärtig ein »Demokratieermüdungssyndrom«, das den »Wahlabsentismus« in vielen Ländern zur »wichtigsten politischen Strömung« macht.[80] Es »herrscht der Wechselwähler« und stark zurückgehende Wahlbeteiligungen deuten auf eine Krise der Legitimität, bei der die Menschen in ihren Präferenzen immer »launischer« werden. Besonders beeindruckt von der Lage in Belgien, wo sich Koalitionsverhandlungen lange hinziehen und dann zu brüchigen Regierungen mit wenig Tatkraft führen, bringt er eine Effizienzkrise demokratischer Prozeduren auf den Punkt: »Politik ist schon immer die Kunst des Machbaren gewesen, und heute ist sie die Kunst des Mikroskopischen geworden. Denn das Unvermögen, strukturelle Probleme anzupacken, geht einher mit einer Überbelichtung des Trivialen, geschürt von einem überdrehten Mediensystem.« Colin Crouch hatte schon vor van Reybrouck die politische Lage als postdemokratisch beschrieben, in der die »demokratischen Institutionen formal weiterhin vollkommen intakt« sind, sich aber in die für »vordemokratische Zeiten« typische Richtung unter Einschluss der eingangs geschilderten *spin*-Diktatoren entwickeln.[81] In der Postdemokratie spielt die »Mehrheit der Bürger« meist eine »passive, schweigende, ja sogar apathische Rolle« und die Politiker stehen einer »Öffentlichkeit gegenüber, die verwirrt ist und nicht in der Lage, die politische Tagesordnung aktiv vorzugeben«. Eine solche Lagebeurteilung stützt die Einschätzung, dass Urteilskraft und Reflexion Individuen überfordern und dass sich Demokratie als Aufsummierung individueller Präferenzen den durch diese Überforderung ausgelösten Negativfolgen nicht entziehen kann. Dies kommt einer schlechten Nachricht für die erforderliche Eindämmung und Bewältigung des Klimawandels gleich. Engagierte Aktivisten stehen deshalb vor der Frage, wie sie Deutungsmacht gewinnen können, ohne auf die schiefe Ebene zu immer mehr Moralismus oder gar zu Gewalteskalation und Ökodiktatur zu geraten.

Statt Fortschritte zu ermöglichen, scheinen der Gegenwart mit einem allgegenwärtigen Populismus ganz gegenteilig Rückschritte zu drohen. Populismus lässt sich definieren als eine Weltannäherung mit politischen Deutungen, die Urteilskraft genauso wie Reflexion ausblenden und so die prinzipielle Berechtigung von Alternativen im Denken explizit leugnen oder faktisch ignorieren. Ein Populismus gewinnt Deutungsmacht durch Vereinfachungen, die Komplexität nicht weise, sondern fahrlässig reduzieren, nicht selten auf in der politischen und kulturellen Auseinandersetzung übersehenen Unzufriedenheiten beruhen und denen nicht erfolgreich durch Tabuisierung und moralistische Ablehnung begegnet werden kann. In dieser Haltung versucht ein Populist – wie andere Politiker auch – Macht zu erlangen. Die Machtorientierung ist politischen Parteien grundsätzlich gemeinsam; die Differenz zwischen Populismus und Nicht-Populismus liegt in der Differenz zwischen dem Umgang mit politischen Lösungsangeboten. Ein Populist wird sagen »Wir haben Recht und alle anderen Unrecht«; ein reflektierender und auf Urteilskraft setzender Nicht-Populist bringt sinngemäß zum Ausdruck »Die Lage ist komplex und nach Erwägung vieler Möglichkeiten komme ich zu der Einschätzung, dass ich meinen Vorschlag verantworten kann und für dessen machtvolle Umsetzung mit Hilfe Ihrer Wahlunterstützung eintrete.« Der Schlüssel in der Auseinandersetzung mit dem Populismus ist die pluralistische Frage nach der Wettbewerblichkeit: Wo eine populistische Partei die Auswahlmöglichkeiten im Rahmen der Verfassung bereichert und wie einseitig auch immer tatsächliche oder eingebildete Missstände thematisiert, üben wir uns am besten in Gelassenheit. Wo sie die Grundrechte und Wettbewerblichkeit des Demokratischen abschaffen will, ist sie ein Fall für den Verfassungsschutz. Die Sehnsucht nach Überwindung der kontroversen Pluralität endet vermutlich in populistischen Vereinfachungen; allerdings sollten Ideen innerhalb definierter Menschenrechtsgrenzen auch nicht vorschnell tabuisiert werden. Populistische Verschwörungstheorien können in ihrer Allgemeinheit für viele oberflächliche Plausibilität erzeugen und vernachlässigen außer in klischeehaften Behauptungen gerade das Komplizierte wirklicher Situationen. In Differenz zu Verschwörungstheorien und Verschwörungsideologien, die oft von den Verbreitenden selbst geglaubt werden, sind *fake news* als bewusst falsche Nachrichten zu verstehen. In Verschwörungstheorien findet sich nicht selten gerade in ihren netzgestützten Verbreitungen ein Gestus, der an den für eine Demokratie wichtigen Aufdeckungsjournalismus erinnert: Jede Nutzerin kann jetzt im Netz vermeintlich etwas aufdecken und so ganz individuell womöglich zu einem erhofften Ruhm gelangen. Das Internet gibt dabei die »Instrumente an die Hand, um uns gegenseitig verbal und emotional zu attackieren, und hilft zerstörerischen politischen Kräften dabei, den Status quo zu erschüttern.«[82]

Im gegenwärtigen Deutschland und auch in anderen Teilen der Welt dominiert der Rechtspopulismus, doch auch andere Formen des Populismus sind denkbar, die auf der Basis von religiösen, kulturellen oder auch ökologischen Sichtweisen politische Vereinfachungsprogramme propagieren. Chantal Mouffe versteht die weitere Form eines Linken Populismus ausgehend von dem Bedeutungsverlust sozialdemokratischer Parteien als »diskursive Strategie«, den Antagonismus von »Volk« und »Oligarchie« politisch zu einer zentralen »Frontlinie« zu machen und so die »Wiederherstellung und Vertiefung der Demokratie« zu ermöglichen. Eine solche Ausrichtung folgt einer Deutungsmachtstrategie ganz auf den Spuren von Carl Schmitt, um in einer eskalierten Gegnerschaft des

Freund-Feind-Denkens Mobilisierungseffekte zu erzeugen und dabei – vermutlich auf Kosten einer Austrocknung der politischen Mitte – dem Rechtspopulismus die Anhängerschaft zu entziehen. Neben problematischen Aspekten des Populismus bei Mouffe finden sich bei ihr Aspekte, die zu Recht eine technokratische Alternativlosigkeit kritisieren, die in einem vermeintlichen »Konsens der Mitte« alle Kritiker als »Extremisten« oder »Populisten disqualifiziert«, um dann Politik zu einer rein »technischen Frage der Verwaltung der etablierten Ordnung verkommen« zu lassen und in einer »Domäne von Experten« gleich auch die »Volkssouveränität« für überholt zu erklären. Diese Einschätzung schließt bei Mouffe ein Verständnis für manche rechtspopulistische Forderung ein.[83]

Die bisherigen Überlegungen zum Populismus fasse ich im folgenden Stakkato thesenhaft in erweiterter Form zusammen: 1. Populisten beziehen sich in ihrer auf Halbwahrheiten Bezug nehmenden Deutungsmacht fast immer auf Probleme, die durchaus politisch Beachtung verdienen, nicht einfach durch Tabuisierung verschwinden und deren Lösung die vielleicht beste anti-populistische Strategie darstellt (als solche gravierenden Probleme genannt seien ökonomisch abgehängte Regionen; Vernachlässigung und Marginalisierung von Ostdeutschland; Anerkennungserosion bei Deklassierten als nicht bewältigte Globalisierungsfolge; blockierter sozialer Aufstieg trotz gegenteiliger Bildungsziele; Vernachlässigung der Subsidiarität bei der Zentralisierungstendenz der Europäischen Union; Zielkonflikte bei der humanitären und arbeitsmarktbezogenen Einwanderung, verschärft nach 2015; bevormundender Umgang bei Maßnahmen in Reaktion auf den Klimawandel). 2. Bloße Verächtlichmachung von Populismen steigert deren Deutungsmacht und erleichtert bei Anhängern den erfolgversprechenden Gestus der »verfolgten Unschuld«. 3. Auch im Umgang mit politisch Krawall machenden Populisten gilt sinngemäß abgewandelt das alte Erfolgsprinzip aus der Bekämpfung des Linksterrorismus, wonach Sympathisanten zurückzugewinnen und Haupttäter zu isolieren sind. 4. Mediale Hyperaufgeregtheit erzeugt gerade im Netz Verstärkereffekte, wenn mit extremistischen Äußerungen ebenso Aufmerksamkeit provoziert wird, wie bei der späteren Relativierung (hier mag »Dethematisierung« im Sinne von Habermas helfen, die alltagsweltlich auch in der Mecklenburger Weisheit »besser gar nicht ignorieren« zu finden ist). 5. Gegen populistische Emotionen der Angst reicht keine kleinteilige kognitive Widerlegung, sondern gefragt sind offensiv vertretene Positivphantasien einer Utopie der Freiheit, die Tatkraft, Zuversicht und Vernunft fördern.[84]

William Davies hat seine in die gleiche Richtung gehenden Beobachtungen zur Gegenwart und seine Form der Zeitdiagnose als Praxistest unter das Schlagwort »Nervöse Zeiten« gestellt. Er setzt in der Debatte um den Populismus einen Akzent, der Vernunftorientierung und die Macht der Gefühle gedanklich zu verbinden weiß. Als Aufklärer bleibt Davies an der Frage interessiert, wie die Vernunft angesichts dieser Lage Deutungsmacht gewinnen kann. Linker und rechter Populismus bringen in den politischen Prozess »eine breitere Vielfalt an tieferen Gefühlen, Ängsten und physischen Bedürfnissen« vor allem aus dem »Leben« und den »Erfahrungen Marginalisierter« ein.[85] Es gilt für ihn »Angst, Schmerz und Wut« als »menschliche Wesenszüge zu verstehen – als Alternative zu immer mehr Fakten auf der einen Seite und immer mehr Lügen auf der anderen«. Politisch wird die Frage zentral, »wer oder was die Macht besitzt, Menschen zu mobilisieren«, was bloß auf Vernunft zielenden »Appellen an Objektivität und Faktentreue« nicht gelingen wird. Davies bietet Unterstützung für meine Hypothese, dass Reflexion und Urteilskraft als Vermögen der Vernunft Schwächen haben, den nicht in seinem Denkvermögen aufgehenden Menschen deutungsmächtig zu erreichen. Es gibt eben andere, oft populistische Stimmen, die lauter sind. Daher bedarf es einer Vernunft Plus! Intellektualismen allein werden Möglichkeit und Wirklichkeit von Fortschritten nicht deutungsmächtig zusammenbringen können. Reflexion als die menschliche Fähigkeit zur Nachdenklichkeit und Urteilskraft als Fähigkeit, Situationen gerecht zu werden, sind für sich betrachtet das Beste, was wir haben, doch sie bedürfen der weiteren Unterstützung.

7

EMOTIONEN, *NUDGES* UND INSTITUTIONEN ANGESICHTS MENSCHLICHER VERLETZLICHKEIT

Nach den aufgezeigten Wirkungsschwächen von Urteilskraft und Reflexion können solche Erkenntnisfähigkeiten zwar als Kompass fungieren, aber dessen Richtungsangaben folgen Menschen oft nicht. Angesichts einer solchen Schwäche von Menschen, die mit ihrer generellen Verletzlichkeit einhergeht, stellt sich die Frage, ob Emotionen, *nudges* und Institutionen der Vernunft besser als die reine Kognition zur Erschließung von Möglichkeiten verhelfen können. Die neurobiologisch orientierte Autorin Liya Yu stellt den existenzphilosophischen Gedanken der Verletzlichkeit von Menschen in den Kontext einer missverständlich so bezeichneten »Neuropolitik«. Viele politisch wirksame Ressentiments wurzeln für sie – neurobiologisch und psychologisch erkennbar – in dieser Verletzlichkeit, so dass es wenig Aussicht auf Erfolg hat, gegen diese nur mit kühlem Verstand moralische Richtigkeiten zu setzen. In der Verletzlichkeit der Menschen liegt die Basis ihrer Gleichheit. Dieses Motiv erinnert indirekt an Thomas Hobbes, der im Zeitalter der Distanzwaffen in seinem »Leviathan« die Gleichheit der Menschen bei unterschiedlichsten Körperkräften in dem Prinzip begründet sieht, dass jeder jeden zu Tode bringen kann. Für Liya Yu lässt sich in der Offenheit für die Verletzlichkeit des Anderen eine Brücke bauen, um auch zwischen politisch sehr unterschiedlich ausgerichteten Menschen zu einer Verständigung zu kommen.[86] Gleichzeitig sind für die Autorin Ressentiments mit ihrer Unterscheidung der eigenen und der fremden Gruppe oft so tiefgelagert im Menschen verankert, dass deutungsmächtige Negativgefühle politisch nur schwer zu pazifizieren sind. Es wäre eine Illusion, solchen Gefühlen nur mit guten Argumenten widerstehen zu wollen; denn letztere finden für sie vor allem Resonanz in Kreisen der schon ohnehin Überzeugten besonders unter Privilegierten. In der Komfortzone von privilegiertem Wohlstand fällt es ohnehin leichter, die menschliche Verletzlichkeit an den Rand zu drängen, als dies bei von Verletzungen direkt Betroffenen der Fall ist. Insbesondere Erfahrungen der Grausamkeit steigern das existenzielle Empfinden der eigenen Verletzlichkeit – fast schon gleichgültig, ob diese Erfahrungen die Person selbst macht oder Menschen in ihrer Nähe. Svenja Flaßpöhler beschreibt in Übereinstimmung mit Yu »Vulnerabilität« als eine »Daseinsstruktur«, die aus der »menschlichen Existenz genauso wenig wegzudenken« ist wie reale »Verletzungserfahrungen«; denn vor »Schicksalsschlägen« oder »Gewalt« wird auch eine gerechte Gesellschaft nie »vollumfänglich« zu schützen sein. In der Steigerung der Verletzlichkeit stellt sie in sozialen Wohlstandsgesellschaften vom Typ Deutschland das Tocqueville-Paradox fest: »Je gleichberechtigter Gesellschaften sind, desto sensibilisierter werden sie für noch bestehende Ungerechtigkeiten und damit verbundene Verletzungen.«[87]

Menschliche Verletzlichkeit überhaupt und gelegentliche Übersensibilität heute haben die gleiche Wirkung, dass nämlich bloß cooles Rechthaben in kleinteiliger Argumentation nicht reicht, um gegen populistische Angstbewegungen Deutungsmacht zu entfalten. Es braucht vielmehr mobilisierende Positivemotionen, die auch Bestand haben gegenüber vielen der medialen Oberflächenaufgeregtheiten. Die Einschätzung »Wir müssen um die Herzen der Menschen kämpfen, nicht nur um ihre Köpfe« dürfte treffend sein. Das heißt nicht, dass Emotionen immer wohltuende Ergebnisse zeigen und in Ersetzung der Vernunft als Kompass für das Wahre und Richtige fugieren können. Solche Behauptungen wären im Hinblick auf die Bedeutung, die sie gerade im politischen Alltag bekommen haben, wenig überzeugend. Gefühle sind vielmehr als Ermöglichung einer deutungsmächtigen Vernunft auf eine Weise stark zu machen, dass die Vernunft und die Motivation, ihren Richtungsvorschlägen zu folgen, zusammenkommen. Emotionen zielen so auf eine Ermöglichung von Vernunft und indirekt auf normativ erwünschten Fortschritt. Ohne Begeisterung hat die Vernunft keine Deutungsmacht und entsprechend keine Realisierungschance. Es geht analog zur positiven Psychologie um positive Emotionen, die Aufbrüche und Veränderungen motivieren. Statt sich angesichts der Übel der Welt durch immer neue Kritik in einer nicht ausbleibenden Mutlosigkeit einzurichten, könnte der Blick auf positive Möglichkeiten Aufbrüche motivieren, die den

Mut stärken. In der früheren DDR hieß es bei der Vertuschung von Übeln oft, jetzt bitte keine Fehlerdiskussion, sondern nach vorne diskutieren. Die Grundidee eines konstruktiven Diskutierens kommt mir richtig vor, selbst wenn die alte Tabuisierung von Kritik obsolet geworden ist.

Mit dem ihr eigenen Engagement hat Martha Nussbaum politische Emotionen in den Mittelpunkt der Aufmerksamkeit gerückt, nachdem sie sich schon länger als liberale Feministin mit der Macht der Gefühle beschäftigt hatte. Für sie ist ein Mangel an »Politischen Emotionen« und eine bloß verstandesorientierte Argumentiererei ein beklagenswerter Hintergrund für Empathiedefizite, die den Populismus begünstigen: »Überlässt man die Prägung von Gefühlen antiliberalen Kräften, erlangen diese einen gewaltigen Vorsprung bei der Gewinnung der Herzen der Menschen, und dann besteht die Gefahr, dass Menschen liberale Werte für lasch und langweilig halten.« Politiker wie Abraham Lincoln, Martin Luther King und Mahatma Gandhi sind für sie bedeutend, weil »sie die Notwendigkeit erkannten, die Herzen der Bürger anzusprechen und starke Gefühle für die gemeinsamen Aufgaben zu wecken«. Es ist für sie wichtig, »erwünschte Emotionen zu pflegen (und jene zurückzudrängen, die die Gesellschaft daran hindern, ihre Ziele zu erreichen)«. Kantisch inspirierte Vernunftprinzipien bleiben »kraftlos und verharren zu sehr an der Oberfläche der menschlichen Psyche«; denn »Menschen entwickeln keine Liebe zu abstrakten Ideen«. Mit Blick auf Wissenschaftler mag der letztgenannte Punkt in dieser Allgemeinheit falsch sein, doch der Richtung nach stimmt die folgende Beobachtung, dass die »Weltgeschichte anders verlaufen« wäre, wenn »Martin Luther King im Stil Rawls' geschrieben« und so auf »Anschaulichkeit« als Motivation für »altruistisches Handeln« verzichtet hätte. Nussbaum besetzt sogar den Patriotismus positiv, den sie als engagierte Identifikation mit den normativ gebilligten Teilen des Eigenen ohne nationalistische Überlegenheitsgefühle begreift; die Lage der »Menschheit« ist als psychologisch wirkender Antrieb zu abstrakt und bedarf der Konkretion.[88]

Der gewaltbestimmende Begriff der Grausamkeit bei Shklar hat ähnlich wie die engagierte Politikorientierung bei Nussbaum eine starke emotionale Komponente, die auch bei der Wahrnehmung von Ungerechtigkeit zumindest als Einstieg hilfreich ist: Der »Sinn der Ungerechtigkeit« wäre nicht das »Herzstück des politischen Empfindungsvermögens moderner Demokratie, schlösse er nicht die Fähigkeit ein, den Schmerz ungerechter Erniedrigungen zu fühlen«, und zwar unserer eigenen ebenso wie die anderer. Shklar plädiert dafür, zumindest anfänglich der »Stimme des Opfers mehr Glaubwürdigkeit« einzuräumen als derjenigen der »offiziellen Vertreter der Gesellschaft, des beschuldigten Täters oder der Ausflüchte suchenden Bürger«. Auch wenn sich die Klage eines Opfers als unbegründet herausstellen kann, sollte diese Stimme auf jeden Fall Gehör finden; »denn ohne sie zu hören, lässt sich unmöglich entscheiden, ob es eine Ungerechtigkeit oder ein Unglück erlitten hat«. Ähnlich wie bei Shklar geht der im vorherigen Kapitel kritisierte Linkspopulismus von Mouffe einher mit einer »Anerkennung der Rolle der affektiven Dimension für politische Identifikationsformen« gerade beim von ihr geforderten politischen Streit zur »Wiederherstellung des agonistischen Charakters der Demokratie« im Rahmen der kollektiven Willensbildung.[89]

Emotionen sind aber nicht nur in der Auseinandersetzung und möglichst Überwindung des Populismus in der Politik zentral, sondern beim Thema der Emotionen steht das Menschenbild mit seinem Verhältnis von Vernunft und Gefühlen überhaupt anthropologisch zur Debatte. Die Gefühlsphilosophen des 18. Jahrhunderts wie der Graf von Shaftesbury und Adam Smith als Vertreter der schottischen Aufklärung mit ihrem großen Echo bei den Zeitgenossen und in der Literatur des »Sturm und Drang« sind geeignet, die Macht der Gefühle gegenüber der Vernunft zu betonen. Der Blick auf diese Gruppe von Philosophen lohnt sich, weil so das Programm der Aufklärung im 18. Jahrhundert, das neben der Vernunft auch auf die Stärkung von Empathie und Sensibilität zielt, in seiner Vielfalt wahrnehmbar wird. Eine umfassend verstandene Aufklärung, die Gefühle nicht von vornherein ausschließt, hat bessere Chancen, ihr Anliegen – vereinfacht ausgedrückt: die Welt ein bisschen vernünftiger zu machen – überhaupt anzupacken. Eine ausschließlich verstandesorientierte Aufklärung schadet ihrem eigenen Anliegen, wenn sie Gefühle von vornherein als irrational einschätzt und nicht deren Potential zur Stützung der Vernunft erschließt.[90] Diese Sicht profiliert markant der Neurobiologe Antonio R. Damasio, für den Gefühle zur Rationalität beitragen, weil diese uns potentiell in einem »Entscheidungsraum an den Ort« führen, wo wir die »Instrumente der Logik am besten nutzen können«.

Es gibt allerdings auch Grenzen für eine Aufwertung der Gefühle, die Svenja Flaßpöhler benennt. Empfindsamkeit markiert zunächst für die Emanzipation eine erfreuliche Entwicklung; doch verabsolutierte Sensibilität kann als »Hochsensibilität« zur Regression führen: »Gemeinsames politisches Handeln und Debattieren werden schwer, wenn Menschen zu stark ausgeprägte Sensibilitäten entwickeln.« Gegen die schon von Richard Sennett diagnostizierte »Tyrannei der Intimität« betont sie, dass »ein sensibles Selbst, das allen Schutz von der Welt erwartet«, von sich selbst oft »nichts« verlangt.[91] Das Nachdenken über Sensibilität und ihre Grenzen ändern nichts an dem Befund, dass Urteilskraft und Reflexion als Formen der Vernunft zwar helfen, aber weniger tiefgreifend und vor allem viel seltener, als dies im Bild des *animal rationale* in der philosophischen Tradition behauptet wird. Die menschliche Reflexion als Ausnahmeleistung ist nicht rein kognitivistisch als Gegensatz zu Trieben und Gefühlen zu begreifen, sondern als nachdenkliches Selbstverhältnis, in dem unser Umgang mit Trieben, Gefühlen und Kognitionen über uns und die Welt gleichermaßen bedacht wird. Der Mensch reflektiert in dem Verständnis der Philosophischen Anthropologie zwar als Mängelwesen in exzentrischer Positionalität, aber dies in einem wenig emphatischen Sinne und eher selten mit mächtig werdendem Erfolg.[92]

Das Prekäre der Reflexion ebenso wie das der Urteilskraft hat Konsequenzen für das Politische: Immer wieder – womöglich verbiestert – an die Vernunft zu appellieren, wird scheitern. Ohne Emotionen hat auch die Vernunft keine Chance. Die Verletzlichkeit von Menschen und die Nervosität eines Zeitalters kann man nicht einfach wegargumentieren. Dazu braucht es Unterstützendes. Bei Sigmund Freud war es die Psychoanalyse, die das Ich an die Stelle des Es setzen wollte. In der Verhaltensökonomie werden heute *nudges* als Hilfestellung diskutiert, ohne dass diese aufgrund des Verhaltensbegriffes an die Dogmen des Behaviorismus anschlösse. Vielmehr ist sie als empirisch arbeitende Teildisziplin der Ökonomie zu nehmen, die die Modellunterstellungen eines *homo oecono-*

micus nicht teilt. Verhaltensökonomen beschäftigen sich mit echten Menschen und beobachten im Feld der Ökonomie deren Handlungen. Dabei stellen sie fest, dass diese Handlungen viel weniger von Rationalität geprägt sind, als die bisherigen Modelle suggerieren. In dieser Ausrichtung hat die Ökonomie für das Menschenbild ähnliche Konsequenzen wie Gefühlstheorien für die Kritik am einseitigen Bild des *animal rationale*. Die Bedeutung von Rationalität und Vernunft wird in beiden Fällen nicht geleugnet, aber anthropologisch doch in ein Verhältnis gesetzt zu anderen Antrieben.

Daniel Kahneman als Pionier der Verhaltensökonomie, der heute die alten Einsichten von Freud zur eher marginalen Bedeutung bewusst rationaler Entscheidungen empirisch nachvollzieht, schätzt das menschliche Denken als anfällig für »systematische Fehler« ein.[93] Der Autor kontrastiert das schnelle Denken, das »automatisch und schnell, weitgehend mühelos und ohne willentliche Steuerung« arbeite, mit dem langsamen Denken, das logisch und bewusst auf der Basis von Überzeugungen agiert, wobei solche Operationen mit dem »subjektiven Erleben von Handlungsmacht, Entscheidungsfreiheit und Konzentration« beziehungsweise in meiner Interpretation auch mit Reflexion und Urteilskraft verbunden sind. Zum langsamen Denken gehört Selbstkontrolle, die Aufmerksamkeit und Anstrengung erfordert, so dass es schnell ausgelastet und erschöpft ist (was sich physiologisch in einem sinkenden Blutzuckerwert manifestiert). Hieraus folgert Kahnemann, Ansprüche an die Rationalität von praktischem Handeln nicht zu übertreiben. Das uns überfordernde langsame Denken mag vielfach realitätsgerechter sein, aber wir schaffen es nach Kahnemann nicht, ihm im Alltag routinemäßig zu folgen, so dass sich die vom schnellen Denken geschürte Kompetenzillusion durchsetzt. Kahnemanns Perspektive legt nahe, sich nicht zu stark auf die individuelle Reflexion und Urteilskraft zu verlassen. Reflexion erfordert die Einbeziehung des denkbar besten Wissens des langsamen Denkens, um dann urteilskräftig Einschätzungen und Gewichtungen vorzunehmen. Eine solche Reflexion ist für Kahnemann durchaus als möglich einzuschätzen, aber sie wird nicht routinemäßig stattfinden. Reflexion und Urteilskraft können ausnahmsweise gelingen und mächtig werden, aber als verlässliche Basis für das Tägliche sind sie zu aufwändig.

Richard H. Thaler und Cass R. Sunstein wollen ebenfalls verhaltensökonomisch ausgerichtet mit ihrem Konzept der *nudges* den Außenhalt zugunsten von klugen Entscheidungen auf eine Weise verbessern, dass die menschliche Autonomie erhalten bleibt. Die Autoren bekennen sich zu einem libertären Paternalismus, der einerseits quasi fürsorgliche Anstöße von außen rechtfertigt und anderseits die freie Entscheidung, diese zu ignorieren, nicht außer Kraft setzen will: Daher verstehen sie unter »Nudge« alle deutungsmächtigen »Maßnahmen, mit denen Entscheidungsarchitekten das Verhalten von Menschen in vorhersagbarer Weise verändern können, ohne irgendwelche Optionen auszuschließen«. Ein solcher Nudge in seiner Deutungsmacht »muss zugleich leicht und ohne großen Aufwand zu umgehen sein«; denn er ist nur ein »Anstoß, keine Anordnung«.[94] Ein besonderes Augenmerk richten die Autoren auf menschliches Verhalten im Hinblick auf Gesundheit und Ökologie, das die eigene persönliche und die gesellschaftliche Zukunft betrifft: »Probleme treten am ehesten dort auf, wo Entscheidungen und ihre Konsequenzen zeitlich voneinander getrennt sind.«[95] Gerade klimafreundliches Verhalten, aber auch die Bereitschaft zur Organtransplantation bedürfen demnach der Unterstützung; denn in der Gegenwart machen beide keinen sofort erfahrbaren Unterschied aus: »Am besten lernt man, wenn es nach jedem Versuch ein sofortiges und klares Feedback gibt.« Idealerweise ermöglicht ein *nudge* das gegenwärtige Feedback im Hinblick auf eine erst später eintretende Positivwirkung. Auch das Tragen von Masken während einer Pandemie und bei grassierenden Virusinfektionen lässt sich nach diesem Modell verbessern, wenn statt wie in »Corona«-Zeiten bieder daherkommende Plakate die Phantasie und der Witz der früheren Werbung für *safer sex* in Zeiten von AIDS wiederbelebt worden wären. Dies hätte uns die Sackgassendebatte mit der Alternative einer rechtlich durchsetzbaren Maskenpflicht mit Strafen bei Zuwiderhandlung auf der einen Seite und die Betonung der individuellen Freiwilligkeit mit dem tatsächlichen Ergebnis eines überwiegenden Nicht-Tragens von Masken auf der anderen Seite vermeiden helfen. Niemand würde beispielsweise nach diesem Vorbild in Japan auf die Idee kommen, Masken rechtlich vorzuschreiben, aber gleichwohl werden sie gewohnheitsmäßig in öffentlichen Innenräumen genutzt.

Stellen die in der Verhaltensökonomie thematisierten *nudges* und die die Vernunft unterstützenden Gefühle eine Form der Deutungsmacht dar? Oder doch eine nicht-deutende Variante der Macht oder gar eine auf Determination hinauslaufende Manipulation? *Nudges* zielen auf überpersonale Deutungsmacht, der man sich aber prinzipiell als Person entziehen kann, und die – sollen sie akzeptiert werden – nicht zur Determination werden dürfen. Der mit ihnen einhergehende Paternalismus ist reflexiv durchschaubar und als solcher nicht prinzipiell autonomiegefährdend. Im Rahmen einer Bildung der Gefühle können Personen sich sogar selbst mit ihnen in als gewünscht anzusehende Richtungen beeinflussen. In der Abgrenzung von Macht und Deutungsmacht sind Gefühle und *nudges* als Formen von inkorporierten Deutungen zu sehen, die zunächst als überpersonale Deutungsmächte Einfluss nehmen. Da Deutungen aber diese ihrerseits beeinflussen, können sie auch eine personale Deutungsmacht entwickeln, so dass neben der Biologie der Gefühle eine zumindest begrenzt zur Veränderung führende Gefühlsbildung möglich erscheint. Martha Nussbaum hat in diesem Zusammenhang Gefühlen einen kognitiven Anteil zugesprochen, der erklärt, wie Deutungen in einem zumindest begünstigenden überpersonalen Kontext gefühlsverändernde Wirkung entfalten können.[96]

Robert Klitgaard schaut als klassischer Modellökonom und nicht als Verhaltensökonom auf Handlungen und untersucht sie ganz nüchtern im Rahmen von Rationalitätsunterstellungen, wobei er erörtert, wie Anreizen zu erwünschten Handlungen zur Wirkung verholfen werden kann. Ganz grundsätzlich unterstellt er, dass sich ein Mensch moralisch unerwünscht verhält, wenn die Vorteile die Nachteile überwiegen.[97] Mit dieser einfachen Kategorisierung kann er Menschen von außen beobachten, ohne vordergründig moralisch zu urteilen. Dabei sieht er, dass fast alle zu Arrangements greifen, bei denen sie Vorteile eventuell auch auf Kosten des Gemeinwohls erlangen, die für die unmittelbar Beteiligten große Vorteile bieten und in diesem Sinne für sie als Interessenmaximierer rational sind. In einer solchen ökonomischen Betrachtung wird zugleich mitgedacht, dass es einen enormen Aufwand bedeutet, Menschen beispielsweise durch direkte Kontrolle zu Verhaltensänderungen zu bringen. Angesichts dieser geradezu neutralen Kostenabwägung stellt Klitgaard fest, dass in schlecht organisierten Verhältnissen sogar die Schädigung anderer vergleichsweise gute Wirkungen zeitigen kann. Im Allgemeinen führt Schädigung anderer jedoch ökonomisch gesehen zu ineffizienter Verschwendung, begünstigt Privilegierte gegenüber Benachteiligten und fördert im Raum des Politischen zynische Einstellungen. Vor allem führt die Begünstigung von Unmoral aber zu schlicht falsch gesetzten Anreizen: Die Interessenphantasie richtet sich bei Individuen auf möglichst geschickte Eigenbegünstigung und nicht auf ein Arbeiten zugunsten des Gemeinwohls. Am Ende eines Prozesses kommen auch Personen, die zunächst wenig Neigung zur Unmoral haben, zur Einsicht, dass es ohne sie nicht geht. Wie Gelegenheit Diebe macht, so wird auch Unmoral wie die fehlende Berücksichtigung von negativen Klimafolgen durch Gelegenheiten erleichtert oder in der Phantasie des Handelnden sogar erst deutungsmächtig als möglich etabliert. Das von Klitgaard nicht erörterte *nudging* könnte dann am meisten Erfolg versprechen, wenn es Verführungen durch eine Gelegenheit in eine andere Richtung lenkt und so etwaig vorhandene gute Absichten unterstützt. *Nudges* können die Auslegung der eigenen Interessen beispielsweise zugunsten klimafreundlicher Handlungsweisen verändern und helfen, sich intensiver mit Informationen über den gefährdeten Zustand der Erde zu beschäftigen. Auch Frustrationen durch Überkomplexität befördern moralisches Unvermögen oft in Kombination mit Willensschwäche, die sich in einer entsprechenden Unlust zum richtigen Handeln bündelt. Menschen sind in vielen Fällen nicht eigentlich mit voller Absicht zur Schädigung des Gemeinwohls bereit, aber sie widersetzen sich auch nicht mit letztem Nachdruck einer anders ausgerichteten Verführung. Gerade weil der Mensch ein Wesen ist, das nicht immer zum Guten neigt, sind Verhältnisse notwendig, die die Verführbarkeit eher minimieren, als aus ihr wie in von Ideologien geprägten Diktaturen ein Gestaltungsprinzip zu machen. Wo allgemein Furcht und Zittern herrscht und wo dies auch noch ideologisch mit Deutungsmacht als Mittel zu einem vermeintlich legitimen Zweck gerechtfertigt wird, zeigen Menschen – von besonderen Ausnahmen abgesehen – ihre schlimmsten Seiten. Die Schädigung des Gemeinwohls hat anthropologisch gesehen eine starke Komponente von Verführbarkeit – und verführbar ist vermutlich jede Person. Je ethisch disziplinierter eine Person ist, desto schwieriger mag ihre Verführbarkeit sein, aber unmöglich wird sie dadurch nicht. Wenn der Preis hoch genug ist, können wohl alle als verführbar gelten. Aus diesem funktionalen Zusammenhang folgt etwas für *nudges*: Das Zusammenleben sollte mit seinen Regeln möglichst wenig Verführungen zur Unmoral bieten. Auch umgekehrt gilt, je niedriger die Einstiegshürde ist, desto häufiger findet sie statt.

Im »Prinzip Verantwortung« werden Gefühle und *nudges* von Jonas nicht thematisiert, aber gleichwohl hat er im gedanklichen Umfeld einer Kritik der Rationalität etwas beizutragen, wenn bei ihm der Mensch als ein Wesen »in seinen Höhen und Tiefen, in seiner Größe und seiner Erbärmlichkeit, seinem Glück und seiner Qual, seiner Rechtfertigung und seiner Schuld« und damit in seiner durchgängigen »*Zweideutigkeit*« beschrieben wird. Jonas spricht in diesem Zusammenhang vom anthropologischen Irrtum der Utopie, die die Besserungsfähigkeit des Menschen unterstellt und die es erfordert, dem »erbarmungslosen Optimismus« eine »barmherzige Skepsis« gegenüberüberzustellen. Auf moralische Fortschritte des individuellen Menschen sollte vor dem Hintergrund dieser Diagnose für ihn gesellschaftlich nicht allzu viel illusionäre Hoffnung gesetzt werden. Anders mag es sich im familiären Zusammenspiel von Individuen und Umgebungen verhalten: Ein friedliches Aufwachsen macht auch hieraus entspringende Erwachsene wohl ebenfalls friedlicher. Die im Werk von Jonas kritisierte Teleologie mit ihrer vermeintlichen Vernachlässigung der Differenz von Sein und Sollen nimmt Bezug auf das Eltern-Kind-Verhältnis. Was vielfach als unterkomplex wahrgenommen wurde, ist vielleicht besser als *nudge* verstehbar, insofern das familiäre Umfeld Geneigtheiten zum Richtigen auch auf Zukunft hin erleichtert. Entsprechend tritt Jonas im Rahmen seiner teleologischen Ethik als Kritiker einer bloß auf einem guten Willen basierenden Moral auf; denn von der »Watte purer Gesinnung und untadeliger Absicht, der Bekundung, dass man auf Seiten der Engel und gegen die Sünde ist, für Gedeihen und gegen Verderben, gibt es in der ethischen Reflexion unserer Tage genug«. Das in der Verhaltensökonomie diskutierte Problem, bei Entscheidungen über die unmittelbare Zukunft hinauszudenken, wird bei ihm ebenfalls thematisiert: »Die ›Zukunft‹ aber ist in keinem Gremium vertreten; sie ist keine Kraft, die ihr Gewicht in die Waagschale werfen kann. Das Nichtexistente hat keine Lobby und die Ungeborenen sind machtlos.« Jonas neu zu lesen, führt so zu manchen anregenden Entdeckungen und zu einer erneuerten Hochachtung vor dem Werk dieses Autors. Die unerfreuliche Wirkungsgeschichte der Heuristik der Furcht in Kombination mit der *German Angst* sollte nicht den Blick auf die Verdienste dieses Autors gerade mit seinem Hauptwerk zum »Prinzip Verantwortung« verstellen. Gegen eine dominant werdende »Heuristik der Furcht« betont Jonas mit einer Tendenz zur Inkonsistenz selbst: »Dem Prinzip Hoffnung stellen wir das Prinzip Verantwortung gegenüber, nicht das Prinzip Furcht.« Auch die *potentia* spielt in seinem Werk immer wieder eine Rolle: »Worauf es jetzt ankommt, ist nicht, ein bestimmtes Menschenbild zu perpetuieren oder herbeizuführen, sondern zu allererst den Horizont der *Möglichkeit* offenzuhalten.« Die Furcht hat – und das ist in einer sorgfältigen Lektüre von Jonas ernst zu nehmen – den Charakter einer Heuristik, eines vorläufigen Durchgangsstadiums also. Die institutionellen Realisierungsvorschläge muten gegenüber seiner Zeitdiagnose gleichwohl naiv an: Neben einem Anklingen der Alternative des Kommunismus bis hin zu einer nicht ausgeschlossenen Affinität zur Ökodiktatur bleibt wohl auch für ihn nur die Zuflucht zum Moralismus und eine Sehnsucht nach Lenkung: »So viel ist klar, dass nur ein Höchstmaß politisch auferlegter gesellschaftlicher Disziplin die Unterordnung des Gegenwartsvorteils unter das langfristige Gebot der Zukunft zuwege bringen kann.«[98]

Jonas ist in seiner teleologischen Orientierung offen für die Wahrnehmung der Begrenztheit einer bloß rationalistischen Ethik mit ihrem abstrakten Wollen, aber zugleich fehlen Ideen für die gesellschaftlichen Realisierungen des Prinzips Verantwortung. Um an diesem Punkt zur Konkretisierung des Außenhalts über Gefühle als inneren Motivator hinaus weiterzukommen, mag ein Seitenblick auf einen Autor hilfreich sein, der weniger edel daherkommt als Jonas – nämlich Arnold Gehlen, dessen Karriere anders als beim Emigranten Jonas in der Zeit des Nationalsozialismus begann und der später in der Bundesrepublik gerade im Kontext der 68er-Bewegung als Inbegriff eines Strukturkonservativen galt. Trotz dieser wenig attraktiven Aspekte seiner Person und seines Werkes hat Gehlen die Bedeutung von Institutionen für den Außenhalt von Menschen überzeugend herausgestellt. Nach Gehlen bedarf das Mängelwesen Mensch, das er in seiner Anthropologie auf den Spuren Herders so charakterisiert, der Entlastung, da die von Natur aus fehlende Instinktausstattung die menschliche Kultur fordert und überfordert. Die als eine Form der Konstitution im Sinne des Kapitels 3 anzusehende Lösung liegt für Gehlen in Institutionen, die er weit gefasst unter Einschluss von Gewohnheiten und durchaus in Nachbarschaft zu dem später von Bourdieu entwickelten Konzept des Habitus erläutert: »Alle Stabilität bis in das Herz der Antriebe hinein, jede Dauer und Kontinuität des Höheren im Menschen hängt zuletzt von ihnen ab«, wobei er zu den Institutionen weit gefasst den »Staat, die Familie, die wirtschaftlichen, rechtlichen Gewalten usw.« zählt.[99] Die Entlastung des Individuums wird ermöglicht als Habitus in institutionellen Gewohnheiten: »Alles gesellschaftliche Handeln wird nur durch Institutionen hindurch effektiv, auf Dauer gestellt, normierbar, quasi-automatisch und voraussehbar.« In solchen formalen Charakterisierungen besteht wohl die Stärke von Gehlens auf der Anthropologie fußenden Sozialphilosophie. Ambivalent und letztlich kritikwürdig wird es jedoch, wenn er davon spricht, sich als Mensch von den »Wirklichkeiten« der Institutionen »konsumieren« zu lassen und ihr Abbröckeln als schrecklich erscheinen lässt.[100] An solchen Stellen mag das Autoritäre alter Zeiten und dessen Verharmlosung zur Geltung kommen. Institutionen bleiben trotz solcher fragwürdigen Zuspitzungen durch Gehlen wichtig, und die Veränderung von Institutionen und ihr Reflexivwerden muss unbedingt mit dem Aspekt ihrer Stabilisierung verbunden werden. Letztere ist in ihrer Funktion allerdings konservativ auf Ordnung ausgerichtet, um die Entlastung des Mängelwesens Mensch zu ermöglichen. Wenn nun das Bewahrende um jeden Preis in den Vordergrund rückt, dann wird aus Stabilität schnell Stagnation, und kritikwürdige Verhältnisse widersetzen sich ihrer Abschaffung. Daher besteht die Herausforderung darin, den Außenhalt des Institutionellen auch bei ihrer reflexiven Infragestellung zu nutzen und nicht nur auf das Engagement von Personen zu setzen. Mit dieser Anforderung schließt sich der Kreis zur Verhaltensökonomie, die in ihren *nudges* das Stabilisierende der institutionellen Gewohnheiten mit ihrer Veränderbarkeit zusammendenkt: »Zwei wichtige Erkenntnisse können wir an dieser Stelle festhalten. Erstens: Man darf niemals die Macht der Trägheit unterschätzen. Zweitens: Diese Macht kann man auch gezielt nutzen.«[101] Anders als bei Gehlen darf Freiheit nicht nur als eine in und durch Institutionen gedacht werden, sondern auch als eine, die sich herrschenden Institutionen widersetzt. Je nach Situation – und auch bei ihrer Beurteilung stellt sich die Frage der Deutungsmacht – kann Gehlen mit der folgenden Beobachtung Recht haben oder ganz in die falsche Richtung weisen, wenn er von dem »endlosen Kritisieren und Problematisieren« ganz kritisch spricht, das »jede Eindeutigkeit und Grenze benagt, bis niemand mehr gegenüber den letzten Enthemmungen etwas anderes hatte als ein verlegenes Lächeln«. Auch wenn Macht als *potentia* mit Hilfe von Institutionen Deutungsmacht erlangt, so kann doch auf die Kritik der Macht von Institutionen grundsätzlich nicht verzichtet werden.

Gewohnheiten machen Macht unsichtbar: »Die Macht ist vielmehr da am mächtigsten, am stabilsten, wo sie das Gefühl der Freiheit erzeugt, wo sie keiner Gewalt bedarf.«[102] Während Letzteres schon begrifflich in der Differenz von Macht und Gewalt im Anschluss an Hannah Arendt ausgeschlossen wurde, ist die angedeutete Koalition von Macht und Freiheit gedanklich weiterführend: Die Macht ist am mächtigsten, die nicht als solche erlebt wird, sondern sich in Strukturen unsichtbar macht oder gar selbst als Freiheit zur Geltung gebracht wird. Macht, die als solche wahrgenommen wird, erzeugt Gegenmacht, während die stille Macht im Einverständnis leichter geteilt wird. Zur Entfaltung von Deutungsmacht spricht viel dafür, die Macht in Institutionen so zu »verpacken«, dass sie in individuelle Gewohnheiten übergeht. Explizite Verbote erzeugen meist Gegenkräfte, während in Freiheit geänderte Gewohnheiten besonders mächtig werden. Gefühle, *nudges* und Institutionen üben in ihrem Einfluss Macht aus, doch haben sie auch Deutungsmacht? Zur Beantwortung muss ich auf die schon eingeführte Differenzierung zurückkommen, wonach die nicht-personale Deutungsmacht in ihrer Konstitution zur Wirkung kommt und sich dabei von einfachen Kausaldeterminationen ohne Bezug auf Deutungen unterscheidet. Die nicht-personale Deutungsmacht von Gefühlen, *nudges* und Institutionen ist inkorporiert, das heißt, sie beeinflusst indirekt. Dies verweist darauf, dass auch das Verhältnis von Gefühlen und Vernunft nicht einfach in einem beziehungslosen Dualismus gedacht werden darf. Der Begriffsdualismus verfehlt eine angemessene Beschreibung des Syndroms von Gefühl und Vernunft, insofern beide nicht nur äußerlich beeinflusst werden, sondern im Innersten vom vermeintlich Anderen mitgestaltet werden. Gleiches gilt für *nudges* und Institutionen, die möglichst wahren und fortschrittsorientierten Überzeugungen deutungsmächtig zur Wirkung verhelfen können.

8

ENDLICHKEIT UND *EMPOWERMENT* BEI DER WENDE ZUM EXISTENTIELL MÖGLICHEN

Wenn Urteilskraft und Reflexion als Vermögen der Vernunft wichtig sind, aber zugleich Grenzen bei der Erlangung von Deutungsmacht sichtbar werden, dann dürfte eine allein vernunftbasierte Wende zum Möglichen eine Illusion sein. Ein vertieftes Verständnis dieses Dilemmas könnte sich bilden, wenn die Verletzlichkeit des Menschen ebenso wie die Begrenztheit der Vernunft als Teil der existentiellen Endlichkeit verstanden und mit der möglichen Erweiterung der menschlichen Fähigkeiten in Verbindung gebracht werden. Gegenwärtige Fortschrittsorientierung steht vor der Herausforderung, Endlichkeit und Entwicklung bei Menschen zusammenzudenken: Das überkommene Fortschrittsdenken seit der Aufklärungszeit und gesteigert im 19. Jahrhundert der Industrialisierung war endlichkeitsvergessen, während eine Überbetonung der Endlichkeit allzu leicht die gleichwohl bestehenden Veränderungschancen eines Lebens vor dem Tod vergessen lässt. Gerade im Akzeptieren der Grenzen in Verletzlichkeit und Endlichkeit könnte eine solide Basis und geradezu eine Kraftquelle liegen, die der fortschrittsorientierten Entwicklung der Fähigkeiten in einer Wende zum existentiell Möglichen zugutekommt. Wer dagegen als Mensch weltmeisterlich meint, Verletzlichkeit und Endlichkeit ignorieren zu können, dem droht letztlich Absturz oder auch nur dauerhafte Stagnation. *Empowerment* steht für eine Erweiterung der Fähigkeiten unter Anerkenntnis der Endlichkeit und setzt darauf, dass Personen durch sich selbst und durch sie unterstützende Institutionen im Sinne des von Martha Nussbaum und Amartya Sen entwickelten *capability approach* sich ermächtigen und zur Ermächtigung anderer im Fortschreiten beitragen können.

Es war Hans Blumenberg, der in der Abkehr vom Absoluten – verstanden in einem religiösen ebenso wie in einem vernunftzentrierten Sinne – einen Wichtigkeitsgewinn der Endlichkeit und damit verbunden einen *empowerment* ermöglichenden Freiheitsgewinn gesehen hat. Wo die endgültige Erlösung und die Rettung von außen nicht mehr als Ausweg gedacht werden, sind wir ohne Ausrede mit dem existentiell Möglichen konfrontiert und zum Haushalten mit diesen Möglichkeiten aufgerufen. Angesichts des Todes ist die knappste aller Ressourcen unsere Lebenszeit, die in ihrer Begrenztheit und in ihrem prekären Charakter gerade aufgewertet wird. Blumenberg prägt für das Prekäre den Begriff eines »Absolutismus der Wirklichkeit«, wonach »der Mensch die Bedingungen seiner Existenz annähernd nicht in der Hand« und »immer weniger Zeit für immer mehr Möglichkeiten und Wünsche« hat.[103] Für Blumenberg ist in der menschlichen Endlichkeit die »bitterste aller Entdeckungen, die empörendste Zumutung der Welt an das Leben«, dass die »Welt dieselbe wäre, wenn es uns selbst nie gegeben hätte«. Unser Spielfeld ist die Lebenszeit; Antworten auf Fragen zur Weltzeit helfen uns bei der Gestaltung unseres je eigenen Lebens nicht weiter. Gegenwärtig stellt sich in Erweiterung von Blumenbergs Gedanken die Frage, ob die Entgegensetzung von Lebenszeit und Weltzeit, die zu Recht die verletzliche Endlichkeit des Menschen unterstreicht, nicht doch einer weiteren Differenzierung bedarf: Nur wenn sich die Weltzeit auf die großen astronomischen Dimensionen des ganzen Universums bezieht, mag unsere Lebenszeit davon nicht direkt tangiert werden. In Anwendung auf den Klimawandel wird die Weiterexistenz unserer Welt im Anthropozän jedoch als Erdzeit auch jenseits unseres je eigenen endlichen Lebens mit Blick auf zukünftige Generationen für Menschen relevant. Nicht nur der Mensch ist endlich, sondern auch unsere Erde in ihrer Bewohnbarkeit. Das Anthropozän ist kein kosmisches Zeitalter, sondern ein geologisches Erdzeitalter, das in seiner Ambivalenz einerseits die erfolgte Ermächtigung des Menschen, aber andererseits zugleich das Gefährdete und Prekäre von Menschen und Erde unterstreicht.

Capabilities stehen der menschlichen Macht als *potentia* nahe und betonen die Notwendigkeit, dass die Möglichkeiten unter Bedingungen unserer Endlichkeit auch realisiert werden. *Empowerment* verstärkt diese Konnotation, so dass nicht nur modallogisch formal mögliche Möglichkeiten thematisiert werden, sondern die für Menschen tatsächlich realisierbaren Möglichkeiten. Die individuelle und gesellschaftliche Entwicklung von Fähigkeiten kann nur unter Anerkenntnis der Endlichkeit der existentiellen Lebensmöglichkeiten erfolgen. Fähigkeiten bleiben ebenso wie speziell die Vernunft immer begrenzt, selbst wenn beiden attestiert wird, dass sie sich entwickeln können – unabhängig davon, ob sie allen Menschen in gleicher Form zuzuschreiben oder ob kulturelle und historische Variationen zu erwarten sind. Zwischen dem Deskriptiven und dem Normativen schaffen *capabilities* eine Brücke: Fähigkeiten des Menschen werden zunächst nur beschrieben, um dann in normativer Ausrichtung deren Entwicklung voranzubringen. In seiner Endlichkeit ist der Mensch nicht perfekt, aber die menschlichen Fähigkeiten sind doch in einer normativen Fortschrittsorientierung im Rahmen des existentiell Möglichen entwicklungsfähig. Der Fähigkeitenansatz vertritt eine sogenannte perfektionistische Ethik, die Verbesserungen anders als der nutzenfixierte Utilitarismus in ihrer Pluralität inhaltlich benennt und ebenso wie der Fortschrittsbegriff seit der Aufklärungszeit als ausgerichtet auf Perfektibilität zu verstehen ist. Dies beinhaltet im Kontrast zum deontologischen Kantianismus einen ethischen Konsequentialismus, der die Fähigkeitenentwicklung in seiner Tatsächlichkeit empirisch erhebt und einschätzt. Auch wenn Fähigkeiten gesteigert und entwickelt werden können, vermögen sie die Begrenztheit und Endlichkeit selbst nicht zu überwinden. Der Mensch ist perfektibel, aber nicht perfekt; *empowerment* überwindet einzelne Grenzen, aber nicht alle. Fähigkeiten können sich bilden und entwickeln, aber nicht aus einem endlichen Wesen ein unendliches machen. Wenn der Mensch perfekt und kein Mängelwesen wäre, bedürfte es keines *empowerment* und keiner Wende zum existentiell Möglichen. Der einzelne Mensch bleibt bei allen Fortschritten ein »krummes Holz«[104], aber die menschlichen Verhältnisse – richtig arrangiert – enthalten viel Potential, bei dessen Realisierung ein Mentalitätswandel mit der gedanklichen Öffnung zum Möglichen unter pragmatischem Verzicht auf die psychologisch wenig hilfreiche Charaktereigenschaft des Perfektionismus helfen könnte.

In Übereinstimmung mit Immanuel Kants »Kritik der reinen Vernunft« gehört ein Grenzbewusstsein auch zur Philosophie. Sollte die Einschätzung von Ernst Wilhelm Händler, »Philosophie ist die unerbittlichste Form der Rechthaberei, die es gibt«, stimmen, dann ist bei der seit der griechischen Antike gerühmten Freundschaft zur Weisheit im Fehlen einer Demut gegenüber den Grenzen auch des eigenen Faches manches schiefgelaufen. Vielleicht hat ein solcher Irrweg etwas mit dem ebenfalls an Kant erinnernden Befund von Odo Marquard zu tun: »Erfahrung ohne Philosophie ist blind; Philosophie ohne Erfahrung ist leer.«[105] Während sich der erste Teil des Satzes von Marquard gegen eine theorielose Empirie richtet, geht die beklagte Erfahrungsferne der Philosophie womöglich einher mit rechthaberischem Spekulieren und mit kleinteiligem Argumentieren, das gleichermaßen endlichkeitsvergessen meint, das Innerste der Welt auch unter Umgehung empirischer Wissenschaften und des Common Sense erkennen zu können. Immanuel Kant mit »seinen zerstörenden, weltzermalmenden Gedanken« hat diese Tendenz der rechthaberischen Philosophie so radikal kritisiert, dass der vermeintlich spekulativ erfassbare Gott zusammen mit der von der politischen Handlungsfreiheit unterschiedenen Willensfreiheit und der Unsterblichkeit »unbewiesen in seinem Blute« liegt.[106] Die Kopernikanische Wende Kants geht einher mit einer Grenzbestimmung der Erkenntnis, die nur im Zusammenspiel von Vernunft und Erfahrung als solche zu charakterisieren ist und die – ganz raffiniert – die Objektivität der Erkenntnis in der Subjektivität fundiert: »Bisher nahm man an, alle unsere Erkenntnis müsse sich nach den Gegenständen richten.« Für Kant ist es bei seinem Perspektivenwechsel ganz analog wie bei dem zentralen »Gedanken des Copernicus«, der, »nachdem es mit der Erklärung der Himmelsbewegungen nicht gut fort wollte, wenn er annahm, das ganze Sternheer drehe sich um den Zuschauer, versuchte, ob es nicht besser gelingen möchte, wenn er den Zuschauer sich drehen, und dagegen die Sterne in Ruhe ließ«. In Analogie zur Eingrenzung der Vernunft bei Kant lässt sich in der Grundidee der Kopernikanischen Wende auch das Fundament finden, um gerade aus der mit der menschlichen Endlichkeit herrührenden Begrenztheit eine Stärke zu machen: Wie die Erde im Kosmos klein und prekär gerade nicht im Zentrum der Welt steht, verbessern wir unsere Lebenschancen, wenn wir ohne Allmachtsphantasien unser Überleben als Gattung nicht selbstverständlich nehmen. Nur im Kopernikanischen Akzeptieren des Prekären können sich Möglichkeiten ergeben, die sich als solide nachhaltige Fortschritte herausstellen: Gegen eine anderslautende Intuition lässt sich aus der Schwäche und wohl auch im nicht ausbleibenden Scheitern, wenn es im *empowerment* überwunden wird, Einfluss gewinnen – und dementsprechend dieser Gedankenfigur Deutungsmacht verschaffen.

In der Rezeption seiner Gedanken wird Kant gegen seine Intention einer Eingrenzung der Vernunft fälschlicherweise als reiner Vernunftphilosoph angesehen, so beispielsweise von Richard Rorty, der die von ihm kritisierte analytische Philosophie als »Variante des Kantianismus« ansieht und in dieser Gleichsetzung beide zugunsten einer bildenden Philosophie ablehnt: »Die Idee der Philosophie als ein Tribunal der reinen Vernunft, das über alle anderen kulturellen Ansprüche zu Gericht sitzt, verdanken wir dem achtzehnten Jahrhundert und insbesondere Kant.«[107] Rorty übertreibt es mit seiner Abgrenzung von Kant, um – so mein Eindruck – den von ihm ursprünglich selbst präferierten sprachanalytischen Zugang zu überwinden. Im Kontrast dazu ist Friedrich Kambartel sowohl maßvoller als auch angemessener unterwegs, wenn er den von Wittgenstein ausgehenden und von Rorty programmatisch formulierten *linguistic turn* als Fortsetzung und Erweiterung von Kants Erkenntnistheorie versteht und »Wittgenstein auf den Schultern Kants« sieht, wo er dessen »Begriff einer aufgeklärten Weltorientierung und damit dessen Vernunftkritik« weiterdenkt und sie über ihre »Grenzen und die damit verbundenen eigentümlichen Verformungen hinaus entwickelt«. Der *linguistic turn* erweitert insofern die Grenzbestimmung der Vernunft, als die sprachlichen Zugänge auch für die Praxis nicht irrelevant sind und insgesamt den direkten Weg zur Wahrheit komplizierter machen. Die bewusstseinsphilosophische Eingrenzung der Vernunft durch Kant wird im 20. Jahrhundert so ergänzt von einer sprachanalytischen: Die reine Vernunft erweist sich als unrein und kann bestenfalls in einer Selbstanwendungsfigur noch die eigenen Grenzen bestimmen (was wiederum eigene Probleme aufwirft, die Hegel unerbittlich in seiner Kritik an Kants Ding-an-sich-Konzeption aufspießt – und die hier nicht eigens erörtert werden). Kant steht für die Bewusstwerdung der Grenzen der Vernunft unter Abweisung einer allzu selbstgewiss daherkommenden Metaphysik, die in Erkenntnisfragen zumindest teilweise durch eine Orientierung an den modernen empirischen Wissenschaften ersetzt wird. So weit befinden wir uns auf dem Standardterrain der Kant-Interpretation und der in der gegenwärtigen Philosophie umstritten gebliebenen Verhältnisbestimmung zur sprachanalytischen Philosophie. Um den Zusammenhang der Grenzen der Vernunft zum *potential turn* transparent zu machen und die Verbindung zur Endlichkeit zu verdeutlichen, soll zunächst mit Michel Foucaults Konzept des historischen Apriori und Dona Haraways Sichtweise einer situierten Erkenntnis die Grenzbestimmung erweitert werden, bevor existenzphilosophisch die Endlichkeit des Menschen überhaupt in ein Verhältnis gesetzt wird zur Macht als Ermöglichung.

Für Foucault gibt es – wie schon erläutert – nur ein historisches Apriori und keines, das sich kultur- und zeitübergreifend für alle Menschen bestimmen lässt: »Eine tiefe Historizität dringt in das Herz der Dinge ein.«[108] Die Kopernikanische Wende, die die Subjektivität als menschliche Gattungsausstattung insgesamt für die Erkenntnis herausstellt, erweitert sich im Gedanken des historischen Apriori, indem der kontingente Mensch zur Basis allen Erkennens wird. Eine Geburt im Athen der Antike oder eine Geburt im heutigen Somalia lässt sich in ihren Konsequenzen für die menschliche Erkenntnis nicht einfach bagatellisieren, sondern hat Folgen für die Welterschließung. Diese Einsicht bleibt zentral, auch wenn durch diese der durch kultur- und geschichtswissenschaftliche Untersuchungen motivierte Relativismus zusätzlich verstärkt wird. Richtig verstanden ist die durch Foucault beförderte Relativierung der Erkenntnis im historischen Apriori jedoch kein Relativismus, sondern nur eine Bedingung der Wahrheitssuche, die den schon im Titel von Foucaults Spätwerk beschworenen »Mut zur Wahrheit« nicht untergräbt. Die Leugnung des historischen Apriori ist vielmehr als wahrheitsgefährdend einzuschätzen, da diese die Vielfältigkeit des Menschen und der menschlichen Verhältnisse in ihrer Endlichkeit ausblendet.

Nicht nur die Situation ist situativ, sondern auch das interdisziplinär und multiperspektivisch verfasste Wissen über sie, so lässt sich Donna Haraways Erweiterung von Kants Grenzbestimmung in Übereinstimmung mit Foucaults Gedanken eines historischen Apriori in Richtung auf eine situierte Erkenntnis aufgreifen: Haraway entwickelt ihre Überlegungen in einer paradox anmutenden Form, indem sie Objektivität über Partikularität erschließt und die Kopernikanische Wende Kants radikalisiert: Nur ernst genommene partielle Perspektiven versprechen Objektivität.[109] Nicht-situierte Formen des Wissens sind demgegenüber für sie grundsätzlich reduktiv, weil sie aus einer faktisch doch begrenzten Sicht der Welt heraus meinen, das Große und Ganze erschließen zu können. Das radikale Bekenntnis zur partiellen und situierten Form der Erkenntnis ermöglicht gerade deshalb Objektivität, weil die eigene Perspektive als begrenzt unterstellt und nur im Miteinander mit anderen Perspektiven eine Annäherung an Objektivität für möglich gehalten wird. Das Partielle befördert so gerade nicht einen Relativismus; vielmehr steht hinter Letzterem die Frustration über eine scheiternde Objektivitätsorientierung, die in ihr Gegenteil verfällt.[110] Haraway wendet sich gleichermaßen gegen konstruktivistische Erkenntnistheorien und einen verkürzten, ganz patriarchal an Sicherheit orientierten Objektivismus, um erkenntnistheoretisch einen offenen Feminismus zu fundieren.[111] Es geht ihr darum, ein radikales Verständnis der historischen und der kulturellen Kontingenz des Wissens zu vereinen mit einer leidenschaftlichen und machtsensiblen Orientierung am Wissen über die reale Welt.[112]

Neben der von Haraway selbst hergestellten Verbindung der situierten Erkenntnis zum Feminismus drängen sich zwei weitere Beispiele auf, in denen die Situiertheit eines historischen Apriori vernachlässigt wurde: David van Reybrouck erklärt in seinem Werk zur Geschichte des Kongo, wie das Fehlen situierter Erkenntnis in absolut gesetzten »Logiken« nach 1960 in den ersten Jahren der staatlichen Unabhängigkeit des Landes zu einem schrecklichen Bürgerkrieg führte: »Die Misere der ersten fünf Jahre war nicht die Folge einer Renaissance der Barbarei, der Auferstehung von in den Jahren der Kolonialherrschaft unterdrückten Primitivismen, geschweige denn der Ausdruck einer genuinen ›Bantuseele‹. Nein, auch hier war das Chaos eher das Resultat von Logik als von Unvernunft, genauer gesagt: das Resultat der Konfrontation unterschiedlicher Logiken. Der Präsident, der Premierminister, die Armee, die Rebellen, die Belgier, die UNO, die Russen, die Amerikaner: Jeder für sich agierte entsprechend einer Logik, die in sich konsistent und nachvollziehbar, mit der Logik der anderen jedoch oft unvereinbar war.«[113] Nach der Lektüre von Dirk Oschmanns Werk zum »Osten« als einer westdeutschen »Erfindung« kommt eine Ahnung davon auf, dass die deutsche Vereinigung nach der Überwindung des zum Totalitären neigenden Unrechtsstaates der DDR auch ein Moment der vom Westen – in der Dimension ganz unvergleichlich mit dem Kongo vor 1960 – ausgehenden Kolonialisierung enthält und zugleich unter einem grundsätzlichen Mangel im Verständnis für die Situiertheit von Wissen und Erfahrungen leidet. Weil sich – pauschal wie bei Oschmann formuliert – der Westen als Repräsentant eines nicht-situierten Universalen sieht, wird der Osten stigmatisiert und wiederkehrend als defizitär gegenüber dem Muster des Westens verstanden. Es würde helfen, die Begrenzung von Ost und West als Ausgangspunkt zu akzeptieren und so ohne festgeschriebene Dominanz des Westens Menschen auf beiden Seiten eine Chance auf neue Entwicklungen und berufliche Karrieren zu lassen.

Im menschlichen Leben könnte – abhängig davon, ob man in Belgien oder im Kongo bzw. im Osten oder im Westen Deutschlands geboren wurde – alles auch ganz anders sein. Existenzphilosophen entfalten ihr Nachdenken über solche kontingente Situiertheiten, indem sie sich von einer essentialistischen Philosophie absetzen, die hinter den Erscheinungen nach überzeitlich gedachten Wesenskernen und Strukturen sucht. In der Aufklärungstradition besteht ohne Existenzphilosophie die Tendenz, die Kontingenz, die existentielle Endlichkeit des Menschen und seinen Tod zu vergessen bzw. als unwichtig für die Perfektibilität des Menschen auszuklammern. Für die Existenzphilosophie ist der Mensch, dem möglichst mit Deutungsmacht unverfügbare Menschenrechte zugeschrieben werden, ein keineswegs endgültig definiertes Wesen, sondern eines, das sich in seiner Weltoffenheit immer neu in Situationen entwerfen muss. Das menschliche Leben steht zwischen Geburt und Tod in der Potentialität seiner Möglichkeiten. Aufklärung bleibt in einer solchen existenzphilosophischen Lesart dem Partikularen verbunden und wird nicht zum kontextlosen Universalismus. Anders als in einer ortlosen Autonomie lässt sich in einer so existenzphilosophisch verorteten eine verlässliche Basis für *empowerment* finden: Wer sich nur ganz abstrakt an den modal verstandenen Möglichkeiten orientiert, kann die einflussnehmende Ermächtigung nicht bilden, die nur die eigene situierte Endlichkeit bietet.

Empowerment lässt sich existenzphilosophisch mit Gedanken von Jean-Paul Sartre erläutern, wenn dieser plakativ schreibt: »Der Mensch ist nichts anderes als das, wozu er sich macht.«[114] Zu dieser Formulierung passt, dass für ihn die Existenz des Menschen seiner Essenz – seinem Wesen also – vorausgeht. Rhetorisch sind solche Passagen eindeutige Programme einer Freiheitsphilosophie, aber der sachliche Gehalt bleibt jenseits ihres aufrüttelnden Charakters unklar, wenn es um für die Frage geht, ob der Mensch sich frei zum eigenen *empowerment* entscheiden kann. Sartre kritisiert gleichwohl überzeugend den psychologischen Determinismus, der für ihn die Grundlage allen Entschuldigungsverhaltens und eine reflexive Abwehr der Existenzangst darstellt. Der psychologische Determinismus nimmt eine selbstobjektivierende Haltung ein und folgert eine durch Determination gegebene Ausweglosigkeit (»Kein Wunder, dass ich bei meiner Kindheit jetzt in der Sackgasse sitze«). Diese Schlussfolgerung ist für Sartre jedoch falsch, weil Freiheit mit ihrer personalen Deutungsmacht zwar vor dem Hintergrund der nicht-personalen Deutungsmacht zur Geltung kommt, aber nicht determiniert ist. Für ihn ist es eine falsche Selbstobjektivierung, die Einflüsse der Vergangenheit subjektiv psychologisch als Ausweglosigkeit aneignen zu wollen, zumal niemand existentiell vollständig die eigenen Prägungen durchschaut. Als Basis für *empowerment* und in der Eingrenzung der eigenen Möglichkeiten in Richtung auf das existentiell Mögliche verbindet Sartre die Freiheit mit dem Gedanken der natürlichen und kulturellen Faktizität: Für ihn sollte man »gegen den gesunden Menschenverstand präzisieren, dass die Formel ›frei sein‹ nicht bedeutet ›erreichen, was man gewollt hat‹, sondern ›sich dazu bestimmen, durch sich selbst zu wollen‹«. Die *empowerment* ermöglichende Freiheit der Wahl bei Sartre leugnet nicht die Faktizität, das heißt das Haushalten-Müssen mit den eigenen Gegebenheiten: »Der Widrigkeitskoeffizient der Dinge kann kein Argument gegen unsere Freiheit sein, denn durch uns, das heißt durch die vorherige Setzung eines Zwecks, taucht dieser Widrigkeitskoeffizient auf.« Sartres bekannter Ausspruch »Wir sind zur Freiheit verurteilt« hat vor diesem Hintergrund immer als eine situierte Freiheit zu gelten, die mit der Faktizität rechnet. Entsprechend erläutert er die situierte Faktizität als: »mein Platz, meine Vergangenheit, meine Umgebung, mein Nächster, mein Tod«. Die

Ausführungen Sartres zur Faktizität aufzugreifen, stellt seine Freiheitsposition zwischen die übliche Alternative von Willensfreiheit und Determinismus als eine, die mit der Faktizität von überpersonaler Deutungsmacht im Hintergrund ausgeht und die zugleich zukunftsbezogen auf die Gestaltung von Situationen im Rahmen der existentiellen Möglichkeiten zielt.

In der gegenwärtigen Ethik gibt es ohne die Berücksichtigung der Faktizität Fehlentwicklungen, die die Grenzen der Vernunft und die Situiertheit des endlichen Menschen nicht beachten. Eine Erscheinungsform davon stellt das überzogene Bestehen auf der Differenz zwischen Sein und Sollen dar. Diese war einst von David Hume zu Recht mit der relativ harmlosen Beobachtung eingeführt worden, dass aus Beschreibungen von Ist-Zuständen oft ohne weitere Überlegungen und Argumente Sollensforderungen abgeleitet werden.[115] Aus diesen Anfängen wurde allerdings in der professionellen Philosophie eine eigenständige Fahndung nach naturalistischen Fehlschlüssen, die die Bestimmung der ethischen Verbindlichkeit allein in der Sphäre des Sollens verortete. Dies erweist sich jedoch in der Anwendung als Sackgasse, weil sich das Ethische so von dem eigenen menschlichen Motivationsgrund abkapselt und Deutungsmacht erschwert. Nur wenn der endliche Mensch in Situationen das Geforderte verkörpert, besteht die Chance auf ein machtvolles Eintreten für das als gut Erkannte.[116] Von Bernard Williams wird die überzogene Trennung von Sein und Sollen als *normative fallacy* kritisiert, die sozusagen erst die Welt aus der Ethik heraushält, um anschließend normativ das Gute und Gerechte unter Absehung echter Konflikte des Menschlichen umso apodiktischer zu fordern.

Michael Walzer gehört zu den grundsätzlich universalistisch orientierten politischen Philosophen, die alle Menschen berücksichtigen wollen, aber wie Williams dessen kontextlos und abstrakt bleibende Form hinter sich lassen. Um sich an der Komplexität des wirklichen Lebens abarbeiten zu können, begnügt er sich nicht mit verfahrensethischen Argumenten, die ohne »Zeit- und Ortsindex« operieren. Eine an den moralischen Traditionen der je eigenen Situation orientierte Position ist für ihn keineswegs zur Kritik unfähig und strukturkonservativ, sondern lässt sich als kritische Interpretation verstehen, die die Werte der Gemeinschaft gegen Missstände wendet. Deshalb äußert er Sympathie für Intellektuelle, die sich aus der Mitte einer Gemeinschaft heraus auf die Besonderheiten von Situationen einlassen und nicht nach einem schematischen »Handbuch« kritisieren. Für Walzer wird die »Distanz im Selbstbild des Kritikers« überschätzt; denn »Kritik ist dann am mächtigsten«, wenn sie »den gemeinsamen Klagen der Menschen Stimme verleiht oder die Werte erhellt, die jenen Klagen zugrunde liegen«. Rein verfahrensethische Vernunftargumente wie die des Liberalen John Rawls sind für Walzer philosophisch keine Hilfe, weil sie die Umstände nicht in Rechnung stellen und daher einem schlechten utopischen Denken verfallen. Für ihn muss ein guter Philosoph in »Geschichte und Soziologie bewandert sein«, nicht zuletzt um zu verstehen, »dass die Politik oft harte Entscheidungen erfordert«.[117] Dewey teilt Walzers Kritik an einer ortlosen »Intellektuellenklasse«, die »Muße hatte und weitgehend gegen die ernsteren Gefahren geschützt war, welche die Masse der Menschheit bedrohten« und die dazu überging, ihre eigene »Aufgabe zu glorifizieren« sowie »Sicherheit im Erkennen als Ersatz« für das problemlösende Handeln anbetete.

Amartya Sen hat als Ökonom und Philosoph seine Version des Fähigkeitenansatzes theoretisch und praktisch nicht allzu weit entfernt von Walzers Konzept des situierten Intellektuellen entwickelt – in Kritik an der das Gegenteil von Pluralismus markierenden Orientierung am Bruttosozialprodukt in der Ökonomie ebenso wie am verengenden Nutzenkonzept des Utilitarismus. Er unterscheidet den Chancen- und den Prozessaspekt der Freiheit, der beispielsweise bei der Bildung nicht nur das Ergebnis, sondern auch den Weg dazu wertschätzt.[118] Sen verdeutlicht seinen Punkt an einer Person, die sich selbst entscheidet, an einem Sonntag nicht das Haus zu verlassen, und der gleichen Person, die durch Verbrecher unter Hausarrest gestellt wird. Die Chancen der sonntäglichen Betätigung sind gleich, aber nach der Prozessperspektive sind beide Situationen unterschiedlich zu betrachten. Der Fähigkeitenansatz orientiert sich »an der Befähigung einer Person, die Dinge zu tun, die sie mit gutem Grund hochschätzt«. Bei der Konzentration auf die wirklichen Lebenschancen, die über den bloßen Lebensunterhalt hinausgehen, spielt Bildung eine große Rolle, weil sich durch sie die realen Chancen fundamental erweitern lassen; denn die Fähigkeit zur Orientierung an »guter Ernährung, Vermeidung eines vorzeitigen Sterbens bis zur Beteiligung am Leben der Gemeinschaft und zur Entwicklung der Kunst, die eigenen Arbeitspläne und Ambitionen zu verwirklichen«, korreliert stark mit Bildung. Sen spricht von einer »Ausbildung der Befähigung zur Freiheit«. Bildung wird von ihm nicht nur als Selbstbildung begriffen, sondern hat mit Blick auf ihre Institutionen auch die fortschrittsorientierte Bildbarkeit der Menschheit im Sinne: Selbst wenn sich der Mensch als Naturwesen und »krummes Holz« nicht besonders stark weiterentwickelt, muss vielleicht doch die Menschheit mit Hilfe geschickter Arrangements fortschrittlich nicht so »krumm« bleiben wie bisher.

Martha Nussbaum hat mehrfach eine Liste der Fähigkeiten[119] vorgelegt, mit deren Hilfe zugleich *empowerment* differenziert gedacht und ein Fortschreiten im Rahmen einer perfektionistischen Ethik inhaltlich bewertet werden kann: 1. »Die Fähigkeit, ein menschliches Leben normaler Dauer bis zum Ende zu leben.« 2. Körperliche Gesundheit 3. Körperliche Integrität 4. »Die Fähigkeit, die Sinne zu benutzen, sich etwas vorzustellen, zu denken und zu schlussfolgern.« 5. Gefühle: »Die Fähigkeit, Bindungen zu Dingen und Personen außerhalb unserer selbst aufzubauen.« 6. Praktische Vernunft: »Die Fähigkeit, selbst eine persönliche Auffassung des Guten zu bilden und über die eigene Lebensplanung auf kritische Weise nachzudenken.« 7. Zugehörigkeit 8. Die Fähigkeit der »Anteilnahme für und in Beziehung zu Tieren, Pflanzen und zur Welt der Natur«. 9. »Die Fähigkeit zu lachen, zu spielen und erholsame Tätigkeiten zu genießen.« 10 a) »Die Fähigkeit, wirksam an den politischen Entscheidungen teilzunehmen, die das eigene Leben betreffen.« b) »Die Fähigkeit, Eigentum (an Land und an beweglichen Gütern) zu besitzen und Eigentumsrechte auf der gleichen Grundlage wie andere zu haben.«

Diese Liste der Fähigkeiten ist zwar vage und – wie auch Martha Nussbaum selbst zugibt – nicht frei von Beliebigkeit, aber durchaus geeignet, ohne die Verkürzungen des Utilitarismus und die Formalität des Kantianismus einer Fortschrittsorientierung normativ eine inhaltliche Richtung zu geben und Kriterien zur Diskussion zu stellen, wie Fortschritte universalistisch orientiert im *empowerment* festgestellt werden können. Zugleich wird deutlich, dass

Fortschritte nicht immer bei null anfangen müssen, da Fähigkeiten immer schon vorhanden sind und nur der Weiterentwicklung bedürfen. Insgesamt dienen *capabilities* im *potential turn* gleichermaßen zum Verständnis der Macht als Ermöglichung und zur normativen Operationalisierbarkeit der Feststellbarkeit von Fortschritt. Im Sinne einer weitergehenden These hilft Fähigkeitenentwicklung auch beim Kümmern um Wahrheit und bei der Verarbeitung der Situiertheit der Erkenntnis ohne Relativismus.

Die in diesem Kapitel vorgeschlagene doppelte Gedankenbewegung versucht aus der Schwäche eine Stärke zu machen und so Deutungsmacht zu gewinnen. Die Entwicklung von Fähigkeiten setzt ein Verständnis von deren bisheriger Begrenztheit voraus, um von einer Defizitanalyse ausgehend zukünftige Fortschritte zu ermöglichen. Eine solche Analyse beinhaltet auch eine Kritik der Macht, die jedoch als Durchgangsstadium zur Vorbereitung von positiv ausgerichtetem *empowerment* verstanden wird und nicht im Negativen steckenbleibend womöglich Mutlosigkeit und Zynismus fördert. Was im Individuellen die Konfrontation mit dem Scheitern als Teil der menschlichen Endlichkeit als Durchgangsstadium zur Selbstermächtigung erfordert, bedarf in gesellschaftlichen Institutionen der Fehlerkultur, die durch Transparenz zur Ermöglichung von weniger Fehlern in der Zukunft beiträgt. Groß werden kann etwas nur dann, wenn es die Kleinheit als Ausgangspunkt akzeptiert. Der Titel des Buches von E.F. Schumacher aus den siebziger Jahren des vergangenen Jahrhunderts »Small is beautiful« ist vor diesem Hintergrund nach wie vor aktuell, wenn er suggeriert, dass in Theorie und Praxis nicht die eine große Revolution die vielversprechende Zukunft markiert, sondern dass die Kraft aus den überschaubaren Verhältnissen der Endlichkeit zu ziehen ist. Das ökologische Engagement in Schumachers Buch, das der technokratischen Lösung mit seiner »Vergötterung der Größe« misstraut, ist gepaart mit einem Verständnis von den Grenzen des Wissens, was gesellschaftliche Steuerung angeht: »Wer ›alles den Fachleuten überlässt‹, stellt sich auf die Seite derer, die kopflos nach vorn fliehen.«[120] Die Fähigkeit zum Haushalten, das Zielen auf Nachhaltigkeit, die Beachtung nicht nur der menschlichen Endlichkeit und der schon von Aristoteles stark gemachte Maßgedanke prägen diese Form des ökologischen Denkens, die allerdings in der gegenwärtigen Politik oft nicht beachtet wird, die vom Verbieten und der großen Subventionierung mit den Anreizen zur Fehlsteuerung statt vom phantasievollen Ausprobieren in der Vielfalt der Ansätze im Sinne des jetzt folgenden Kapitels geprägt wird.

MÖGLICHKEITS- UND WIRKLICHKEITSSINN: KÖNNEN WIR FORTSCHRITT?

Wer Fortschritt wirklich will, muss auch mehr Pragmatismus wagen. Gerade die Endlichkeit des Menschen und seine existentielle Verfasstheit erfordern es, nicht alles im Gestus vermeintlicher Ewigkeit endlos zu debattieren und skeptisch zu beäugen. Leben erfordert Entscheidungen. Das größte Risiko könnte darin bestehen, Anstehendes immer wieder zu vertagen. Ein Fortschreiten im Kleinen ist oft besser, als womöglich ein ganzes Leben lang auf den einen großen Fortschritt wie auf Godot zu warten, der sowieso nicht kommt. Vielleicht ist es mehr als ein Vorurteil, dass sich Institutionen und Abläufe in Deutschland nicht am Guten, sondern am Perfekten orientieren – mit dem Ergebnis, dass vieles gar nicht funktioniert oder doch nur langsam und schwerfällig. Unter Technikern heißt es nicht selten, dass in der eigenen Profession das Allerbeste und möglichst das mit Goldrand bevorzugt wird – was ganz vordergründig an den technisch überreizten Schützenpanzer »Puma« denken lässt, der als extrem teuer auffällt und immer wieder durch Störfälle außer Gefecht gesetzt wird. Bei der Ausgestaltung von Detailregulierungen gibt es oft eine Allmachtsphantasie, wonach alles möglichst supergerecht, für jeden Einzelfall passend und juristisch wasserdicht ausgestaltet werden muss. In meinem Arbeitsfeld der Universität tobt sich diese Neigung in Kompetenzen vorspiegelnden Modulbeschreibungen und in immer spezielleren rechtsförmigen Bestimmungen aus, die den Bologna-Prozess mit seiner internationalen Ausrichtung diskreditiert haben. Mit dem Ergebnis: Nur noch wenige Studiengangsingenieure kennen sich aus und vieles wird von der Furcht bestimmt, etwas zu übersehen und vor dem Verwaltungsgericht zu landen. Nicht die perfekte Planung und immer mehr Detailregelungen sind demgegenüber gefragt, sondern kreative handlungsoffene Realisierungen, die auch Risiken akzeptieren: »Nicht nur die Politik, sondern auch die Gesellschaft« muss sich an ein »Kalkulieren mit Wahrscheinlichkeiten gewöhnen – und daran, dass es auch mal schiefgeht«, und sich stattdessen der Herausforderung stellen, mit »unvollständigen Informationen« die Formen des bloß reaktiven »Denkens, das im Land dominiert«, hinter sich zu lassen.[171]

Gefragt sind deutungsmächtige Phantasien, die über ein tagesaktuelles Reagieren ebenso wie über bloß negativ bleibenden Protest hinausweisen. Ob es sich bei solchen um Utopien handelt, sei dahingestellt. Da sie auf Situationen zielen, geht es jedenfalls nicht darum, lediglich einen vermeintlichen Zentralfehler der Gegenwart zu identifizieren und wie auf dem Reißbrett einen monolithischen Gegenentwurf zu formulieren – und sei es nur literarisch im Genre klassischer Utopien. Wenn der Gedanke des Fortschritts in einer pluralistischen, offenen Form wiederbelebt wird und so von einem Ende der Utopien aufgrund eines fehlenden Fortschrittsglaubens nicht mehr zu sprechen ist, lassen sich grundsätzlich im Zielen auf Fortschritte auch wieder utopische Energien entwickeln. Die klassischen Utopien reagierten auf Missstände und setzten in der Rebellion dagegen Kräfte frei. So kann es uns in der Gegenwart mit den Bedrohungen durch den Klimawandel auch gehen: Je bewusster die Gefahr wird, desto stärker werden Anstrengungen zu ihrer Abwendung mobilisierbar. Veränderungsphantasien brauchen keine starken geschichtsphilosophischen Annahmen und verweisen auf keinen einlinigen Fortschritt, sondern basieren auf gegenwärtigen Suchbewegungen zur deutungsmächtigen Überwindung des Kritikwürdigen. Sie stehen für den Möglichkeitssinn und sind zu verbinden mit dem Wirklichkeitssinn.

Zurück zum Fortschritt erfordert eine doppelte auf Deutungsmacht zielende Denkbewegung: Zum einen geht es um die phantasievolle Öffnung zur Möglichkeit, damit Sachzwänge nicht als dauerhaft unveränderbar gelten und angesichts eines institutionellen Konservatismus nichts mehr gewagt wird. Zum anderen ist die Realisierung der Möglichkeit erforderlich, damit es nicht bei einer bloßen Möglichkeit bleibt. Wir können genau dann Fortschritt, wenn wir – in diesem Sinne gebildet – die Fähigkeiten eines Möglichkeits- und eines Wirklichkeitssinnes zusammenbringen. Dabei steht der Möglichkeitssinn für die Horizonterweiterung zur Erschließung von Zukunftsalternativen und der Wirklichkeitssinn für die pragmatische Realisierung von Möglichkeiten zur Problemlösung. »Wir *können* auch anders« scheitert, wenn es beim »Wir *könnten* auch anders« bleibt. Vieles lässt sich auch ganz anders denken; nichts ist alternativlos. Die von Angela Merkel einst im Angesicht der Euro-Rettung und der Griechenland-Krise behauptete Alternativlosigkeit war ohnehin nur eine rhetorische Figur mit dem Inhalt, dass es zwar wie immer Alternativen gibt, diese aber als so wenig attraktiv bewertet werden, dass sie im politischen Alltagsgeschäft als nicht existent angesehen werden. Mit dem Saturierten einer Wohlstandsgesellschaft und mit dem durchschnittlichen Älterwerden der Bevölkerung[122] wurde die Alternativlosigkeit aber stimmungsleitend und verführte zu einem mutlosen »Weiter so wie bisher«. Gegen solche Entwicklungen richtete sich schon der vom früheren Bundespräsidenten Roman Herzog 1997 für Deutschland geforderte Ruck, dessen Realisierung in einem Mentalitätswandel noch aussteht, um die Gefahr der Stagnation in der bundesrepublikanischen Gesellschaft abzuwenden und nicht im wenig zukunftsträchtigen Schlingerkurs beim Streit um Details steckenzubleiben. Wirklichkeitssinnige Fortschritte bei der Realisierung des mit dem Möglichkeitssinn angemahnten Rucks sind nur im Rahmen der anthropologischen Faktizität zu erreichen. Einstellungen von Individuen mit ihren Mentalitäten bilden die Basis für die personale Deutungsmacht, die nicht ohne Unterstützung durch Institutionen mit ihrer überpersonalen Deutungsmacht gesellschaftliche Veränderungen auf den Weg bringt.[123] Der Wert des einzelnen Individuums ist normativ zentral, aber die Rahmenbedingungen für diesen sind immer schon überindividuell vorgängig vorhanden.

Der in Deutschland fehlende Ruck und die Abneigung gegenüber Veränderungen hat viel mit einer Überbürokratisierung gesellschaftlicher Abläufe zu tun, die wahrlich nicht auf die schon angesprochenen Verhältnisse bei der Planung von Studiengängen beschränkt bleibt. David Graeber stellt eine Bürokratiekritik in den Mittelpunkt seiner Gegenwartsdiagnose: »Nachdem die politische Rechte, die auf ›Marktlösungen‹ für alle sozialen Probleme beharrt, sich zielstrebig die Sprache des antibürokratischen Individualismus angeeignet hat, bescheidet sich die Linke mehrheitlich mit erbarmungswürdigen Rückzugsgefechten und versucht, so gut es geht die Reste des alten Wohlfahrtsstaats zu bewahren und paradoxerweise oft den Staat nach Marktprinzipien effizienter zu machen mit dem Ergebnis einer politischen Katastrophe.«[124] Dies führte – so Graeber in dramatisierenden Ausdrücken – »alptraumhaft« zu einer »Verbindung der schlimmsten Elemente der Bürokratie mit den schlimmsten Elementen des Kapitalismus«, als habe jemand die am »wenigsten anziehende politische Position zu formulieren« versucht. Auch wenn Graeber einen weiten Gewaltbegriff benutzt, der unzulässigerweise auch von der Gewalt der Bürokratie spricht, statt sich auf eine Kritik ihrer unerwünschten Macht zu beschränken, und er zudem die Rechts-Links-Differenz allzu plakativ einsetzt, bleibt seine Analyse bedeutsam, nach der in einer sozialen Krise die »Rechte und nicht die Linke jener Akteur ist, der dem Volkszorn Ausdruck verleiht«, da sie anders als die Linke über eine Kritik der Bürokratie verfügt. »Trotz aller Verherrlichung der Märkte und der Initiative des Einzelnen« breitet sich die Bürokratie aus, zumal historisch etablierte »Märkte eine Nebenwirkung staatlichen Handelns« sind. Vor dem Hintergrund, dass Globalisierung Bürokratisierung bedeutet, zeigt die Geschichte, dass eine »Politik, die den ›Markt‹ fördern will, stets dazu geführt hat, dass die Zahl jener Menschen vermehrt wurde, die in Ämtern mit Verwaltungsaufgaben befasst sind«. Stärker als dies bei Graeber geschieht, wäre allerdings nicht nur an Bürokratie in staatlichen Institutionen zu denken, sondern auch an diese innerhalb von Wirtschaftsunternehmen und bei juristischen Abmachungen zwischen Firmen untereinander und zwischen diesen und staatlichen Institutionen.

Wenn mit Graeber die Bürokratie als Fortschrittsverhinderung im Zusammenspiel von Märkten und staatlicher Regulierung ausgemacht ist, dann lässt sich der Blick daraufhin weiten, dass Marktversagen und Staatsversagen als Diagnose keine Alternative darstellen, sondern sowohl gleichzeitig als auch – wie schon länger bekannt – je einzeln auftreten können. Ohnehin könnte es eine gute Gewohnheit sein, wenn sich Marktbefürworter zum selbstreflexiven Einstieg immer zuerst mit Fällen von Marktversagen beschäftigen und umgekehrt Staatsbefürworter mit solchen von Staatsversagen.[125] Solche gewohnheitsmäßigen Übungen könnten dann schnell zur Einsicht führen, dass Markt und Staat beide wichtige Institutionen sind und dass sich die entscheidende Frage auf die deutungsmächtige Gestaltung des Miteinanders beider verlagert. Die Suche danach bedarf der zivilgemeinschaftlichen Begleitung, die den Echoraum zur Erlangung von Deutungsmacht bietet und die selbst aber nicht an die Stelle von Markt und Staat treten kann, sondern beide als drittes Element ergänzt. Am wenigstens erfreulich ist es, wie von Graeber befürchtet, wenn das Versagen von Markt und Staat ohne mächtige gegensteuernde Zivilgesellschaft wie 2007/2008 zusammenkommt, als beim Zusammenbruch des US-Immobilienmarktes nach allzu kreativer Kreditfinanzierung zugleich mangelnde Regulierung (»zu viel Markt«) und geradezu blinde wohlfahrtsstaatliche Eigentumsförderung (»zu viel Staat«) zu diagnostizieren waren. Bis in die Gegenwart hinein leidet weltweit der Bankensektor einerseits unter Defiziten der Regulierung oftmals in Kombination mit zu geringen Risikopuffern im Eigenkapital und andererseits unter dem unseligen *too big to fail*, wonach der Staat und teilweise auch Zentralbanken die Insolvenz verdienende Großbanken am Leben erhalten und sie so dazu verführen, auf mit hohem Risiko erlangte Gewinne bei sozialisierten Verlusten zu setzen. Damit die Verbindung von Markt und Staat nicht toxisch und – wie bei Graeber zu Recht beklagt – zur am wenigsten anziehenden Position wird, besteht die Herausforderung darin, umgekehrt das Beste aus beiden Welten zusammenzuführen und eine solche Kombination gegen einseitige Markt- und Staatsorientierungen zivilgemeinschaftlich mit Deutungsmacht zu unterstützen.

Die Bürokratiekritik von Graeber lässt sich besonders veranschaulichen an einer staatlichen Überregulierung, die zugleich von Geldmangel und gerade in der Sicht von Betroffenen durch eine sachfremde Fixierung auf Ökonomie geprägt wird. Beispiele für Bereiche, die in Deutschland von einer überbordenden Bürokratie gekennzeichnet sind und zugleich um mehr Geld kämpfen, sind die Bundeswehr (deren überbürokratisches Beschaffungswesen auch nach der im Februar 2022 ausgerufenen Zeitenwende diskussionsbedürftig bleibt), das Krankenhaussystem, der Pflegesektor, die Universitäten, die öffentlichen Schulen und in mancher Hinsicht trotz seiner vielfach hohen Qualität der öffentlich-rechtliche Rundfunk. All diese Bereiche erklären Grundstrukturen ihrer Organisation wie Abläufe und Gehaltseinstufungen für sakrosankt und erstreben mit möglichst viel zusätzlichem Geld Lösungen, ohne eine eigenständige Zieldiskussion mit der Reflexion über institutionelle

Veränderungen unter Einschluss von sinnvollen Digitalisierungsmöglichkeiten zu führen. Da Geld aber immer knapp bleibt, selbst wenn imaginierte Enteignungen von Milliardären für kurze Zeit in einem Einmaleffekt etwas mehr davon zur Verfügung stellten, liegt es im Sinne des Fortschrittes nahe, die Gestaltung der Institutionen reflexiv ermöglichend und von der Erledigung ihrer Aufgaben her neu zu denken. Eine Orientierung allein auf mehr Geld steht in der Gefahr, ineffiziente Altstrukturen nur zu stabilisieren. Diese Sicht will ich für den Universitätsbereich und den Pflegesektor ansatzweise erläutern: Beide leiden notorisch unter dem erwähnten Geldmangel, brocken sich diesen aber teilweise durch ineffiziente und bürokratische Organisationsformen selbst ein. An der Universität beklagen viele Akteure die Ökonomisierung, obwohl jedenfalls in Deutschland echte Bildungsmärkte mit Konkurrenz und Auszeichnung von Gewinnern bei Abwicklung von Verlierern gar nicht etabliert sind. Das Gefühl des Geldmangels kommt oft dadurch zustande, dass etablierte Aufgabenverteilungen, Stellenzuweisungen und einmal geschaffene Einrichtungen eine Art Ewigkeitsgarantie haben. Neue Aufgaben werden in der Regel nur mit neuen Stellen und zusätzlich aufgebauten Strukturen für bearbeitbar gehalten, ohne beispielsweise darüber nachzudenken, ob manche Drittmittelstellen angesichts falscher Leistungskriterien mit ihrer Orientierung auf Außenfinanzierung im Vergleich zu den eher knappen aus dem regulären Haushalt finanzierten Stellen überflüssig sind, ob Bürokraten nicht nur unter der Arbeitslast stöhnen, die sie ausgehend von früheren Zeiten mit Schreibmaschine und Diktiergerät selbst geschaffen haben, und ob nicht unsere Professorenprivilegien im Kontrast zu den vielen nur zeitlich befristeten sogenannten Nachwuchsstellen zugunsten einer stärker egalitären Gemeinschaft von Lehrenden und Forschenden abgeschafft gehören. Vielleicht lässt sich der letztgenannte Gesichtspunkt sogar verallgemeinern, wonach mehr Flexibilität bei den wohl Etablierten angestrebt und dafür das Prekäre in anderen Bereichen zugunsten von mehr Stabilität zurückgenommen wird; denn im Arbeitsleben wirkt ein scharfer Dualismus von nicht-prekär und prekär nicht nur besonders unfair, sondern auch für viele motivationsgefährdend. Nehmen wir außerdem die ambulante Pflege als Beispiel, mit der niemand glücklich sein kann. Es gibt eine starke Unterfinanzierung mit Symptomen einer an den früheren Sozialismus erinnernden Mangelwirtschaft, die angesichts einer bürokratischen Gängelung von Verschwendung und Fehlsteuerung zugleich geprägt wird: Im Eiltempo müssen die meist weiblichen Pflegerinnen durch den Verkehr hetzen, um dann in den Wohnungen ihrer Schützlinge punktuell und schnell einige Tätigkeiten auszuüben oder, womöglich sogar ohne tätig zu werden, diese zumindest zeitaufwändig zu dokumentieren – insbesondere die, die in der Minutenabrechnung am meisten einbringen. Zuwendung und Fürsorge gehören nicht dazu und sind daher nur als Extrageschenk von Engagierten zu erwarten. Der Lohn der Arbeitskräfte ist niedrig, gleichwohl haben viele der Pflegeanbieter Schwierigkeiten, die eigene Pleite zu vermeiden. Paradoxerweise gibt es keine Profiteure dieses Arrangements. Die niederländische Firma »Buurtzorg« versucht aus dem Dilemma von Überregulierung und Geldmangel auszubrechen, indem sie nachbarschaftsorientiert und bezahlt zugleich weitgehend sich selbst organisierende Teams ohne Stoppuhr zu den möglichst autonom bleibenden Betreuten schickt.[126]

Wenn es freie, gänzlich selbstregulierende Märke höchstens in der Ideologie oder in ihrer Fundamentalkritik gibt und wir es immer mit politisch und zivilgemeinschaftlich »gerahmten« Märkten zu tun haben, dann sind Überwindungen der angedeuteten Missstände in ihrem Zugleich von Überregulierung und Ökonomiefixierung nicht in der unterkomplexen Grundsatzalternative von Markt oder Staat zu finden: Die eigentliche gesellschaftliche Aufgabe besteht darin, in der Gestaltung von Märkten als dezentralen Koordinationsformen normativ günstige Konstellationen zu durchdenken und staatliche Steuerung möglichst unbürokratisch mit normativ erwünschten Markteffekten zu verbinden. Auch wenn es in vielen gesellschaftlichen Feldern große Vorteile bringen kann, zur Entbürokratisierung staatliches Handeln gerade bei Detailinterventionen zurückzudrängen, ist damit nicht impliziert, dass die staatliche Gesamtverantwortung schwindet. Der Staat bleibt für die Rahmengestaltung verantwortlich, auch wenn er diese Verantwortung nicht durch eigenes Handeln garantiert, sondern privaten Trägern die geregelte Durchführung ermöglicht. Gerade wenn direkte Eingriffe in die Ökonomie – wie zum Beispiel bei der Subventionierung maroder Wirtschaftszweige, wünschenswerterweise unter Einschluss von Banken – ein Tabu bilden, kommt es umso mehr auf Spielregeln an.

Achim Wambach widmet sich der so umrissenen Aufgabe in seinem Buch »Klima muss sich lohnen«, in dem er in deutungsmächtigen Anreizen denkt und so auf den Klimawandel nicht primär durch freie Märkte, staatliche Regulierung oder rein moralische Ansprüche an die Individuen reagieren will. Die staatliche Regulierung und die Einhegung von Märkten kommt bei ihm im »Marktdesign« zur Geltung, bei dem man sich überlegt, wie mit »welchen Regeln am besten die gewünschten Ziele erreicht werden können«. Das Grundprinzip ist dabei, dass »schmutziges Verhalten« in der ganzen »Wertschöpfungskette« im Sinne eines abschreckenden *nudge* teurer werden muss, so dass »gutes Gewissen und günstige Preise« zusammenfallen, ohne dass es explizit freiheitseinschränkender Verbote bedarf: »Hohe Energiepreise sind der Schlüssel zu einer marktwirtschaftlichen Energiewende.« Der Gedanke des Marktdesigns mit seiner Änderung von Anreizstrukturen ist fundamental, weil er zugleich mit dem Märchen aufräumt, dass Märkte alles von selbst zum Besten regeln. So weit, so überzeugend. Weniger eindeutig scheint mir zu sein, ob wirklich der europäische Emissionshandel angesichts der Nicht-Einbeziehung von Bereichen wie der Landwirtschaft, der internationalen Schifffahrt und auch der Abfallverbrennung schon eine vollständige Lösung sein kann und ob die hier bisher konzipierte Preisstruktur nicht für ein schnelles Erreichen der Klimaneutralität zu niedrig angesetzt ist. Klimazertifikate mit einer Bepreisung von CO_2 haben in der Vergangenheit zumindest in Großbritannien in kürzester Zeit erfolgreich zum Kohleausstieg bei der Stromerzeugung geführt: »Ziel des Emissionszertifikatehandels ist es ja letztendlich, dass es sich *wirtschaftlich* lohnt, Anlagen für erneuerbare Energien zu installieren.« Wambach selbst räumt ein, dass auch staatliche Forschungsförderung für Innovationen bei der Solarenergie, der Windenergie, der Bioenergie, bei elektrischen Fahrzeugen, synthetischem Kraftstoff und beim ›grünen‹ Wasserstoff wichtig sind. Ein auf Europa zentriertes Zertifikatesystem muss darüber hinaus Wettbewerbsnachteile im Außenhandel vermeiden, zumal eine daraus resultierende Erhebung einer CO_2-Grenzabgabe dauerhaft nicht als ideal anzusehen ist. Unter Gerechtigkeitsaspekten sind vor allem die internationalen Klimafolgen wie die nicht zuletzt durch Trinkwassermangel eintretende Unbewohnbarkeit ganzer Gebiete zu diskutieren, aber auch innerhalb des Landes besteht die Aufgabe, die Einkommensverluste durch Zertifikate für die Ärmsten einer Gesellschaft zu kompensieren. Bei allen bleibenden Detailproblemen ist der Grundgedanke »Klima muss sich lohnen« fortschrittsermöglichend: »Industrieunternehmen wie Stahl- oder Chemiehersteller müssen ihre Produktion anpassen, Mobilitätsunternehmen müssen sich auf Zeiten ohne Diesel und Benzin einstellen, Heizungsbauer auf Erdwärme und andere Wärmequellen umstellen.«[127] Um diese Ziele zu erreichen, benötigt die Wirtschaft »Planungssicherheit und die Aussicht, mit Innovationen zukünftig Geld verdienen zu können«.

Im und neben dem Feld der Ökonomie spielen ausgehend vom Marktdesign die mächtigen Einflussmöglichkeiten von Konsumenten eine eigenständige Rolle, da diese durch ihre Prioritätensetzung die Wirkungen des auf zumindest kurzfristige Verteuerung zielenden Zertifikatesystems verstärken können und – ebenfalls nicht ganz unwichtig – auf Preiserhöhungen durch Klimamaßnahmen nicht mit Protesten, sondern mit Zustimmung reagieren. Individuelle Lebensstiländerungen, die befördert durch gemeinschaftliche Stimmungen das Glück eher im Minimalismus und in Formen des »Weniger ist mehr« und »Gut leben statt viel haben«[128] suchen, können ebenfalls die von der CO_2-Bepreisung angestoßene Wende zum Möglichen unterstützen, um diese nicht zu cool als einzig akzeptable Variante der wirkungsmächtigen Veränderung anzusehen. Vorübergehend könnte es ergänzend zum europäischen Zertifikatehandel besonders effektiv sein, international CO_2-Reduktionen nach dem jetzigen Stand der Technik breitflächig zu subventionieren oder in Form von direkten Zuwendungen allererst zu ermöglichen, bevor noch nicht ausgereifte und daher uneffektive Technologien bei uns auf einzelnen Gebieten die Nullemission zu Wege bringen. Insgesamt ist es wichtig, dass Fortschritte bei der CO_2-Reduktion in Deutschland und auch in Europa für andere auf der Welt attraktiv und nachahmenswert erscheinen: Wenn wir nur in unserem Teil der Welt – womöglich mit starken Wohlstandsverlusten – klimaneutral werden, beeinflusst dies trotz unseres für die ganze Welt nicht verallgemeinerungsfähig hohen CO_2-Ausstoßes das Weltklima nur marginal, da wir in Deutschland im Vergleich zu Ländern wie Indien und China mit ihren Milliarden Einwohnern, aber auch mit den schnell wachsenden Ländern Afrikas in einem winzigen Erdenwinkel mit erstaunlich wenigen Einwohnern leben. Besonders fatal wäre es, wenn wir unsere klimaschädliche Industrie und Landwirtschaft nur in andere Länder verlegten und so zwar unsere Klimabilanz besser aussähe, aber diese für die Welt in der Summe unverändert bliebe. Daher ist eine Reduktion bei uns das Ziel, die nicht bloß auf Verlagerung beruht, sondern die als positives Vorbild und Muster für weltweite Reduktionen technisch geeignet, finanzierbar und gesellschaftlich durchsetzbar ist, damit die Welt insgesamt auf den Pfad der Klimaneutralität kommt.

Auch wenn die Einsicht, dass die bloße Anwendung von Allgemeinbegriffen die Komplexität und Vielfältigkeit von Situationen nicht erfassen kann, wie ein Widerspruch gegen die im Marktdesign befürwortete Regelorientierung aussehen könnte, so sehe ich darin gerade eine sinnvolle Ergänzung: Weil es wichtig ist, Situationen in ihren Besonderheiten zu berücksichtigen, können diese nicht nach dem Modell einer bloßen Anwendung des Allgemeinen auf das Besondere spezifisch reguliert werden. Gefragt ist vielmehr die autonome Fähigkeit und damit die personale Deutungsmacht, die in der Lage ist, das Besondere der Situation im Lichte der möglichst einfachen und selbst überpersonale Deutungsmacht ausübenden Regeln zu erschließen. Solche Regeln stellen Heuristiken und Daumenregeln dar, die nicht einer Suche nach Gewissheit folgen, sondern der wünschenswerten Komplexitätsreduktion, um überhaupt sinnvolles Handeln zu ermöglichen. Im Verweis auf Richard Epsteins »Simple Rules for a Complex World« stellt Gerd Gigerenzer ohne weitere Spezifikation heraus, dass »sechs einfache Regeln« reichen, um »90 bis 95 Prozent aller Rechtsfälle zu entscheiden«, während »hunderte von weiteren Gesetzen« nur wenig mehr bringen, aber zu hohen »Kosten für Wirtschaft, Verwaltung und Gesellschaft« führen. Dagegen können wenige »transparente Regeln« den »eigentlichen Sinn des Gesetzes vermitteln, während dieser in tausenden von Sätzen und Vorschriften verloren gehen kann«, so dass solche Regeln mit Entbürokratisierung und Pragmatismus gut zusammenpassen.[129] Eine generelle und nicht spezielle Regel könnte in langfristiger Ausrichtung so konzipiert sein, dass eine CO_2-Steuer in Ergänzung oder als Alternative zum Zertifikatesystem erdacht wird, die in den nächsten Jahren bis zum Erreichen der Klimaneutralität jedes Jahr um X Euro pro Tonne erhöht wird. Gleichzeitig ließe sich die in Deutschland eingeführte Entfernungspauschale jedes Jahr um einen kleinen Centbetrag auf letztlich Null reduzieren, um Mobilität nicht auch noch zu subventionieren. Aus sozialen Gründen müsste der Steuergrundfreibetrag für die Einkommenssteuer ebenso wie die soziale Grundsicherung jährlich um einen bestimmten Betrag erhöht und das Leben in oft benachteiligten ländlichen oder vom Abstieg bedrohten Räumen noch zusätzlich mit steuerlichen Freibeträgen oder anderen Bevorzugungen[130] verbunden werden. In Politik und Recht gibt es im Kontrast zu solchen generellen, langfristig angelegten Regeln eine ängstliche Neigung zu detaillierten und sehr kurzfristigen Festlegungen, die kompliziert sind und zur Irritation vieler Akteure dauernd geändert werden. Anreize, die eine langfristige Zuverlässigkeit gewährleisten, ermutigen Veränderungen in einer Gesellschaft nachhaltiger, als dies kurzfristige Verbote je könnten. Wer eine Gesellschaft ändern will, muss ihre Spielregeln ändern – und zwar mit dauerhafter Wirkung statt nur anfänglich programmatisch. Überpersonale Deutungsmacht ist im Medium von Spielregeln besonders vielversprechend, auch wenn personale Deutungsmacht bei der Auslegung der Regeln weiter gebraucht wird. Mit einer auf Institutionalisierung zielenden Regelorientierung bleiben Einzelakteure wichtig, stehen aber weniger im Zentrum; denn es können – gedankenexperimentell ausgedrückt – am Tag nach der Revolution nicht alle die Veränderungen ablehnenden Altakteure aus dem Verkehr gezogen werden. Auch mit Argumenten, moralischen Forderungen oder mit Predigten arbeitende Überzeugungsversuche werden in den meisten Fällen nicht erfolgreich sein. Im wissenschaftstheoretischen Feld der Theorie hat Thomas Kuhn die Einschätzung beigetragen, dass Vertreter eines alten Paradigmas fast nie von einem neuen mit Argumenten überzeugt, sondern meist eines Tages im Rahmen des Generationswechsels an den Rand gedrängt werden.

Friedrich August von Hayek gründet seine Version der Regelorientierung auf die Unwissenheit, die er als quasi existentielle »Grundtatsache« des endlichen Menschen beschreibt: »Sokrates'

Ausspruch, dass die Erkenntnis unserer Unwissenheit der Anfang der Weisheit ist, hat für unser Verständnis der Gesellschaft tiefe Bedeutung.«[131] Für Hayek ist es ein Irrglaube, »dass sich der Bereich unseres Unwissens ständig vermindere und wir daher eine umfassendere und bewusstere Lenkung aller menschlichen Tätigkeiten anstreben könnten«. Praxis-Modelle, die dem einen großen Plan folgen wollen, sind wie Monokulturen, die bei Umweltveränderungen ganze Landstriche veröden lassen. In seinem Spätwerk betont Hayek, wie wichtig gerade für chaotische gesellschaftliche Systeme deren Gestaltung durch pragmatische Regelorientierung ist: »Regeln sind ein Mittel, um mit unserer konstitutionellen Unwissenheit fertig zu werden.« Sie setzen in ihrer Wirkung auf Langfristigkeit und helfen kleinteilige Staatsinterventionen zu vermeiden, die Missstände im Wege direkter Anweisung beseitigen wollen und oft Kraft in Scheinaktivitäten verbrauchen, die letztlich von keinem Wissen gedeckt sind. Eine interessante Konkretisierung für Hayeks Kritik des unbedachten Staatsinterventionismus liefert die Fallstudie der Korruptionsforscher Frank Anechiarico und James B. Jacobs, die sich bereits Anfang der neunziger Jahre des vorigen Jahrhunderts in New York City mit den Folgen der Korruptionsbekämpfung für die öffentliche Verwaltung beschäftigt haben. Dabei kommen sie zu dem Ergebnis, dass das Streben nach »absoluter Integrität« in der Verwaltung zu einem Übermaß an Kontrolle und Unterminierung der Selbstverantwortung führt, so dass die Administration in der New Yorker Stadtverwaltung insgesamt schlechter arbeitet als zuvor. Menschen reagieren auf Kontrolle oft mit Widerstand und Abtauchen, so dass sie in ihrer aktiven Selbstständigkeit und Verantwortungsübernahme eher behindert werden.

Wenn wie zuletzt bei Hayek so viel Wert auf Regeln gelegt wird, stellt sich die Frage, wer diese Regeln über die schon verfassungsmäßig garantierten Rechte hinaus für jetzige und zukünftige Generationen in einer Gesellschaft in Kraft setzt. Die Standardantwort verweist auf die demokratischen Institutionen, doch Regeln werden zwar politisch beschlossen, müssen aber durchgesetzt und in der Realisierung gesellschaftlich getragen werden. Wie kann dies mit Deutungsmacht und sachlich angemessen geschehen, ohne den Verführungen einer gelegentlich befürworteten Ökodiktatur und Expertokratie zu erliegen? Wie Endlichkeit als bestimmend für die menschliche Lage einzuschätzen ist, gehört ein Verständnis der Grenzen des Politischen auch zum Nachdenken über die gegenwärtige Demokratie. Parlamente werden letztlich in ihrer Vernunftorientierung nicht losgelöst von den Menschen agieren können, die ihre Abgeordneten gewählt haben. Wenn Urteilskraft und Reflexion Grenzen in der Deutungsmacht haben, ist das auf ihnen beruhende Deliberative in der Politik ebenfalls kein Erfolgsgarant für eine Orientierung an Wahrheit und Fortschritten. Erinnert sei an die Klärung des Machtbegriffes bei Luhmann in Kapitel 2, der Macht als Einfluss nicht mit politischer Macht gleichsetzt: Auch seine Systemtheorie hat Gewicht, die im Politischen in der Moderne nur eines der gesellschaftlichen Teilsysteme und kein alleiniges Zentrum sieht. Wie lässt sich gleichwohl im Interesse einer deliberativen Orientierung eine bloße »*Zuschauerdemokratie*«[132] vermeiden, die womöglich nur populistisch agiert und keine zielgerichteten Fortschritte auf den Weg bringt? Shklar hat darauf aufmerksam gemacht, dass die auf Bürger- und Menschenrechten basierende Demokratie nicht nur als Wahlverfahren zu verstehen ist, sondern getragen sein muss von einem durchaus anspruchsvollen Milieu der pluralistischen Zivilgesellschaft mit ihren vielfältig ausgerichteten Personen und Institutionen. Gefragt und gesucht sind Formen der Demokratie, die die tatsächliche Partizipation aller begünstigen und dabei, zivilgesellschaftlich unterstützt, ganz deutungsmächtig basierend auf den individuellen Menschenrechten Möglichkeit und Wirklichkeit in ein informiertes und nachdenkliches Verhältnis bringen. Angesichts der Grenzen des Politischen ist es zu viel verlangt, dass Parlamente allein genug Deutungsmacht entwickeln, um so etwas Gravierendes wie den Klimawandel aufzuhalten.

Mit Hannah Arendt wird vielfach eine stärkere Beteiligung aller am demokratischen Alltag gefordert; in der Tradition der Schweiz können dafür punktuelle, regelbasiert gut vorbereitete Volksabstimmungen ein wichtiges Vehikel darstellen. Gegen eine auf Dauer gestellte und alle Gestaltungsfragen einbeziehende Partizipation aller spricht aber sinngemäß ein Bonmot von Oscar Wilde: Die partizipative Demokratie wird nicht funktionieren, weil sie zu viele freie Abende verlangt.[133] Bei der Weiterentwicklung der Demokratie besteht ein Dilemma zwischen der Überlastung von

Engagierten und der Unterforderung von Zuschauern, das einen zum bloßen Meckern neigenden Populismus befördert. Patrizia Nanz und Claus Leggewie haben als Auflösung des Dilemmas Zukunftsräte ins Gespräch gebracht, von denen sie selbst sagen, dass das Gelingen eines solchen Experimentes eine angemessene »Betriebstemperatur« der Demokratie verlangt.[134] Zukunftsräte sollen dauerhafte Einrichtungen auf kommunaler Ebene sein, dem 15 bis 20 zufällig ausgewählte Personen angehören, die die lokale Bevölkerung besonders in der Generationenzugehörigkeit repräsentieren. Für eine Amtsperiode von zwei Jahren gibt es eine moderate Aufwandsentschädigung und die Geschäftsführung wird von moderationserfahrenen Verwaltungsmitarbeitern übernommen. Als ebenfalls diskussionswürdig zur Revitalisierung gegenwärtiger Demokratie erlebe ich die Ideen von David van Reybrouck, der sich in seinem Werk »Gegen Wahlen« zugleich gegen die Stärkung der direkten Demokratie ausspricht, weil er mit ihr eine für ihn erwartbare Wahlmüdigkeit verbindet, die wiederkehrend zu einem medial beförderten »Wahlfieber« führte. Stattdessen greift er die gedankliche Gleichsetzung von Demokratie mit dem Abhalten von Wahlen noch entschiedener als Shklar an; er betrachtet »Wahlen als eine *Methode* zur Ausübung von Demokratie«, aber nicht als »Selbstzweck« mit einem »inneren, unveräußerlichen Wert«. In Übereinstimmung mit Collier und Habermas ist er daher kritisch eingestellt gegenüber Versuchen, Demokratie einfach mit dem bloßen bausatzartigen Institutionenexport auf bisher nicht-demokratische Länder beispielsweise in Afrika zu übertragen. Reybroucks Lösung zur Stärkung der Partizipation besteht in der Einführung eines Losverfahrens, mit dem die Mitglieder von Parlamenten zum Beispiel in einer zweiten Kammer bestimmt werden, wobei nach seinem Konzept Bundeskanzlerinnen, Minister und überhaupt die Angehörigen der Exekutive nach Qualifikation und keineswegs durch das Los in ihr Amt kommen. Alle erwachsenen Bürger und Bürgerinnen können – so in der europäischen Antike erprobt – per Los zur Volksvertreterin und zum Volksvertreter werden. Nach der Einsicht »Verantwortung stärkt Verantwortung« werden auf diese Weise – so das Programm bei Reybrouck, in der Hinsicht ähnlich zur direkten Demokratie – Effizienz und Legitimität einer Demokratie erhöht. Das Losverfahren wird bei ihm kombiniert mit Gedanken der deliberativen Demokratie, in der die im Losverfahren verantwortlichen Bürger und Bürgerinnen nicht nur untereinander, sondern im Kollektiv mit einem Element von Expertokratie zusammen mit möglichst nicht überspezialisierten Wissenschaftlern und Wissenschaftlerinnen beraten, wobei alle gemeinsam anhand von »Informationen und Argumenten konkrete, rationale Lösungen für gesellschaftliche Herausforderungen formulieren«.[135]

Eine einfache Patentlösung wird – so meine Einschätzung – keiner dieser Vorschläge zur Weiterentwicklung demokratischer Institutionen bieten können. Doch entgegen einem reinen Institutionenkonservatismus könnten Suchbewegungen einer reflexiven Institutionalisierung in Auseinandersetzung mit erkannten Schwächen demokratischer Prozeduren die Realisierung von Bürger- und Menschenrechten in einer Fortschrittsorientierung für gegenwärtige und zukünftige Generationen immerhin voranbringen. Wenn der Normalfall des Politischen im Konzept der deliberativen Demokratie die Kooperation bildet, dann wird das von Carl Schmitt zur Definition des Politischen erhobene Freund-Feind-Denken ein möglichst immer seltener werdender Ausnahmefall. Auch Habermas hat in einer aktuellen Publikation den Gedanken der deliberativen Demokratie als Ausdruck einer Diskursorientierung erneut stark gemacht: Danach besteht der »Witz deliberativer Politik« darin, dass »wir in politischen Auseinandersetzungen unsere Überzeugungen verbessern und der richtigen Lösung von Problemen näherkommen«. Zugleich macht Habermas deutlich, dass sein Diskurskonzept und vor allem die 1973 in seinem Aufsatz zu den »Wahrheitstheorien« isoliert benutzte Formulierung einer »idealen Sprechsituation« nicht als direkte Institutionalisierung in einer Demokratie zu verstehen ist, sondern als normativer Maßstab zur Beurteilung ihres Deliberationscharakters. In dieser Auslegung ist seine Argumentorientierung vereinbar mit der Beobachtung, dass »Narrative, Emotionen und Rhetorik« besondere Bedeutung für die Erlangung von Deutungsmacht haben.[136]

Für Habermas haben Diskurse eine »epistemische Dimension, weil sie der *präferenzändernden Kraft von Argumenten* Spielraum geben, während Kompromisse, die zwischen Macht habenden Partnern in der Münze gegenseitiger Zugeständnisse oder gemeinsamer Vorteile ausgehandelt werden, die bestehenden Präferenzen unberührt lassen«. Ein solcher ins Fundmentale gewendeter Gegensatz von Diskurs und Kompromiss könnte verdecken, dass Letzterer mehr Hochachtung als üblich verdient: Anspruchsvolle Verständigungen keineswegs nur in der Politik stehen am Ende einer möglichst offenen Suchbewegung, wie unter Einbeziehung von Argumenten durchaus diskursiv die Interessen der Beteiligten aus einem bloßen Antagonismus in eine Form des verträglichen Miteinanders überführt werden können. Wie Wahrheitspraktiken der Erkenntnis dienen, so helfen Kompromisspraktiken auf einer gemeinsamen Wertbasis bei der Entscheidungsfindung in pluralistischen Gesellschaften. Eher abzulehnende Kompromisse, die rückwärtsgewandt Überkommenes nur zementieren oder gar auf Kosten der Rechte Dritter geschlossen werden, stehen im Kontrast zu einer Kunst, die Interessen fortschrittsorientiert zusammenbringt. Da das jeweils Eigne ein zentraler Resonanzraum für das Erlangen von Deutungsmacht ist, besteht die Hoffnung, dass eine von Überzeugung getragene Zusammenarbeit nach den Bemühungen um ein wechselseitiges Verstehen fortschrittsermöglichend ist. Gemeint sind nicht auslegungsbedürftige Formelkompromisse und unkreative Minimaleinigungen, die womöglich nur in Hinterzimmern und in Nachtsitzungen zur gesichtswahrenden Präsentation vor einem ungeduldigen Journalistenpublikum ausgeheckt werden.

In dem Versuch, auf dem Kompromisswege die Argumente auch einer Opposition einzubeziehen, statt politisch primär auf den Gewinn eines Kampfes in knappen Abstimmungen zu setzen, liegt die Fortschritts- und Zukunftsermöglichung von Kompromissen. Andernfalls bleibt, wie ohne ihre Kultivierung in der Nachfolge von Trump auf Obama, die hohe Gefahr, dass antagonistisch die nächste Regierung das knapp Gewonnene sofort wieder außer Kraft setzt. Weniger die Fokussierung auf das Tagesgeschäft als die Nachhaltigkeit der deutungsmächtigen Lösungen charakterisiert eine solche Kunstfertigkeit. Für Véronique Zanetti kann »Kompromissbereitschaft« als Tugend ein »Merkmal moralischer Stärke« sein; denn »kompromissbereite Personen versteifen sich nicht auf eine fixe Position, sie können anderen Personen auf deren Terrain begegnen und zeigen, dass Friede und Kooperation ihnen unter bestimmten Umständen wichtiger sind als Rechthaberei«. Ein dauerhaft tragfähiger Kompromiss erfordert eine volle Entfaltung der jeweiligen Positionen im Sinne einer Interessenwahrnehmung unter Nutzung des Möglichkeitssinnes auf beiden oder gar auf mehreren Seiten. Der Kompromiss ist das Ergebnis einer Verhandlung, in der vielleicht zunächst nicht alle zustimmen, sondern nur eine große Koalition der Willigen, die nicht nur den kleinsten gemeinsamen Nenner sucht und möglichst große Fortschritte auf den Weg bringen will. Ein fairer Kompromiss kann auf die Dauer auch ursprüngliche Skeptiker gewinnen, wenn den eingebrachten Ausgangspositionen vorab auch der Raum einer maximalen Entwicklung ihrer Potentiale gelassen wurde. Der Prozess der Kompromissfindung ist wichtig für die Tragfähigkeit der Ergebnisse, damit sich am Ende niemand überrollt oder sogar unterdrückt fühlt.[137]

Kompromisse bilden sich, wenn sie von Dauer sein sollen, in Institutionen ab. Doch muss das zunächst in Institutionen auf Dauer gestellte Etablierte im Namen des Fortschrittes auch wieder abschaffbar sein, damit Neues und Zukunftsfähiges an seine Stelle treten kann. Joseph A. Schumpeter hat in seiner Analyse des Kapitalismus den »Prozess der schöpferischen Zerstörung« als dessen Positivmerkmal herausgestellt.[138] Mit dem Wort »Zerstörung« ist bei ihm keine Gewalt intendiert, sondern ein Plädoyer für den Untergang von Unternehmen, die sich ökonomisch nicht auf veränderte Zeiten einstellen und die keine Bestandsgarantie verdienen. Es lohnt sich, im Namen des Fortschritts diesen Gedanken auf Institutionen auch außerhalb von Kapitalismus und Ökonomie auszudehnen: Wer strukturkonservativ alles Bestehende erhalten will, befördert gesellschaftlich Stagnation und trägt auch wenig zur Eindämmung des Klimawandels bei. Wo CO_2 emittiert wird, gehören die dafür verantwortlichen Institutionen in Verkehr, Wohnen und Industrie im Sinne von Schumpeter über kurz oder lang als historisch überholt – wenn sie sich nicht selbst verändern – durch andere und bessere ersetzt. Da solche Veränderungen schmerzhaft sind, stoßen sie auf gesellschaftlichen Widerstand, selbst wenn ein Individuum oder eine Gesellschaft nach einiger Zeit insgesamt besser dastehen würden. Die Fähigkeit, gerade in Krisen die »schöpferische Zerstörung« voranzutreiben, könnte jedoch ein wichtiger Faktor eines gelingenden Fortschreitens sein, der das in die Katastrophe führende »Weiter so« abwendet.

Fortschritte werden ermöglicht durch einen Wettbewerb um die am besten geeigneten Institutionen auch im internationalen Vergleich. In einem solchen Wettbewerb verlieren diese ihre Selbstverständlichkeit und unterliegen einer reflexiven Form der Institutionalisierung, die analog zum Marktdesign auch als Institutionendesign bezeichnet werden kann. Die Bewertungsinstanz für solche Fortschritte sind zwar im Prinzip alle Menschen, aber ergebnisorientiert wird der Wettbewerb doch nach zivilgemeinschaftlicher Vorbereitung deliberativ demokratisch ausgewertet. In der Deliberation selbst hängt vieles von der personalen Deutungsmacht ab, während nach der Beschlussfassung und der Ausbildung von Gewohnheiten nicht-personale Deutungsmacht zum Zuge kommt, die dann sogar die Kenntlichkeit von Macht in den Hintergrund drängen kann. Zur Ermöglichung von Fortschritt hat der Wettbewerb zwischen unterschiedlichen Wegen der Realisierung insgesamt einen hohen Stellenwert. Erst wenn wir einen solchen ergebnisoffen zulassen, kann Fortschritt in der Verbindung von Möglichkeits- und Wirklichkeitssinn gelingen.

Kapitalistischer Wettbewerb wird mit seiner ökonomischen Leistungsfixierung von vielen als zerstörerisch empfunden. Vor diesem Hintergrund ist der Wettbewerb zwischen Institutionen nicht gleichzusetzen mit wenig attraktiven psychischen Besetzungen des Konkurrierens zwischen Personen. Wettbewerb als zu begrüßende Selbstverständlichkeit des Pluralismus heißt, dass es in Handlungssituationen und in der Gestaltung von Institutionen Alternativen gibt. Fair ist ein pluralistischer Wettbewerb, wenn er ergebnisoffen die Wirkungen von Institutionen empirisch erfasst und wertend diskutiert. So verstanden ist Wettbewerb nicht nur im engeren Feld der Ökonomie einschlägig, sondern als Wahlmöglichkeit zwischen Alternativen überhaupt im Gesellschaftlichen, wenn es um Formen geht, Menschen in ihrem gefährdeten Leben und ihrer Verletzlichkeit zu unterstützen, um ihre Fähigkeiten zu ermächtigen. Dies gilt gleichermaßen für die Gestaltung von Schulen wie von sozialer Hilfe im Fall von Armut, bei Beeinträchtigungen aller Art und im Alter. Monopole und Oligopole zu vermeiden, heißt in diesen Feldern, Auswahl zu ermöglichen und verschiedene Wege auszuprobieren. Eine solche pluralistische Gesellschaft, die auf allen Ebenen von Auswahlmöglichkeiten geprägt wird, ist attraktiver und auf Dauer wohl auch erfolgreicher als eine, die verordnet oder einfach durch Mangel an Phantasie zukunftsvergessen nicht zuletzt mit dem Älterwerden ihrer Bevölkerung nur auf einen einzigen Weg setzt. Fortschritte als etwas Erwünschtes, das realisiert ist, brauchen sie stützende Institutionen, und daher ist es die Aufgabe, die erwiesenermaßen besten dafür zu kreieren, um im *potential turn* zu neuen Ufern aufzubrechen. Dies gilt nicht zuletzt für die Aufbruchstimmung erfordernde Aufgabe, den Klimawandel einzudämmen und die bereits eintretenden Folgen zu begrenzen.

ANMERKUNGEN

Einleitung (S. 7–16)

[1] Hans Jonas: Das Prinzip Verantwortung. Versuch einer Ethik für die technologische Zivilisation. Frankfurt/M. 1979, S. 8 und 392. – Hanno Depner gilt mein besonderer Dank für zahlreiche Verbesserungsschläge zu einer früheren Textversion – unter Einschluss des Hinweises, dass ich im Laufe des Buches Hans Jonas viel häufiger positiv aufgreife, als dieser erste kritische Bezug auf seine Rezeption erwarten lässt. – Belege und Kommentare fasse ich in Anmerkungen häufig gesammelt für einen ganzen Absatz zusammen; dieses Vorgehen unterstreicht die Hybridform des vorliegenden Textes zwischen Essay und Abhandlung: Während die Raum einnehmende Auseinandersetzung mit Autoren und Autorinnen ebenso wie die Anmerkungen für eine Abhandlung sprechen, verweisen die manchmal im Haupttext mehr angedeuteten als ausgeführten Verknüpfungen einzelner Aspekte in Kombination mit den zum Teil riskanten Aktualisierungen auf die Versuchsform des Essays. – Reinhard Koselleck: Fortschritt. In: Otto Brunner, Werner Conze, Reinhart Koselleck: Geschichtliche Grundbegriffe. Historisches Lexikon zur politisch-sozialen Sprache in Deutschland. Band 2 E–G. Stuttgart 1975, S. 351–423, hier S. 352. – Siehe historisch zu den katastrophischen Dimensionen von Formen des Klimawandels Peter Frankopan: Zwischen Erde und Himmel. Klima – eine Menschheitsgeschichte. Berlin 2023; Jared Diamond: Kollaps. Warum Gesellschaften überleben oder untergehen. Frankfurt/M. 2005. – Siehe das folgende Motto als deutscher Filmtitel (»road movie«) von Detlef Buck 1993, der aufgenommen wurde von Maja Göpel: Wir können auch anders. Aufbruch in die Welt von morgen. Berlin 2022.

[2] Moritz Schularick: Der entzauberte Staat. Was Deutschland aus der Pandemie lernen muss. München 2021, S. 16 und dort S. 122 das letzte Zitat. Der Autor greift das von Ulrich Beck: Risikogesellschaft. Auf dem Weg in eine andere Moderne. Frankfurt/M. 1986 entworfene Szenario wieder auf und sieht im Umgang mit Risiken einen Schlüssel für die zukunftsbezogenen Aufgaben.

[3] Aleida Assmann: Regeln für das Navigieren im Ungewissen. In: Karl-Rudolf Korte, Gert Scobel, Taylan Yildiz (Hrsg.). Heuristiken des politischen Entscheidens. Berlin 2022, S. 91–108, dort S. 99 im Kapitel zum »Umperspektivieren«. Das Folgezitat von John Dewey: Die Erneuerung der Philosophie. Hamburg 1989, S. 21.

[4] Dewey: Erneuerung der Philosophie, a. a. O., S. 240. Siehe dort S. 10 für die weiteren Zitate. Der Beleg davor Max Weber: Politik als Beruf. Stuttgart 1992, S. 70 f. Als Beleg zum späteren Teil des Absatzes John Dewey: Die Suche nach Gewissheit. Eine Untersuchung des Verhältnisses von Erkenntnis und Handeln. Frankfurt/M. 1998 mit dem Zitatbrocken auf S. 25.

[5] Jonas: Prinzip Verantwortung, a. a. O., S. 218.

[6] Sergei Guriev, Daniel Treisman: Spin Dictators. The Changing Face of Tyranny in the 21st Century. Princeton, Oxford 2022. Einschlägige Zitate aus dem Buch der Autoren sind S. 4, 28 und 13: »Instead of terrorizing citizens, a skillful ruler can control them by reshaping their beliefs about the world. He can fool people into compliance and even enthusiastic approval. In place of harsh repression, the new dictators manipulate information. … Spin dictatorship … avoid real democracy by faking it. … Spin dictators survive not by disrupting rebellion but by removing the desire to rebel.« – Vgl. im Kontrast ältere Totalitarismus-Theorien mit den folgenden Merkmalen einer totalitären Diktatur »politische Ideologie, Monopolpartei, Geheimpolizei, zentralisierte Wirtschaft und Nachrichten- wie Waffenmonopol« nach Hannes Bajohr: Arendt-Korrekturen. Judith Shklars Kritik an Hannah Arendt. In: Judith N. Shklar: Über Hannah Arendt. Berlin 2020, S. 123–161, dort S. 126.

[7] Guriev, Treisman: Spin Dictators, a. a. O., S. 201: »The key need today is not more information. It is, first, verification and interpretation, and, second, focus.« Die Idee der liberalen Demokratie – ernst genommen und mit Verteidigungsbereitschaft verbunden – bleibt die stärkste Waffe des Westens, so die optimistische Schlusseinschätzung von Guriev, Treisman: Spin Dictators, S. 219.

[8] Max Weber: Der Sinn der »Wertfreiheit« der soziologischen und ökonomischen Wissenschaften. In: Max Weber: Gesammelte Aufsätze zur Wissenschaftslehre. Tübingen [7]1988, S. 489–540. Vgl. Koselleck: Fortschritt, a. a. O., S. 423, der am Ende seines Beitrages zur Geschichte des Fortschritts den Begriff politisch für unverzichtbar hält. – Die Belege davor Christoph Hubig: Die Kunst des Möglichen. Grundlinien einer dialektischen Philosophie. Drei Bände. Bielefeld 2006/2007/2015 und Heiner Hastedt: Aufklärung und Technik. Grundprobleme einer Ethik der Technik. Frankfurt/M. 1991 sowie Jean-François Lyotard: Das postmoderne Wissen. Ein Bericht. Wien 1986. – Siehe den folgenden Gedanken eindrücklich mit indischem Hintergrund in Ashis Nandy: Fortschritt. In: Hans Joas (Hrsg.): Vielfalt der Moderne – Ansichten der Moderne. Frankfurt/M. 2012, S. 53–65. Auf S. 54 sieht der Autor einen solchen Totalitarismus im Namen des Fortschritts gleichermaßen im Kolonialismus wie im »sowjetischen und maoistischen Terror«.

[9] Siehe zur Demütigung in Abgrenzung zur körperlichen Grausamkeit Judith N. Shklar: Ganz normale Laster. Berlin 2014, S. 48. Als Belege für die weiteren Autorenhinweise dieses Absatzes Johan Galtung: Strukturelle Gewalt. Beiträge zur Friedens- und Konfliktforschung. Reinbek 1975 und Paul Collier: Die unterste Milliarde. Warum die ärmsten Länder scheitern und was man dagegen tun kann. München 2008. Siehe am Abschluss des Absatzes zur Differenz von privater und öffentlicher Gewalt Shklar: Ganz normale Laster, a. a. O., S. 11f. und 266f., die als Liberale die Tendenz der eigenen Tradition zurückweist, das Private moralisch zu neutralisieren und Gewalt dort womöglich zu ignorieren. Demgegenüber fordert sie S. 273, ein »Gleichgewicht zwischen öffentlichen und privaten Geboten zu wahren, die einander weder entgegengesetzt noch miteinander vereinbar sind«.

[10] Exemplarisch Rainer Hank: Lob der Macht. Stuttgart 2017 und Axel Honneth: Kritik der Macht. Reflexionsstufen einer kritischen Gesellschaftstheorie. Mit einem Nachwort zur Taschenbuchausgabe. Frankfurt/M. 1989. Siehe Byung-Chul Han: Was ist Macht? Stuttgart 2005, S. 7, der seine Klärung des Machtbegriffes skeptisch beginnt: »Hinsichtlich des Machtbegriffs herrscht immer noch ein theoretisches Chaos. Der Selbstverständlichkeit des Phänomens steht eine totale Unklarheit des Begriffs gegenüber.« Zugleich weist Han bereits auf eine wichtige Differenzierung in der Bewertung von Macht hin: »Für den einen bedeutet sie Unterdrückung. Für den anderen ist sie ein konstruktives Element der Kommunikation.« – Vgl. als Beleg für die zitierte Formulierung zu Beginn des Absatzes Andreas Anter: Theorien der Macht zur Einführung. Hamburg 2012, S. 31. – Die nachfolgenden Zitatbrocken stammen aus Hank: Lob der Macht, a. a. O., S. 175 und 10. – Das Stichwort des Einflusses nach Niklas Luhmann: Macht im System. Berlin 2013, S. 51 spielt im nächsten Kapitel bei der Klärung des Machtbegriffes eine zentrale Rolle.

[11] Hank: Lob der Macht, a. a. O., S. 11, vgl. S. 170 sowie zuvor S. 172 und für den Folgesatz S. 177. Vgl. Michael Walzer: Sphären der Gerechtigkeit. Ein Plädoyer für Pluralität und Gleichheit. Frankfurt/M., New York 1992, der zwischen Monopol und Dominanz unterscheidet, wobei er nur die Dominanz einer Sphäre verdammt und zugleich ein Monopol, das innerhalb einer Sphäre bleibt, nicht grundsätzlich kritisiert. – Siehe den Beleg für das dann folgende Zitat Max Weber: Wirtschaft und Gesellschaft. Tübingen [5]1980. § 16, S. 28. Vgl. Jo Reichertz: Kommunikationsmacht. Was ist Kommunikation und was vermag sie? Und weshalb vermag sie das. Wiesbaden 2009, S. 198, der ähnlich formuliert: »Macht ist … eine Art Platzhalter für alle Gründe, welche die Chance mit sich bringen, den anderen zu Handlungen zu bewegen.«

[12] Norbert Elias: Über den Prozess der Zivilisation. Soziogenetische und psychogenetische Untersuchungen. Zwei Bände. Frankfurt/M. 1976. Siehe Steven Pinker: Gewalt. Eine neue Geschichte der Menschheit. Frankfurt/M. 2011,

S. 15 f. mit dem Verweis auf Elias. Schon im Vorwort, S. 11 formuliert Pinker seine Hauptthese: »Die Gewalt ist über lange Zeiträume immer weiter zurückgegangen, und heute dürften wir in der friedlichsten Epoche leben, seit unsere Spezies existiert. Natürlich war es kein stetiger Rückgang; die Gewalt ist auch nicht auf null zurückgegangen; und es gibt keine Garantie, dass es so weitergeht.« Vgl. allerdings S. 12 die Einschränkung: »Ganz gleich, wie klein der Prozentsatz der gewaltsamen Todesfälle ist: In absoluten Zahlen wird es immer genügend davon geben, um die Abendnachrichten zu füllen, aber dann steht der Eindruck von Gewalt, den die Menschen haben, in keinerlei Verhältnis zu den tatsächlichen Anteilen.« – Die weiteren Aspekte aus Pinkers Werk finden sich auf den Seiten 15 und 16 sowie die Zitate S. 12 und 19.

[13] Hannah Arendt: Macht und Gewalt. München [7]1990, S. 36 sowie 38 f. Zuvor dort S. 47 und 51 zur folgenden Bemerkung sowie S. 51 und 52 zu den weiteren Zitaten. Vgl. S. 57: »Macht und Gewalt sind Gegensätze: wo die eine absolut herrscht, ist die andre nicht vorhanden.« – Der vor mir verfasste Artikel Heiner Hastedt: Was ist Deutungsmacht? Philosophische Klärungsversuche. In: Philipp Stoellger (Hrsg.): Deutungsmacht. Religion und *belief systems* in Deutungsmachtkonflikten. Tübingen 2014, S. 89–102.

[14] Paul Collier: Gefährliche Wahl. Wie Demokratisierung in den ärmsten Ländern der Erde gelingen kann. München 2009, S. 9.

[15] Siehe neben Shklar: Ganz normale Laster, a. a. O. vor allem Judith Shklar: Liberalismus der Furcht. Berlin 2013, wo zusätzlich zum übersetzten Originaltext auch Stellungnahmen von Axel Honneth, Seyla Benhabib, Michael Walzer, Bernard Williams und dem zugleich als Übersetzer fungierenden Hannes Bajohr zu finden sind. Vgl. Bernard Yack (Hrsg.): Liberalism without Illusions. Essays on Liberal Theory and the Political Vision of Judith N. Shklar. Chicago, London 1996. – Im weiteren Verlauf des Absatzes als Belege Shklar: Ganz normale Laster, a. a. O., S. 262 und Shklar: Liberalismus der Furcht, S. 41, 59 und 43 f.

[16] Shklar: Liberalismus der Furcht, a. a. O., S. 26 f. mit der Anspielung auf John Stuart Mills gleichlautendes Prinzip. Vgl. Walzer in Shklar: Liberalismus der Furcht, a. a. O., S. 104: »Politische Macht müssen wir immer fürchten. Das ist die wesentliche liberale Einsicht«. Vgl. weiterhin ders., S. 105: »Wir müssen den Nutzen der Macht ebenso in den Blick nehmen, wie die Gefahren, die von ihr ausgehen« und siehe Richard Rorty: Kontingenz, Ironie und Solidarität. Frankfurt/M. 1989, S. 276 f., der zustimmend Bezug auf Shklars Liberalismus der Furcht nimmt und Vladimir Nabokov sowie George Orwell als Literaten breiten Raum gibt: »Nabokov sensibilisierte seine Leser für die ständige Möglichkeit kleiner Grausamkeiten, begangen im Zuge des privaten Strebens nach Glück, Orwell dagegen sensibilisierte die seinen für eine Reihe von Entschuldigungen der Grausamkeit, die eine bestimmte Gruppe in Umlauf gebracht hatte: die Rhetorik von der ›Gleichheit der Menschen‹, eingesetzt von Intellektuellen, die sich einer unglaublich erfolgreichen Verbrecherbande

angeschlossen hatten.« Vgl. schon Rorty: Kontingenz, Ironie und Solidarität, a. a. O., S. 237 explizit zu Shklar und jetzt neu Richard Rorty: Pragmatismus als Antiautoritarismus. Berlin 2023.

17 Michel Foucault: Die Regierung des Selbst und der anderen. Frankfurt/M. 2009, S. 36 in Anknüpfung an die Geschichtsphilosophie von Kant, die er im Kontext von dessen Schrift zur Beantwortung der Frage »Was ist Aufklärung?« in seiner Vorlesung im Januar 1983 diskutiert. Vgl. Bruno Latour: Wir sind nie modern gewesen. Versuch einer symmetrischen Anthropologie. Berlin 1995, S. 67: »Betrachtet man die moderne Welt oder die Revolutionen dagegen als Netzwerke, so sieht man, dass sie kaum mehr ermöglichen, als die Praktiken ein wenig zu erweitern, die Zirkulation der Erkenntnisse leicht zu beschleunigen, die Gesellschaften etwas auszudehnen, die Anzahl der Akteure minimal zu vergrößern, die alten Glaubensformen ein wenig zu modifizieren. Als Netzwerke gesehen bleiben die Neuerungen der Abendländer zwar kenntlich und bedeutsam, aber sie lassen sich nicht mehr zu einer großen Geschichte aufbauschen, einer Geschichte des radikalen Bruchs, des verhängnisvollen Schicksals, des unwiderruflichen Unheils oder Heils.« – Die Belege zu den davor aufgegriffenen Gedanken Helmut Lethen: Der Sommer des Großinquisitors. Über die Faszination des Bösen. Hamburg 2022 und Gunnar Hindrichs: Philosophie der Revolution. Berlin 2017, S. 103.

2. Von der Kritik der Macht zur Macht als *potentia* (S. 27–37)

18 Max Horkheimer; Theodor W. Adorno: Dialektik der Aufklärung. Philosophische Fragmente. Frankfurt/M. 1969, S. 6.

19 Theodor W. Adorno: Negative Dialektik. Frankfurt/M. 1966 und Theodor W. Adorno: Ästhetische Theorie. Frankfurt/M. 1970. – Als Belegstellen zu den Zitaten weiter oben im Absatz Honneth: Kritik der Macht, a. a. O., S. 46 f. und 7. Die spätere Entwicklung des Werkes von Axel Honneth hin zu einer an Hegel geschulten Theorie der Anerkennung und den neueren Differenzierungen zum Recht der Freiheit werden im hiesigen Kontext seiner älteren Kritik der Macht nicht thematisiert. Vgl. Axel Honneth: Kampf um Anerkennung. Zur moralischen Grammatik sozialer Konflikte. Mit einem neuen Nachwort. Berlin [8]2014 und Axel Honneth: Das Recht der Freiheit. Grundriss einer demokratischen Sittlichkeit. Berlin 2013.

20 Philipp Felsch: Der lange Sommer der Theorie. Geschichte einer Revolte 1960–1990. Frankfurt/M. [2]2018. – Als Belegstelle zu dem Zitat weiter oben Jürgen Habermas: Die Neue Unübersichtlichkeit. Frankfurt/M. 1985, S. 144. – Die folgende Einschätzung von Franz Schuh in der FAZ vom 22. Juli 2022.

21 Shklar: Hannah Arendt, a. a. O., S. 18. Das spätere Zitat dort S. 29.

22 Vgl. Wolfgang Kersting: Hobbes zur Einführung. Hamburg 1992, besonders S. 59 ff. – Die Belege in den Passagen davor Dolf Sternberger: Drei Wur-

zeln der Politik. Frankfurt/M. 1979 und Herfried Münkler: Machiavelli. Die Begründung des politischen Denkens der Neuzeit aus der Krise der Republik Florenz. Frankfurt/M. [2]2007. – Im Folgeabsatz Anter: Theorien der Macht, a. a. O., S. 1. Siehe dessen pointierte Charakterisierungen der Machttheorien u. a. von Thukydides, Machiavelli, Hobbes, Weber, Popitz, Arendt, Foucault und Luhmann. Vgl. Wilhelm Berger: Macht. Wien 2009.

23 Niklas Luhmann: Macht. Konstanz, München [4]2012 als das von ihm publizierte Werk und Niklas Luhmann: Macht im System. Berlin 2013 als das posthum erschienene Frühwerk. Vgl. den weiteren Kontext in Niklas Luhmann: Die Gesellschaft der Gesellschaft. Frankfurt/M. 1997 sowie vor allem ders.: Die Politik der Gesellschaft. Frankfurt/M. 2002. – Die folgenden Bemerkungen und Zitate nach Luhmann: Macht im System, a. a. O., S. 14 und Luhmann: Macht, a. a. O., S. 7. – Die dann folgenden Ausführungen dieses Absatzes paraphrasiert mit Zitatbrocken der Reihenfolge nach alle aus Luhmann: Macht im System, a. a. O., S. 34, 28, 26, 27 und 40.

24 John L. Mackie: The Cement of the Universe. A Study of Causation. Oxford u. a. 1974.

25 Luhmann: Macht, a. a. O., S. 33 und die Folgeakzente dort S. 45 und 103. Vgl. S. 119 in Vertiefung des Gedankens von Hank »in Organisationen *erzeugt Macht Gegenmacht*«.

26 Luhmann: Macht, a. a. O., S 16. Das Folgezitate dort S. 17.

27 Siehe besonders Michel Foucault: Überwachen und Strafen. Die Geburt des Gefängnisses. Frankfurt/M. 1976. Vgl. dagegen umdeutend in einem späten Text aus dem Jahr 1982: »Das umfassende Thema meiner Arbeit ist also nicht die Macht, sondern das Subjekt.« In: Michel Foucault: Subjekt und Macht. Abgedruckt in Michel Foucault: Die Analytik der Macht. Frankfurt/M. 2005, S. 240–263, hier. S. 240. – Die folgenden Zitate finden sich der Reihenfolge nach in Michel Foucault: Die Maschen der Macht. In: Michel Foucault: Die Analytik der Macht. Frankfurt/M. 2005, S. 220–239, hier S. 222; Michel Foucault: Der Wille zum Wissen. Sexualität und Wahrheit I. Frankfurt/M. 1977, S. 106 und 110; Foucault: Maschen der Macht, a. a. O., S. 224 und 256; Foucault: Subjekt und Macht, a. a. O., S. 253; Foucault: Maschen der Macht, a. a. O., S. 239 und 224 sowie für die Paraphrasen und die Zitate am Ende des Absatzes Foucault: Wille zum Wissen, a. a. O., S. 116 f.

28 Kurt Röttgers: Spuren der Macht. Begriffsgeschichte und Systematik. München 1990, S. 45. Die Gesichtspunkte davor dort S. 51 samt Kontext zur Abtrünnigkeit und S. 42 auf die drei Begriffe bezogen.

29 Jonas: Prinzip Verantwortung, a. a. O., S. 253. Das Folgezitat dort S. 233.

[30] In diesem Kapitel greife ich in überarbeiteter Form teilweise Gedanken und Formulierungen wieder auf, die schon in Hastedt: Was ist Deutungsmacht? a. a. O. zu finden sind. – Für die Belege dieses Absatzes Bettina Stangneth: Eichmann vor Jerusalem. Das unbehelligte Leben eines Massenmörders. Reinbek 2011 in zumindest teilweiser Kritik an der verbreiteten Lesart von Hannah Arendt: Eichmann in Jerusalem. Ein Bericht von der Banalität des Bösen. München, Zürich 1995. – Vgl. die literarische Verarbeitung der Ereignisse der Bartholomäusnacht bei Heinrich Mann: Die Jugend des Königs Henri Quatre. Reinbek [31]2008 sowie Heinrich Mann: Die Vollendung des Königs Henri Quatre. Reinbek [25]2009. – Vgl. schon das ältere Werk von Hans Vorländer (Hrsg.): Die Deutungsmacht der Verfassungsgerichtsbarkeit. Wiesbaden 2006. – Felix Hasler: Neuromythologie. Eine Streitschrift gegen die Deutungsmacht der Hirnforschung. Bielefeld [4]2014 und ebenso Andreas Hüttemann (Hrsg.): Zur Deutungsmacht der Biowissenschaften. Paderborn 2008. – Katharina Pistor: Der Code des Kapitals. Wie das Recht Reichtum und Ungleichheit schafft. Berlin 2020.

[31] Zitiert nach Reichertz: Kommunikationsmacht, a. a. O., S. 195.

[32] Luhmann: Macht des Systems, a. a. O., S. 60. Die folgenden Zitatbrocken dort S. 77 und erneut S. 60.

[33] Helmuth Plessner: Macht und menschliche Natur. Ein Versuch zur Anthropologie der geschichtlichen Weltansicht. In: ders.: Gesammelte Schriften V Macht und menschliche Natur. Frankfurt/M. 1981, S. 135–234, hier S. 139. Vgl. S. 234: »Verdrängen wir die Politik aus den höheren Gebieten interessenfreien Denkens und Handelns, dann dürfen wir uns nicht wundern, wenn sie als Krankheit der Parteipatronage unser geistiges Leben von unten her anfällt und zu ersticken droht.« Die Folgezitate Han: Was ist Macht, a. a. O., S. 50 und 38 f.

[34] Vgl. benachbart Rainer Forst: Normativität und Macht. Zur Analyse sozialer Rechtfertigungsordnungen. Berlin 2015, der S. 31 »Machtverhältnisse als Rechtfertigungsverhältnisse« ansieht und siehe Beatrix Himmelmann: Nietzsches Kritik des Moralismus. In: Christian Neuhäuser, Christian Seidel (Hrsg.): Kritik des Moralismus. Berlin 2020, S. 243–272, dort S. 258 f. Vgl. den Bezug auf Nietzsche als Bildungsphilosoph in Heiner Hastedt (Hrsg.): Was ist Bildung? Stuttgart 2012, S. 168–194.

[35] Genauer terminologisch lässt sich die Frage, was Deutungen sind, mit Hastedt: Was ist Deutungsmacht? a. a. O., S. 91 beantworten (ohne Kursivsetzung des Originals): »Deutungen sind sprachliche, nicht notwendigerweise im Subjekt repräsentierte und bewusste, meist intentionale (also gerichtete, nicht nur dispositionelle) Erschließungen von Teilen objektiver, subjektiver und fiktionaler Wirklichkeit (zum Beispiel Menschen, Texte, Sachverhalte der Natur, kulturelle Muster). [Das Ganze der Welt ist nicht deutungsfähig.]

›Sprachlich‹ ist in einem so weiten Sinne zu verstehen, dass beispielsweise musikalische, mimische und gestische Ausdrücke einbezogen sind. Deutungen können sowohl deskriptive als auch normative Komponenten enthalten. In einer reflexiven Selbstanwendungsfigur sind die Elemente dieser Umschreibung selbst deutungsabhängig.« In dieser Arbeitsdefinition ist fast jede Festlegung philosophisch strittig. Eine besonders wichtige Entscheidung betrifft den sprachlichen Charakter der Deutungen in einem weiten Sinne; mit dieser Festlegung sind einige Lesarten der Phänomenologie, für die es einen Sachbezug ohne sprachliche Vermittlung gibt, nicht vereinbar.

[36] Umberto Eco: Gesten der Zurückweisung. Über den Neuen Realismus. In: Markus Gabriel (Hrsg.): Neuer Realismus. Berlin 2013X, S. 33–51, wo er diesen Punkt ausdrücklich auf S. 36 hervorhebt und dabei auch auf seine frühere Publikation Umberto Eco: Die Grenzen der Interpretation. München 2004 verweist. Ausdrücklich nimmt Eco, Gesten der Zurückweisung, a. a. O., S. 49 bei dem folgenden Gedanken zustimmend Bezug auf Poppers Falsifikationsprinzip. – Vgl. Bruno Latour: Elend der Kritik. Vom Krieg um Fakten zu Dingen von Belang. Zürich, Berlin 2007, S. 20 f.: »Trotz meines Tons versuche ich nicht, kehrtzumachen, reaktionär zu werden, zu bereuen, was ich tat, zu schwören, dass ich nie wieder ein Konstruktivist sein will. … Die Frage war nie, von den Fakten *loszukommen*, sondern näher an sie *heranzukommen*, den Empirismus nicht zu bekämpfen, sondern ihn im Gegenteil zu erneuern.«

[37] Vgl. Jacques Derrida: Guter Wille zur Macht (I). Drei Fragen an Hans-Georg Gadamer. In: Philippe Forget (Hrsg.): Text und Interpretation. Deutsch-französische Debatte. München 1984, S. 56–58. – In Hans Georg Gadamer: Wahrheit und Methode. Grundzüge einer philosophischen Hermeneutik. Tübingen [4]1975 ist eine explizite Thematisierung der Machtdimension nicht zu erwarten, aber indirekt lassen sich Spuren in der Struktur der Vor-Urteile (i.e. die Macht dessen, was immer schon erschlossen war), überhaupt im hermeneutischen Zirkel, der die Macht der Vor-Urteile herausarbeitet, und besonders in der Autorität der Überlieferung finden (i. e. in der Macht der Tradition). – Der Beleg davor Odo Marquard: Skepsis und Zustimmung. Philosophische Studien. Stuttgart 1994, S. 11 und danach Isaiah Berlin: Die Macht der Ideen. Berlin 2006.

[38] John R. Searle: Die Konstruktion der gesellschaftlichen Wirklichkeit. Zur Ontologie sozialer Tatsachen. Berlin 2011 sowie Elisabeth Wehling: Politisches Framing. Wie eine Nation sich ihr Denken einredet – und daraus Politik macht. Köln 2016. – Der Beleg davor Christopher Clark: The Sleepwalkers. How Europe Went to War in 1914. London 2013 und danach Reichertz: Kommunikationsmacht, a. a. O., S. 196 sowie Luhmann: Macht des Systems, a. a. O., S. 86 f.

[39] Plessner: Macht und menschliche Natur, a. a. O., S. 188, das Prinzip wird u. a. S. 160 formuliert. Die beiden folgenden Zitatbrocken S. 199. Die anschließenden Sätze stammen aus Reichertz, Kommunikationsmacht, a. a. O., S. 198.

Vgl. dort überzogen formuliert S. 243: »Es sind immer Menschen, deren Worte Macht haben, nicht Worte, die Macht haben.«

40 Siehe Don Tapscott; Alex Tapscott, Alex: Blockchain Revolution: How the Technology behind Bitcoin is changing Money, Business, and the World. New York 2016. Vgl. Ijoma Mangold: Die Orange Pille. Warum Bitcoin weit mehr als nur ein neues Geld ist. München 2023 sowie übergreifend immer noch lesenswert Mercedes Bunz: Die stille Revolution. Wie Algorithmen Wissen, Arbeit, Öffentlichkeit und Politik verändern, ohne dabei viel Lärm zu machen. Berlin 2012.

41 Michel Foucault: Die Ordnung der Dinge. Eine Archäologie der Humanwissenschaften. Frankfurt/M. 1971. Vgl. Giorgio Agamben: Was ist ein Dispositiv? Zürich, Berlin 2008, besonders S. 7f. mit dem Foucault-Bezug. Die folgenden Zitatbrocken aus Foucault: Überwachen und Strafen, a. a. O., S. 39.

42 Pierre Bourdieu: Meditationen. Zur Kritik der scholastischen Vernunft. Frankfurt/M. 2001, S. 176f, 178, 181 und 183.

43 Bereits publiziert Danny Otto: Dem »Prekariat« auf der Spur. Eine Deutungsmachtanalyse soziologischer Wissensgenerierung. Weinheim 2019. – Am interdisziplinären Programm unseres Graduiertenkollegs zur »Deutungsmacht«, das an der Universität Rostock vom 1. April 2014 mit zwischenzeitlicher Verlängerung bis zum 31. März 2023 für neun Jahre durch die Deutsche Forschungsgemeinschaft gefördert wurde, waren folgende Fächer beteiligt: Systematische Theologie, Religionspädagogik, Religionswissenschaften, Altes Testament, Praktische Theologie, Politikwissenschaft, Soziologie, Nordamerikanistik, Romanistik und Philosophie. – Einige weitere fertige Arbeiten und noch bearbeitete Themen des Kollegs seien genannt: Tobias Götze: Negative Anthropologie. Zur Bewandtnis von Macht und Begründung von Unbestimmbarkeit in der Lehre vom Menschen (Dissertationsdruck). Rostock 2023; Joshua Folkerts: Hegelianische Sozialstaatlichkeit. Hegels Beitrag zur politischen Theorie und Ideengeschichte des sozialpolitischen Denkens (Dissertationsdruck). Rostock 2023; »Macht der Vagheit« (Antje Maaser), »Deutungsmacht und Musik« (Julia Schumacher), »Personale Deutungsmacht, Charakter und Tugend« (Tim Huttel u. a. in Auseinandersetzung mit dem in Kapitel 8 aufgegriffenen Bernard Williams). – Aus dem Kreis der das Kolleg tragenden Kollegen möchte ich Philipp Stoellger als Initiator unserer Gruppe u. a. mit der wichtigen Auftaktpublikation Philipp Stoellger (Hrsg.): Deutungsmacht. Religion und *belief systems* in Deutungsmachtkonflikten. Tübingen 2014 und Martina Kumlehn als langjährige Sprecherin mit ihren Forschungen zu Narrativen sowie mit ihrem für das ganze Kolleg erfolgreich verfassten Verlängerungsantrag https://www.deutungsmacht.uni-rostock.de/storages/uni-rostock/Alle_THF/Deutungsmacht/GRK_1887_Deutungsmacht_Fortsetzungsantrag_-_Antrag_-_Theorie.pdf (zuletzt abgerufen am 2. Juni 2023) besonders hervorheben. – Zeitgleich mit diesem Buch erscheint ein Band mit dem Titel »Umkämpftes Gemeinwohl«, der die Beiträge einer

der vielen veranstalteten Tagungen sammelt: Judith Bollongino, Tobias Götze, Heiner Hastedt, Christopher Höhn, Tim Fritjof Huttel, Antje Maaser (Hrsg.): Umkämpftes Gemeinwohl. Deutungsmachtkonflikte um das gemeinsame Wohl. Frankfurt/M., New York 2023.

4. Rehabilitierung von Wahrheit und Fortschritt (S. 53–67)

[44] Daniel-Pascal Zorn: Die Krise des Absoluten. Was die Postmoderne hätte sein können. Stuttgart 2022, S. 9 formuliert die falschen Unterstellungen wie folgt: »Die Postmoderne ist der Ausgangspunkt für die Übel unserer Zeit, für die vier apokalyptischen Reiter *Konstruktivismus*, *Relativismus*, *Moralismus* und *Identitätspolitik*.« Gegen diesen Trend gibt es bis in die Feuilletons reichende Reaktionen: In der »Zeit« vom 15. Dezember 2016 diagnostiziert Michael Hampe eine »Katerstimmung bei den pubertären Theoretikern«, wonach eine Dekonstruktion der Wahrheitsorientierung die Basis für Kritik an schlechten Verhältnissen unterminiert. Der Literaturwissenschaftler Albrecht Koschorke und der Schriftsteller Karl-Heinz Ott gehen dieser Diagnose mit ihren Beiträgen im Feuilleton der »Neuen Zürcher Zeitung« ein weitgehend zustimmendes Echo, wenn sie titeln »Die akademische Linke hat sich selbst dekonstruiert« (18. April 2018) und »Die schöne postmoderne Beliebigkeit hat den Härtetest nicht bestanden« (19. April 2017 sowie Karl-Heinz Ott: Verfluchte Neuzeit. Eine Geschichte des reaktionären Denkens. München 2022).

[45] Michiko Kakutani: Der Tod der Wahrheit. Gedanken zur Kultur der Lüge. Stuttgart 2019, S. 9 in Bezug auf die amerikanische Ausgabe von Hannah Arendt: The Origins of Totalitarianism. New York 1973, S. 474. Vgl. Einzelmotive dieses Kapitels zur Wahrheit schon als Ausarbeitung von Vorträgen, die ich an der Universität Chiba in Japan und auf einer von Klaus Hock an meiner Heimatuniversität organisierten Tagung gehalten habe, Heiner Hastedt: Zur Deutungsmacht von ›Wahrheit‹ und ›Wirklichkeit‹ als philosophischen Grundbegriffen. In: Klaus Hock (Hrsg.): Wissen um Religion: Erkenntnis – Interesse. Epistemologie und Episteme in Religionswissenschaft und Interkultureller Theologie. Leipzig 2020, S. 133–149. – Harry G. Frankfurt: Bullshit. Frankfurt/M. 2006, u. a. S. 71 f. – William Davies: Nervöse Zeiten. Wie Emotionen Argumente ablösen. München 2019, S. 115, S. 328 und 201. Vgl. dort S. 335 »Als Beteiligte an einer breiten Mobilisierung müssen Experten mit ihren politischen Überzeugungen und Sympathien offener umgehen« und sich nicht nur hinter Fakten verstecken. – Collier: Die unterste Milliarde, a. a. O., S. 223.

[46] Wolfgang Welsch: Unsere postmoderne Moderne. Weinheim ²1988, S. 4 f.: »Postmoderne wird hier als Verfassung radikaler Pluralität verstanden … Die Postmoderne plädiert … offensiv für Vielheit und tritt allen alten und neuen Hegemonie-Anmaßungen entschieden entgegen. Sie tritt für die Vielheit heterogener Konzeptionen, Sprachspiele und Lebensformen nicht aus

Nachlässigkeit und nicht im Sinne eines billigen Relativismus ein, sondern aus Gründen geschichtlicher Erfahrung und aus Motiven der Freiheit. Ihr philosophischer Impetus ist zugleich ein tief moralischer.« Siehe auch Wolfgang Welsch: Postmoderne: vordergründige Ablehnung, untergründiger Erfolg. Blick zurück auf eine besonders deutungsmächtige Zeitdiagnose. In: Heiner Hastedt (Hrsg.): Deutungsmacht von Zeitdiagnosen. Interdisziplinäre Perspektiven. Bielefeld 2019, S. 183–195.

47 Siehe Jean-François Lyotard: Der Widerstreit. München 1989, der ganz subtil nach Übergängen zwischen verschiedenen Herangehensweisen sucht und der mehr noch als Jean-François Lyotard: Das postmoderne Wissen. Ein Bericht. Wien 1986 geeignet ist, den argumentorientierten Flügel der vielfältigen Postmoderne zu erschließen. – Vgl. schon Odo Marquard: Abschied vom Prinzipiellen. Philosophische Studien. Stuttgart 1981 sowie Heiner Hastedt: Moderne Nomaden. Erkundungen. Wien 2009, S. 98–100 zu Lyotard. – Siehe zum Abschluss des Absatzes mit einer überzogenen Kritik Helen Pluckrose, James Lindsay: Zynische Theorien. Wie aktivistische Wissenschaft Race, Gender und Identität über alles stellt – und warum das niemandem nützt. München 2022. Vgl. als ein originäres Standardwerk des Post-Kolonialismus Achille Mbembe: Kritik der schwarzen Vernunft. Berlin 2014.

48 Siehe Michael Hampe: Wahrheitspraktiken. In: Heiner Hastedt (Hrsg.): Deutungsmacht von Zeitdiagnosen. Interdisziplinäre Perspektiven. Bielefeld 2019, S. 49–66. Das später im Absatz folgende Zitat dort S. 53. In diesem Absatz und in dem davor nehme ich Gedanken wieder auf, die sich schon im eben zitierten Sammelband in meiner Einleitung »Deutungsmacht und Wahrheit als Qualitätskriterien von Zeitdiagnosen«, S. 11–33 finden. Vgl. Michael Hampe: Die Lehren der Philosophie. Eine Kritik. Berlin 2014; Michael Hampe: Erkenntnis und Praxis. Zur Philosophie des Pragmatismus. Frankfurt/M. 2006; Michael Hampe: Die Dritte Aufklärung. Berlin 2018.

49 Davies: Nervöse Zeiten, a. a. O., S. 232. Für Davies besteht die Aufgabe darin, »aus einem sinnlosen Chaos von Sinneseindrücken und Gerüchten eine kohärente Wahrheit zu extrahieren.« – Die Belege zum Folgeabsatz Foucault: Regierung des Selbst, a. a. O., S. 204 und 203 sowie insgesamt ausgehend von dem Titel des Buches Michel Foucault: Der Mut zur Wahrheit. Berlin 2010.

50 Christian Bermes: Meinungskrise und Meinungsbildung. Eine Philosophie der Doxa. Hamburg 2021, S. 13 und S. 112. Vgl. am Ende des Absatzes das Motiv der Aufgeschlossenheit (»Open-Mindedness«) Monika Betzler: Moralismus und die Tugend der Aufgeschlossenheit. In: Christian Neuhäuser, Christian Seidel (Hrsg.): Kritik des Moralismus. Berlin [2]2021, S. 106–133 sowie aufklärungsorientiert ähnlich Marie-Luisa Frick: Zivilisiert streiten. Zur Ethik der politischen Gegnerschaft. Stuttgart [3]2017.

51 Siehe insgesamt Koselleck: Fortschritt, a. a. O. Vgl. zeitlich und räumlich eingegrenzt Johannes Rohbeck: Die Fortschrittstheorie der Aufklärung. Französische und englische Geschichtsphilosophie in der zweiten Hälfte

des 18. Jahrhunderts. Frankfurt/M., New York 1987. – Der Beleg später Ernst Bloch: Tübinger Einleitung in die Philosophie I. Frankfurt/M. 1963, S. 160.

52 Weber: Der Sinn der »Wertfreiheit«, a. a. O. Siehe Rainer Forst: Die Rechtfertigung des Fortschritts und der Fortschritt der Rechtfertigung. In: Dan Diner, Carl Friedrich Gethmann (Hrsg.): Herrschaft des Konkreten. Göttingen 2020, S. 119–142, hier S. 123, der sachlich in Übereinstimmung mit Weber verdeutlicht, dass Fortschritt »nicht selbst aus eigener Kraft ein normativer Begriff« ist. Vgl. Amy Allen: Das Ende des Fortschritts. Zur Dekolonisierung der normativen Grundlagen der Kritischen Theorie. Frankfurt/M. 2019.

53 Vgl. Philipp Staab: Anpassung. Leitmotiv der nächsten Gesellschaft. Berlin 2022, S. 27: »Nicht mehr zu vermitteln ist die adaptive Gesellschaft hingegen mit einer klassisch-modernen Perspektive auf Fortschritt als gesellschaftlichem Projekt konstanter Perfektionierung, grenzenloser Selbstentfaltung und immer weiterer Erschließung, Gefügigmachung und Vernutzung von Zukunft durch ein heroisches Subjekt.« – Der Beleg zum Anfang des Absatzes Jonas: Prinzip Verantwortung, a. a. O., S. 292.

54 Forst: Rechtfertigung des Fortschritts, a. a. O., S. 119 und das Folgezitat dort S. 137. Vgl. schon meine Teilkritik an Forsts Rechtfertigungsorientierung in Heiner Hastedt: Toleranz. Stuttgart 2012, S. 69–73, die mit einer Überschätzung des Politischen in »normativen Ordnungen« einhergeht.

55 Peter Wagner: Fortschritt. Zur Erneuerung einer Idee. Frankfurt/M. 2018. Die folgende Bemerkung stammt von Axel Honneth dort in seiner Einleitung S. 12 als pointierte Zuspitzung von Wagners Position.

56 Mustergültig im offenen Umgang mit Empirie ohne ideologische Vorwegfixierung Abhijit V. Banerjee, Esther Duflo: Poor Economics. A Radical Rethinking of the Way to Fight Global Poverty. New York 2011 sowie Abhijit V. Banerjee, Esther Duflo: Good Economics for Hard Times. Better Answers to our Biggest Problems. New York 2019. – Die Folgebemerkung von Claus Offe erwähnt in Wagner: Fortschritt, a. a. O., S. 24.

57 Johan Norberg: Fortschritt. Ein Motivationsbuch für Weltverbesserer. München 2020, S. 21 und 77 für die folgende Einschätzung. Vgl. ebenfalls S. 21: »Die Wahrscheinlichkeit, dass ein Kind, das heute geboren wird, sein Rentenalter erlebt, ist höher als die Wahrscheinlichkeit unserer Vorfahren, ihren fünften Geburtstag zu feiern.« – Davor Hans Rosling (zusammen mit Ola Rosling und Anna Rosling Rönnlund): Factfulness. Ten Reasons we're wrong about the World – and why Things are better than you think. New York 2018. Siehe zum Beispiel S. 6 für die Tonlage des Buches: »Over the past twenty years, the proportion of the global population living in extreme poverty has halved. This is absolutely revolutionary. I consider it to be the most important change that has happened in the world in my lifetime. It is also a pretty basic fact to know about life on Earth. But people do not know it.« Vgl. ähnlich schwungvoll Angus Deaton: Der Große Aufbruch. Von Armut und Wohlstand der Nationen. Stuttgart 2017.

[58] Vgl. einige der aufgeführten Punkte sinngemäß schon in Heiner Hastedt: Wie aktuell sind Marx' Kernaussagen heute. Hat nur er einen Bart oder auch seine Philosophie? In: Udo Kern, Doris Neuberger (Hrsg.): Karl Marx. Aspekte seines Wirkens. Wiesbaden 2019, S. 43–59, dort S. 55 f. im Kontext von Vorbehalten gegen die Utopiekritik von Marx. Vgl. dagegen an diesem Punkt klassisch marxistisch Ernst Bloch: Das Prinzip Hoffnung. Zweiter Band. Frankfurt/M. [3]1976, S. 724, der sich zugunsten von Marx gegen die Utopien der Frühsozialisten ausspricht: »Die abstrakten Utopien hatten neun Zehntel ihres Raums dem Gemälde des Zukunftsstaats gewidmet und nur ein Zehntel der kritischen, der oft nur negativen Betrachtung des Jetzt. Dadurch wurde zwar das Ziel bunt und lebhaft gehalten, doch der Weg zu ihm soweit er in den gegebenen Verhältnissen liegen konnte, blieb versteckt. Marx setzte mehr als neun Zehntel seines Schrifttums an die kritische Analyse des Jetzt, und einen verhältnismäßig geringen Platz räumte er *Bezeichnungen* der Zukunft ein.«

5. Deutungen von Situationen in Theorie und Praxis (S. 69–80)

[59] Gert Scobel: Komplexität, Urteilskraft, Weisheit. Philosophische Probleme der politischen Heuristik. In: In: Karl-Rudolf Korte, Gert Scobel, Taylan Yildiz (Hrsg.): Heuristiken des politischen Entscheidens. Berlin 2022, S. 109–147, hier S. 110. Vgl. zum Satz danach Frank Riedel: Die Schuld der Ökonomen. Was Ökonomie und Mathematik zur Krise beitrugen. Berlin 2013, der die Finanz- und Wirtschaftskrise 2008 auch als Folge einer zu sehr an Quantifizierung und an vermeintlichem Gesetzeswissen orientierten geschichtsvergessenen Ökonomie versteht. – Die Bemerkung zum Praktischen der Theorie am Anfang des Kapitels findet sich auch in Dewey: Erneuerung der Philosophie, a. a. O., S. 44.

[60] Gerd Gigerenzer: Risiko. Wie man die richtigen Entscheidungen trifft. München 2014, S. 27 und vgl. S. 28 für die folgende Paraphrase und anschließend Gerd Gigerenzer: Homo Heuristicus. Entscheidungen unter Ungewissheit. In: Karl-Rudolf Korte, Gert Scobel, Taylan Yildiz (Hrsg.): Heuristiken des politischen Entscheidens. Berlin 2022, S. 25–43, hier S. 32. Vgl. S. 27: »Theorien, welche Ungewissheit als berechenbares Risiko behandeln, erzeugen Illusionen von Gewissheit.«

[61] Nassim Nicholas Taleb: Antifragile. Things that Gain from Disorder. New York 2012, S. 11: »Where simple is more sophisticated.« Vgl. Nassim Nicholas Taleb: The Black Swan. The Impact of the Highly Improbable. London 2008 (Erstpublikation schon 2007 vor der Verschärfung der Finanzkrise im Folgejahr). Siehe zum Folgenden Scobel: Komplexität, Urteilskraft, Weisheit, a. a. O., S. 109–147. Braucht übrigens die Wissenschaft, um Deutungsmacht zu entfalten, eine angemessene Form der »Trivialisierungskompetenz«,

wie sie angeblich von Birger Priddat an einem nicht aufzufindenden Ort gefordert wird?

62 Siehe Hermann Schmitz: Situationen und Konstellationen. Wider die Ideologie totaler Vernetzung. München 2005, S. 22: »Eine *Situation* im hier gemeinten Sinn ist charakterisiert durch Ganzheit (d. h. Zusammenhalt in sich und Abgehobenheit nach außen), ferner eine integrierende Bedeutsamkeit aus Sachverhalten, Programmen und Problemen und eine Binnendiffusion dieser Bedeutsamkeit in der Weise, dass die in ihr enthaltenen Bedeutungen (d. h. Sachverhalte, Programme, Probleme) nicht sämtlich – im präpersonalen Erleben überhaupt nicht – einzeln sind.« Der »Umgang mit Situationen« erfolgt für Schmitz, ebd. durch »leibliche Dynamik und leibliche Kommunikation«, was beispielsweise im Umgang mit der Ukraine-Krise höchstens im Teilmoment einer Erfahrbarkeit der Kriegsfolgen als einschlägig einzuschätzen ist, aber weniger beim situationsangemessenen Sondieren von Lösungen. – Die folgenden Zitate Hermann Schmitz: Der Leib, der Raum und die Gefühle. Ostfildern 1998, S. 7 und 9. – Die Belege davor Martin Heidegger: Was heißt Denken? Stuttgart 1992, S. 27 und Martin Heidegger: Sein und Zeit. Tübingen 1986 sowie Edmund Husserl: Die Lebenswelt. Auslegungen der vorgegebenen Welt und ihrer Konstitution. Dordrecht 2008, besonders S. 145 ff.

63 Isaiah Berlin: Wirklichkeitssinn: Ideengeschichtliche Untersuchungen. Berlin 1998, S. 68. Zu diesem Werk von Berlin hat Henning Ritter ein Vorwort unter dem Titel »Warum nicht noch ein wenig in der Luft bleiben? Isaiah Berlins Wagnisse« verfasst, das S. 15–30 die Gedanken Berlins oft weniger umständlich auf den Punkt bringt, als dies dem Autor selbst gelingt. So im Folgezitat dort S. 18. Am Ende des Absatzes Berlin: Wirklichkeitssinn, a. a. O., S. 62. Vgl. erneut aus dem Ritter-Vorwort S. 20 »Nie wird in seinen Essays ein Gedanke dargelegt, ohne dass er eingebettet erschiene in eine Situation oder eine konkrete Lebenslage. Auch im Gedanklichen ist die Situation alles« und ebenso S. 23 »Die Hingabe an ganz und gar abstrakte Probleme ist bei Berlin von einer ebenso rückhaltlosen Hingabe an konkrete Personen und Schicksale von Ideen abgelöst worden.«

64 Dewey: Erneuerung der Philosophie, a. a. O., S. 232 und S. 233 f. die folgenden Zitatbrocken sowie später im Absatz S. 235 f. und 242. – Arthur Koestler: Die Herren Call-Girls. Ein satirischer Roman. Frankfurt/M. 1985.

65 Genau zitiert lobt Keynes »die Gedanken der Ökonomen und Staatsphilosophen«, die einflussreicher seien, »als gemeinhin angenommen«, und ergänzt dann: »Die Welt wird in der Tat durch nicht viel anderes beherrscht. Praktiker, die sich ganz frei von intellektuellen Einflüssen glauben, sind gewöhnlich die Sklaven irgendeines verblichenen Ökonomen. Wahnsinnige in hoher Stellung, die Stimmen in der Luft hören, zapfen ihren wilden Irrsinn aus dem, was irgendein akademischer Schreiber ein paar Jahre vorher verfasste.« John Maynard Keynes: Allgemeine Theorie der Beschäftigung, des Zinses und des Geldes. Berlin [8]2000, S. 323.

[66] Dewey: Erneuerung der Philosophie, a.a.O., S.25, 35, 39 und 14 in der Reihenfolge der Zitatbrocken sowie anschließend Dewey: Suche nach Gewissheit, S.8.

[67] Siehe Kurt Flasch: Nikolaus von Kues in seiner Zeit. Ein Essay. Stuttgart 2004, S.74 f., für den seit Platon die »europäische Philosophie« gegen den »*homo-mensura*-Satz von Protagoras« unberechtigterweise »Gift und Galle spuckt«, wo doch der »Mensch« so »eine neue, eine erhöhte Stellung« bekommt, die sein »Erkennen« nicht mehr »primär passiv«, sondern mit Blick auf die »Welt der technischen und künstlerischen Produkte« als aktiv versteht. – Vgl. zuvor Winfried Schröder: Moralischer Nihilismus. Radikale Moralkritik von den Sophisten bis Nietzsche. Stuttgart 2005, 212: »Bis weit ins 19. Jahrhundert hinein standen die Sophisten in der Philosophiegeschichtsschreibung auf der Verliererseite«. – Die folgenden Zitate Thomas Buchheim: Die Sophistik als Avantgarde normalen Lebens. Hamburg 1986, S.130, 80 und 137. – Teile dieser Passagen zu den Sophisten sind stark gekürzt und überarbeitet übernommen aus Hastedt: Moderne Nomaden, a.a.O., S.67–70.

[68] Ludwig Wittgenstein: Philosophische Untersuchungen. Frankfurt/M. 1971, § 309, S.162.

[69] Wolfgang Wieland: Diagnose. Überlegungen zur Medizintheorie. Berlin, New York 1975, S.86 und die folgenden Aspekte auf S.86 f. 70. Vgl. Dewey: Erneuerung der Philosophie, a.a.O., S.251, für den bei der Bewältigung von Problemen nicht nur in der Medizin »das Entscheidende nicht« ist, »Fehler zu vermeiden, sondern sie unter Bedingungen zu machen, unten denen sie genutzt werden können, um daraus zu lernen«.

[70] Thomas S. Kuhn: Die Kopernikanische Revolution. Braunschweig, Wiesbaden 1981, S.140 und zuvor die Zitatbrocken S.187 und danach S.4. – Die Belege im späteren Teil des Absatzes Michel Foucault: Geschichte der Gouvernementalität II. Die Geburt der Biopolitik. Frankfurt/M. 2004, S.15 und Herbert Schnädelbach: Philosophie der Gegenwart – Gegenwart der Philosophie. In: Herbert Schnädelbach, Geert Keil (Hrsg.): Philosophie der Gegenwart – Gegenwart der Philosophie. Hamburg 1993, S.11–20, hier S.11.

[71] Idealtypisch Rainer Zitelmann: Kapitalismus ist nicht das Problem, sondern die Lösung. Eine Zeitreise durch fünf Kontinente. München 2018, aber in moderater Form findet sich die Apologie des Kapitalismus letztlich auch bei James Fulcher: Kapitalismus. Stuttgart [2]2011; Werner Plumpe: Das kalte Herz. Kapitalismus: Die Geschichte einer andauernden Revolution. Berlin 2019; Paul Collier: Sozialer Kapitalismus! Mein Manifest gegen den Zerfall unserer Gesellschaft. München 2019 und nicht zuletzt bei Luigi Zingales: A Capitalism for the People. Recapturing the Lost Genius of American Prosperity. New York 2012. – Zur Contra-Variante lassen sich mehr oder weniger direkt von Marx angeregt zählen: Joseph Vogl: Kapital und Ressentiment. Eine kurze Theorie der Gegenwart. München 2021; Thomas Piketty: Das Kapital

im 21. Jahrhundert. München [6]2015; Stephan Lessenich: Neben uns die Sintflut. Die Externalisierungsgesellschaft und ihr Preis. München 2016; Nancy Fraser: Der Allesfresser. Wie der Kapitalismus seine eigenen Grundlagen verschlingt. Berlin 2023; Kohei Saito: Systemsturz. Der Sieg der Natur über den Kapitalismus. München 2023 und auch Byung-Chul Han, der sich in seiner Gegenwartskritik stärker an Foucault als an Marx orientiert: Psychopolitik. Neoliberalismus und die neuen Machttechniken. Frankfurt/M. [2]2016. – Siehe zu Beginn der Passage Peter A. Hall., David Soskice (Hrsg.): Varieties of Capitalism. The Institutional Foundations of Comparative Advantage. Oxford 2001. Vgl. Fulcher: Kapitalismus, a. a. O., besonders S. 89 ff.

72 Siehe mit gegenteiliger Akzentsetzung Ulrike Herrmann: Das Ende des Kapitalismus. Warum Wachstum und Klimaschutz nicht vereinbar sind – und wie wir in Zukunft leben werden. Köln 2022 und danach erneut Otto: Dem »Prekariat« auf der Spur, a. a. O.

6. Urteilskraft und Reflexion im Praxistest (S. 81–91)

73 Luhmann: Macht im System, a. a. O., S. 93. Die Folgezitate S. 94 und 91. Vgl. S. 95: »Reflexive Macht kann von oben nach unten, aber auch von unten nach oben und vor allem auch in horizontalen Kommunikationsbahnen ausgeübt werden.«

74 Hans Blumenberg: Nachdenklichkeit. In: Heiner Hastedt (Hrsg.): Macht und Reflexion. Hamburg 2016, S. 41–45. Siehe S. 41 »Der Mensch … ist das Wesen, das zögert.« Die folgenden Zitate S. 42 f. und 45. Die Wiedergabe von Blumenbergs Gedanken ist hier angelehnt an meine Einleitung im genannten Band zu »Macht und Reflexion«, S. 20 f. – Vgl. Hampe: Lehren der Philosophie, a. a. O., der seine Kritik an den machtvollen »Lehren der Philosophie« ebenfalls so gebündelt hat, dass das sokratische Fragen wieder an Bedeutung gewinnt. Siehe im weiteren Verlauf des Absatzes als Beleg Foucault: Regierung des Selbst, a. a. O., S. 408.

75 Dewey: Suche nach Gewissheit, a. a. O., S. 227 f. Das Folgezitat ganz auf S. 228. Sowie später im Absatz Berlin: Wirklichkeitssinn, a. a. O., S. 107.

76 Arendt: Eichmann in Jerusalem, a. a. O., S. 22 f. sowie die folgenden Paraphrasen dort S. 126 sowie 212 ff. und das erneute Zitat S. 199, dessen Beobachtung zugespitzt wird auf eine in Nazi-Deutschland bis in die Unter- und Mittelschicht reichende Begünstigung bei Götz Aly: Hitlers Volksstaat. Raub, Rassenkrieg und nationaler Sozialismus. Bonn 2014.

77 Hannah Arendt: Das Urteilen. München [6]2021, S. 27 und davor die Gesichtspunkte S. 35 und 13. Es fällt Berlin: Wirklichkeitssinn, a. a. O., S. 110 genau wie Arendt schwer, die politische Urteilskraft prinzipiell zu fassen, wenn er ebenfalls nur formal ausführt: »Vernünftig zu sein, ein gutes Urteilsvermögen an den Tag zu legen, in welchem Lebensbereich auch immer, bedeutet,

jene Methoden anzuwenden, die im jeweiligen Bereich nachweislich am besten funktionieren.«

78 Hermann Lübbe: Politischer Moralismus. Der Triumph der Gesinnung über die Urteilskraft. Berlin 1987, S. 17 und im Folgeabsatz Wilfried von Bredow, Thomas Noetzel: Politische Urteilskraft. Wiesbaden 2009, S. 30 und dann mit den Beispielen S. 18 ff.

79 Siehe Klaus Michael Meyer-Abich: Was es bedeutet, gesund zu sein. Philosophie der Medizin. München 2010. Vgl. für den ganzen Kontext Edwin Hutchins: Cognition in the Wild. Cambridge 1995 und zuvor Bernd Greiner: Die Kuba-Krise. Die Welt an der Schwelle zum Atomkrieg. München 2010 sowie zur späteren Weiterentwicklung der Entscheidungstheorie ausgehend vom *tit for tat* Robert Axelrod: The Evolution of Cooperation. Cambridge/Massachusetts 1984.

80 David van Reybrouck: Gegen Wahlen. Warum Abstimmen nicht demokratisch ist. Göttingen [7]2021, S. 24 und 15. Sowie die Folgezitate S. 16 und 21.

81 Colin Crouch: Postdemokratie. Frankfurt/M. [12]2015, S. 13 und 33. Sowie S. 10 und 33 für die Folgezitate. Vgl. Ingolfur Blühdorn: Simulative Demokratie. *Neue Politik* nach der postdemokratischen Wende. Berlin [2]2013.

82 Davies: Nervöse Zeiten, a. a. O., S. 313. Vgl. S. 41: »Während Unternehmen die Macht der Bilder eifrig für ihre Zwecke einspannten, fixierten sich die Politiker weiterhin unbedarft auf das Wort als dem wichtigsten Vehikel, um öffentliche Stimmungen zu beeinflussen.«

83 In Frankreich findet – wie mir scheint – stärker als in Deutschland bei Sahra Wagenknecht ein solcher Populismus im Wirken von Jean-Luc Mélenchon sein Echo, wenn dieser mit Marine Le Pens Rechtspopulismus am gleichen Strang gegen eine Politik der Mitte zieht. Vgl. Didier Eribon: Rückkehr nach Reims. Berlin [7]2016, der die Wanderung von links nach rechts auch vor dem Hintergrund seiner eigenen Familie beschreibt. – Die Belege davor Chantal Mouffe: Für einen linken Populismus. Berlin 2018, S. 16, 27, 32. Vgl. S. 47, wonach für Mouffe das Ziel die »Umwälzung der bestehenden hegemonialen Ordnung« ist, ohne die »liberalen, demokratischen Institutionen zu zerstören«, und S. 93 Einwände vorwegnehmend: »Es steht zu erwarten, dass diese linkspopulistische Strategie von jenen Sektoren auf der Linken gebrandmarkt werden wird, die Politik nach wie vor auf den Gegensatz von Kapital und Arbeiterschaft reduzieren und der als Vehikel für die sozialistische Revolution dargestellten Arbeiterklasse einen ontologischen Vorrang einräumen« und S. 32 »In ihren postpolitischen Dogmen gefangen und unwillig, ihre Fehler zuzugeben, können sie [die sozialdemokratischen Parteien] nicht erkennen, dass viele der von rechtspopulistischen Parteien artikulierten Forderungen demokratische Forderungen sind, die einer progressiven Antwort bedürfen.« Vgl. Chantal Mouffe: Eine Grüne demokratische Revolution. Linker Populismus und die Kraft der Affekte. Berlin 2023. – Siehe indirekt gegen Mouffe mit seiner Skepsis gegenüber dem Konzept der Volkssouveränität Ulrich Stein-

vorth: Unterdrückung durch Beglückung. Eine liberale Revision der politischen Philosophie. Hamburg 2023.

[84] Siehe zur Vertiefung einiger Aspekte Nicola Gess: Halbwahrheiten. Zur Manipulation von Wirklichkeit. Berlin 2021. – Dirk Oschmann: Der Osten: eine westdeutsche Erfindung. Berlin [9]2023. – Ruud Koopmans: Die Asyl-Lotterie. Eine Bilanz der Flüchtlingspolitik von 2015 bis zum Ukraine-Krieg. München 2023. – Steffen Greiner: Die Diktatur der Wahrheit. Eine Zeitreise zu den ersten Querdenkern. Berlin 2022 mit historischen Untersuchungen zu »spirituell-rationalitätskritischen Bewegungen«. – Jürgen Habermas (im Interview): Für eine demokratische Polarisierung. Wie man dem Rechtspopulismus den Boden entzieht. In: Blätter für deutsche und internationale Politik. 61. Jahrgang, Heft 11/2016. – Vgl. insgesamt Ralf Dahrendorf: Acht Anmerkungen zum Populismus (2003). https://www.aspeninstitute.de/wp-content/uploads/A4_FNF_DAHRENDORF_lay.pdf (zuletzt abgerufen am 2. Juni 2023).

[85] Davies: Nervöse Zeiten, a. a. O., S. 44. Das folgende Zitat S. 352 als Schlussstatement des ganzen Buches sowie abschließend S. 31.

7. Emotionen, *nudges* und Institutionen angesichts menschlicher Verletzlichkeit (S. 93–106)

[86] Liya Yu: Vulnerable Minds. The Neuropolitics of Divided Societies. New York 2022, S. XII: »a neuropolitical theory of exclusion constructs its notion of inclusion not merely on moral but also biological grounds, situated in our shared social brain capacities«. Siehe anders profiliert und von der Intention her auf die Stärkung des Wohlfahrtsstaates zielend Judith Butler: Gefährdetes Leben. Politische Essays. Frankfurt/M. 2005, u. a. S. 165 in Auseinandersetzung mit Emanuel Lévinas, der das »Gesicht des Anderen« und somit »die vom Anderen gestellte Forderung« als »Vokalisierung der Qual« zum Wecken für die »Gefährdetheit des Lebens des Anderen« herausstellt. Vgl. Judith Butler: Gefährdetes Leben, Verletzbarkeit und die Ethik der Kohabitation. In: Deutsche Zeitschrift für Philosophie, 60. Jg., 2012, S. 691–704 sowie Martin W. Schnell: Das Ethische und das Politische. Sozialphilosophie am Leitfaden der Vulnerabilität. Weilerswist 2020 und Catriona Mackenzie, Wendy Rogers, Susan Dodds (Hrsg.): Vulnerability. New Essays in Ethics and Feminist Philosophy. New York, Oxford 2014. Der weiter unten folgende Gesichtspunkt in Yu: Vulnerable Minds, a. a. O., S. XVI: »I realized with a rising rage that this outright refusal of the cognitive [brain] perspective stems from a place of simple privilege and existential luxury«.

[87] Svenja Flaßpöhler: Sensibel. Über moderne Empfindlichkeit und die Grenze des Zumutbaren. Stuttgart 2021, S. 201. Das Zitat davor S. 207.

[88] Die Belege des ganzen Absatzes der Reihe nach aus Martha C. Nussbaum: Politische Emotionen. Warum Liebe für Gerechtigkeit wichtig ist. Ber-

lin 2014, S. 13 (zweimal), 14, 32, 337 (zweimal), 314 und 318 f. Siehe schon Martha C. Nussbaum: Gerechtigkeit oder das gute Leben. Frankfurt/M. 1999, wo sie sich S. 137 dagegen ausspricht, Gefühle ausschließlich als »irrationale, unreflektierte Energien« zu verstehen. Vgl. zum Patriotismus Richard Rorty: Stolz auf unser Land. Die amerikanische Linke und der Patriotismus. Frankfurt/M. 1999.

[89] Mouffe: Für einen linken Populismus, a. a. O., S. 95 und 98. Davor Judith N. Shklar: Über Ungerechtigkeit. Erkundungen zu einem moralischen Gefühl. Berlin 2021, S. 142 und 147. Vgl. erneut Butler, Gefährdetes Leben, a. a. O. und ergänzend Davies, a. a. O., S. 82: »Wissen ist vom Fühlen nicht mehr klar getrennt. Die politische Kraft der Massen dringt schleichend in Räume vor, die einstmals den Fachleuten und offiziellen Vertretern vorbehalten waren – mit vielen erschreckenden Konsequenzen, aber wohl auch mit manchen erwünschten.«

[90] Siehe bereits Heiner Hastedt: Gefühle. Philosophische Bemerkungen. Stuttgart 2005 in Weiterentwicklung und Zuspitzung von Heiner Hastedt: Das Leib-Seele-Problem. Zwischen Naturwissenschaft des Geistes und kultureller Eindimensionalität. Frankfurt/M. 1988. Emotionen sehe ich in dem erstgenannten Buch als Teilgruppe der Gefühle an; im hiesigen Kontext wird zwischen Emotionen und Gefühlen kein Unterschied gemacht. Vgl. Dewey: Erneuerung der Philosophie, a. a. O., S. 255, der jenseits des Politischen auf zivilgesellschaftliche Motivationen zur Stützung der Vernunft hinweist, die die Trennung der »Intelligenz von der Hoffnung« überwinden. – Siehe zuvor besonders Adam Smith: Theorie der ethischen Gefühle. Hamburg 1994. Vgl. Carola Meier-Seethaler: Gefühl und Urteilskraft. Ein Plädoyer für die emotionale Vernunft. München 1997, S. 34 ff., die historisch Stationen einer Gefühlsphilosophie nachzeichnet und ihre Darstellung bereits im 17. Jahrhundert mit Blaise Pascals »Logik des Herzens« beginnt. – Der Beleg für die Zitatbrocken am Ende dieses Absatzes Antonio R. Damasio: Descartes‹ Irrtum. Fühlen, Denken und das menschliche Gehirn. München, Leipzig 1995, S. 13. – Warum gibt es biologisch gesehen überhaupt Gefühle? Antonio R. Damasio: Der Spinoza-Effekt. Wie Gefühle unser Leben bestimmen. München 2003, S. 209 f. gibt eine Antwort: »Gefühle helfen uns, schwierige Probleme zu lösen, die Kreativität und Urteilsfähigkeit verlangen und Entscheidungsprozesse erforderlich machen, in deren Verlauf umfangreiche Wissensmengen abgerufen und manipuliert werden müssen. … Wenn Gefühle dem Selbst eines Organismus, das diese entwickelt, bewusst werden, verbessern und verstärken sie die Prozesse der Steuerung der Lebensvorgänge. … Die effektivste Lösung von schwierigen Problemen verlangt Flexibilität und eine sinnvolle Zusammenstellung von Informationen. Das können nur mentale Prozesse und die geistige Besorgnis, die durch Gefühle geweckt wird, leisten.«

[91] Flaßpöhler: Sensibel, a. a. O., S. 210 und 212. Vgl. S. 213 den Schlusssatz des Buches: »Die Resilienz ist nicht die Feindin, sondern die Schwester der Sensi-

bilität. Die Zukunft meisten können sie nur gemeinsam.« Siehe auch Richard Sennett: Verfall und Ende des öffentlichen Lebens. Die Tyrannei der Intimität. Frankfurt/M. 1983.

92 Arnold Gehlens »Mängelwesen« wird in dieser Formulierung mit Helmuth Plessners »exzentrischer Positionalität« verbunden. Siehe Gehlen, Arnold: Der Mensch. Seine Natur und seine Stellung in der Welt. Wiesbaden [13]1986 und Helmuth Plessner: Die Stufen des Organischen und der Mensch. Einleitung in die philosophische Anthropologie. Gesammelte Schriften IV. Frankfurt/M. 1981.

93 Daniel Kahneman: Schnelles Denken, langsames Denken. München 2012, S. 21 und die folgenden Erläuterungen mit den Zitatbrocken dort S. 33. Die Formulierungen dieses Absatzes sind teilweise übernommen aus Heiner Hastedt: Reflexion der Macht und Macht der Reflexion. In: Heiner Hastedt (Hrsg.): Macht und Reflexion. Hamburg 2016, S. 17–40. Vgl. Daniel Kahneman, Olivier Sibony, Cass R. Sunstein: Noise. Was unsere Entscheidungen verzerrt und wie wir sie verbessern können. München 2021, wo im Kontext zahlreicher anderer Beispiele S. 23 aufgezeigt wird, dass Jugendrichter montags strenger urteilen, wenn die lokale Footballmannschaft am Wochenende davor ein Spiel verloren hat.

94 Richard H. Thaler, Cass R. Sunstein: Nudge. Wie man kluge Entscheidungen anstößt. Berlin [15]2019, S. 15. Auf der Beispielebene heißt es dann: »Das Obst in der Kantine zu drapieren zählt als Nudge. Junkfood aus dem Angebot zu nehmen hingegen nicht.« Vgl. mit seinem Konzept vom Außenhalt David Riesman: Die einsame Masse. Eine Untersuchung der Wandlungen des amerikanischen Charakters. Darmstadt 1956.

95 Thaler, Sunstein: Nudge, a. a. O., S. 107. Das Folgezitat dort S. 110.

96 Nussbaum: Gerechtigkeit oder das gute Leben, a. a. O., u. a. S. 136. Vgl. Martha C. Nussbaum: Konstruktion der Liebe, des Begehrens und der Fürsorge. Drei philosophische Aufsätze. Stuttgart 2002.

97 Robert Klitgaard: Controlling Corruption. Berkeley, Los Angeles, London 1988, S. 69: »An agent will be corrupt when in her judgment her likely benefits from doing so outweigh the likely costs«. Siehe den Kontext bei Klitgaard: Controlling Corruption, a. a. O., S. 46 ff. und meine Rezeption seiner hier verallgemeinerten Gedanken in Hastedt: Macht der Korruption, a. a. O., S. 55 f. Vgl. kontrastiv zur Korruption Bollongino u. a. (Hrsg.): Umkämpftes Gemeinwohl, a. a. O.

98 Siehe in der Reihenfolge dieses Absatzes die Belege Jonas: Prinzip Verantwortung, a. a. O., S. 382, 383, 386, 10, 55, 390, 250, 255 sowie S. 58 die Verharmlosung der Ökodiktatur.

99 Arnold Gehlen: Urmensch und Spätkultur. Philosophische Ergebnisse und Aussagen. Wiesbaden [5]1986, S. 8. Das Folgezitat dort S. 42. Vgl. S. 43: »Die allen Institutionen wesenseigene Entlastungsfunktion von der subjektiven Motivation und von dauernden Improvisationen fallweise zu vertretender

Entschlüsse ist eine der großartigsten Kultureigenschaften, denn diese Stabilisierung geht … bis in das Herz unserer geistigen Positionen.« – Die Grundzüge seiner Anthropologie in Gehlen: Der Mensch, a. a. O. – Die von Gehlen in Gestalt von Institutionen unterstützten Stabilisierungen werden philosophisch anspruchsvoller in Hegels Trias von Moralität, Legalität und Sittlichkeit im Zusammenspiel von Individuen, Gesellschaft und Staat erschlossen. In meiner Ausarbeitung Hastedt: Macht der Korruption, a. a. O., S. 67–97 habe ich Hegels Gedanken breiten Raum gegeben, um in der Verbindung der drei Elemente seiner Trias deren zusammenwirkendes Veränderungspotential – in diesem Fall zur Korruptionsüberwindung – zu sondieren. Vgl. Georg Wilhelm Friedrich Hegel: Grundlinien der Philosophie des Rechts oder Naturrecht und Staatswissenschaft im Grundrisse. Mit Hegels eigenhändigen Notizen und den mündlichen Zusätzen. Werke Band 7. Frankfurt/M. 1986.

100 Gehlen, Urmensch und Spätkultur, a. a. O., S. 43: »Wenn Institutionen im Geschiebe der Zeiten in Verfall geraten, abbröckeln oder bewusst zerstört werden, fällt diese Verhaltenssicherheit dahin, man wird mit Entscheidungszumutungen gerade da überlastet, wo alles selbstverständlich sein sollte.« Zuvor das Konsumieren auf S. 8 und 259, wo schon sich an Veränderungen anpassende Institutionen gedanklich in die Nähe des kritisierten Abbröckelns gerückt werden.

101 Thaler, Sunstein: Nudge, a. a. O., S. 18 f. Vgl. dort S. 215: »Je mehr Auswahl man den Menschen gibt, desto mehr Hilfestellung muss man für den Entscheidungsprozess anbieten.« Siehe für das Folgende Arnold Gehlen: Moral und Hypermoral. Eine pluralistische Ethik. Wiesbaden [5]1986, S. 144.

102 Han: Was ist Macht, a. a. O., S. 57. Vgl. S. 62: »Die Macht wird dort gleichsam unverwüstlich, wo sie als *Niemandes* Macht wahrgenommen, d. h. nicht *eigens* wahrgenommen wird.« Han: Psychopolitik, a. a. O., S. 25 wählt die gleichgerichtete Formulierung »Je größer die Macht ist, desto stiller wirkt sie« und merkt S. 26 zugleich kritisch an: »Die Machttechnik des neoliberalen Regimes nimmt eine subtile, geschmeidige, smarte Form an und entzieht sich jeder Sichtbarkeit.«

8. Endlichkeit und *empowerment* bei der Wende zum existentiell Möglichen (S. 107–120)

103 Hans Blumenberg: Arbeit am Mythos. Frankfurt/M. 1979, S. 9 für die erste Satzhälfte; dann Hans Blumenberg: Lebenszeit und Weltzeit. Frankfurt/M. 1986, S.73 und das Folgezitat dort S. 75. Siehe später im Absatz zum Anthropozän Jan Zalasiewicz u. a. (Hrsg.): The Anthropocene as a Geological Time Unit. A Guide to the Scientific Evidence and Current Debate. Cambridge 2019 und Jürgen Manemann: Kritik des Anthropozäns. Plädoyer für eine neue Humanökologie. Bielefeld 2014.

[104] Immanuel Kant: Idee zu einer allgemeinen Geschichte in weltbürgerlicher Absicht. In: Immanuel Kant: Schriften zur Anthropologie, Geschichtsphilosophie, Politik und Pädagogik 1. Werkausgabe Band XI. Frankfurt/M. 1977, S. 31–50, dort S. 41: »Aus so krummem Holze, als woraus der Mensch gemacht ist, kann nichts ganz Gerades gezimmert werden.«

[105] Marquard: Abschied vom Prinzipiellen, a. a. O., S. 8. Siehe zuvor Ernst-Wilhelm Händler: Kongress. München 1998, S. 148.

[106] Heinrich Heine: Zur Geschichte der Religion und Philosophie in Deutschland. In: Heinrich Heine: Sämtliche Schriften. Band 5: Schriften 1831–1837. Frankfurt/M. u. a. 1981, S. 505–641, dort die Zitatbrocken S. 595 und 604. – Die folgende klassische Stelle Immanuel Kant: Kritik der reinen Vernunft. Hamburg 1998, S. 21 (B XVI); vgl. schon S. 19 (B XIII) »dass die Vernunft nur das einsieht, was sie selbst nach ihrem Entwurfe hervorbringt.«

[107] Richard Rorty: Der Spiegel der Natur. Eine Kritik der Philosophie. Frankfurt/M. 1981, S. 14 und zuvor S. 18. Bei dieser Bezugnahme auf Rorty ist allerdings zu beachten, dass dieser den Universalismus in seiner Vernachlässigung der kulturellen Vielfalt bei Kant kritisiert und weniger dessen kopernikanische Wende und die Aufwertung des Empirischen in der Metaphysikkritik. Siehe für das Folgende Friedrich Kambartel: Philosophie der humanen Welt. Abhandlungen. Frankfurt/M. 1989, S. 149.

[108] Foucault: Ordnung der Dinge, a. a. O., S. 26 sowie S. 27 mit der expliziten Formulierung eines historischen Apriori.

[109] Donna Haraway: Situated Knowledge. The Science Question in Feminism and the Privilege of Partial Perspective. In: Feminist Studies, Band 14, 1988, S. 575–599, hier S. 583: »The moral is simple: only partial perspective promises objective vision.«

[110] Haraway: Situated Knowledge, a. a. O., S. 584: »The alternative to relativism is partial, locatable, criticial knowledges sustaining the possibility of webs of connections called solidarity in politics and shared conversation in epistemology. … Relativism ist the perfect mirror twin of totalization in the ideologies of objectivity; both deny the stakes in location, embodiment, and partial perspective; both make it impossible to see well.«

[111] Haraway: Situated Knowledge, a. a. O., S. 579: »Feminists have to insist on a better account of the world; it is not enough to show radical historical contingency and modes of construction for everything.« Vgl. S. 581: »Feminist objectivity means quite simply *situated knowledges*.«

[112] Siehe die beiden folgenden Belegstellen in Haraway: Situated Knowledge, a. a. O., S. 590 und 500: »Rational knowledge is power-sensitive conversation. … We need the power of modern critical theories of how meanings and bodies get made, not in order to deny meanings and bodies, but in order to build meanings and bodies that have a chance for life.«

[113] David van Reybrouck: Kongo. Eine Geschichte. Berlin 2012, S. 334. Vgl. jetzt David van Reybrouck: Revolusi. Indonesien und die Entstehung der mo-

dernen Welt. Berlin 2022 und der Beleg für das Folgende Oschmann: Der Osten, a. a. O.

[114] Jean-Paul Sartre: Der Existentialismus ist ein Humanismus. In: Jean-Paul Sartre: Philosophische Schriften I. Reinbek 1994, S. 121. Der ganze Vortrag dort S. 117–155. – Auch wenn in der Kontrastierung zu Albert Camus von Sartre als politischem Philosophen nicht viel zu halten ist, bleibt er als existenzphilosophischer Freiheitsphilosoph wichtig. Siehe Heiner Hastedt: Sartre. Leipzig 2005 und vgl. Hastedt, Macht der Korruption, a. a. O., wo der folgende Absatz S. 64 f. ebenfalls schon recycelt auftaucht. Die Belege für die folgenden Zitate Jean-Paul Sartre: Das Sein und das Nichts. Versuch einer phänomenologischen Ontologie. Reinbek 1993, S. 836, 834 und 838. Vgl. insgesamt zu meiner Interpretation von Sartres Freiheitsphilosophie die ähnliche Konzeption von Peter Bieri: Das Handwerk der Freiheit. Über die Entdeckung des eigenen Willens. München 2001.

[115] David Hume: A Treatise of Human Nature. Oxford 1978, S. 469: »I have always remark'd, that the author proceeds for some time in the ordinary way of reasoning, and establishes the being of a God, or makes observations concerning human affairs; when of a sudden I am surpriz'd to find, that instead of the usual copulations of propositions, *is*, and *is not*, I meet with no proposition that is not connected with an *ought*, or an *ought not*.«

[116] Vgl. Georg Büchner: Dantons Tod. In: Georg Büchner: Werke und Briefe. München 1965, S. 5–63, dort S. 42 mit der zur Entlarvung geeigneten Formulierung »Geht einmal euren Phrasen nach bis zu dem Punkt, wo sie verkörpert werden.« Siehe zum Folgenden Bernard Williams: Ethics and the Limits of Philosophy. London, New York 2011. Vgl. Bernard Williams: In the Beginning was the Deed. Realism and Moralism in Political Argument. Princeton 2008.

[117] Michael Walzer: Über Toleranz. Von der Zivilisierung der Differenz. Hamburg 1998. Die Zitate dort vom Beginn des Absatzes S. 49, 9 und 16 ergänzt um S. 308 und 30 aus Michael Walzer: Zweifel und Einmischung. Gesellschaftskritik im 20. Jahrhundert. Frankfurt/M. 1991. – Das folgende Zitat Dewey: Die Suche nach Gewissheit, a. a. O., S. 43. Vgl. Joseph A. Schumpeter: Kapitalismus, Sozialismus und Demokratie. Tübingen [8]2005, S. 237 mit der Charakterisierung von Intellektuellen und deren »Fehlen einer direkten Verantwortlichkeit für praktische Dinge« und dem »Fehlen jener Kenntnisse aus erster Hand, wie sie nur die tatsächliche Erfahrung geben kann«, was für ihn nach S. 250 in der direkten »Beziehung zwischen der Gruppe der Intellektuellen und der Bürokratie« begründet liegt.

[118] Amartya Sen: Die Idee der Gerechtigkeit. München 2010, S. 256. Die folgenden Zitate dort S. 259, 260 und 262. Davor ergänzend Amartya Sen: Ökonomie für den Menschen. Wege zu Gerechtigkeit und Solidarität in der Marktwirtschaft. München 2000. Vgl. Martha C. Nussbaum: Fähigkeiten schaffen: neue Wege zur Verbesserung menschlicher Lebensqualität. München 2015

und vgl. Takeo Doi: Amae. Freiheit in Geborgenheit. Zur Struktur japanischer Psyche. Frankfurt/M. 1982, der anders, als der Untertitel im Deutschen suggeriert, nicht nur für Menschen in Japan unterstreicht, dass Geborgenheit als Voraussetzung für Freiheit und Fähigkeitenentwicklung zu denken ist.

119 Martha C. Nussbaum: Die Grenzen der Gerechtigkeit. Behinderung, Nationalität und Spezieszugehörigkeit. Berlin 2010, S. 112–114. Vgl. eine der älteren Listen leicht variiert in Martha C. Nussbaum: Gerechtigkeit oder das gute Leben. Frankfurt/M. 1999, S. 200–202.

120 E. F. Schumacher: Small is Beautiful. Die Rückkehr zum menschlichen Maß. Reinbek 1977, S. 61 und 143. Vgl. Andrew McAfee: More from Less. The Surprising Story of how we Learned to Prosper Using fewer Ressources – and what Happens next. London 2019.

9. Möglichkeits- und Wirklichkeitssinn: Können wir Fortschritt? (S. 121–139)

121 Schularick: Der entzauberte Staat, a. a. O., S. 124.

122 Stefan Schulz: Die Altenrepublik. Wie der demographische Wandel unsere Zukunft gefährdet. Hamburg 2022. Vgl. zuvor schon den Möglichkeitssinn in der Abgrenzung zum Wirklichkeitssinn bei Robert Musil: Der Mann ohne Eigenschaften. Reinbek 1981, S. 16 f.

123 Siehe Berlin: Wirklichkeitssinn, a. a. O., S. 76: »Pläne für eine Verbesserung der Menschheit, von den revolutionärsten und radikalsten bis hin zu den behutsamsten Reformen, setzen gewisse Kenntnisse über die Mechanismen des menschlichen Lebens voraus und zusätzlich eine Hypothese über die möglichen Konsequenzen dieser oder jener Handlungen.« Vgl. S. 79 Berlins »Misstrauen gegenüber Intellektuellen und Doktrinären«, die das »komplexe Geflecht des menschlichen Lebens zu stark vereinfachen« und vgl. Ritter in seinem Vorwort, S. 26: »Durch pragmatische Politik und nüchterne Menschenkenntnis könnte Wirklichkeit werden, was in seiner visionären Zuspitzung an der Realität zerbrochen wäre und was immer wieder die Gefahr heraufbeschwor, sich ihr zu entfremden.« – Vgl. zum Folgenden mit der Verbindung von normativem Individualismus und deskriptivem Holismus schon Heiner Hastedt: Der Wert des Einzelnen. Eine Verteidigung des Individualismus. Frankfurt/M. 1998.

124 David Graeber: Bürokratie. Die Utopie der Regeln. Stuttgart 2016, S. 10 und die Folgezitate S. 11 und 13. Die Gesichtspunkte dazwischen S. 29 und 40 f. Vgl. Foucault, Gouvernementalität, a. a. O. mit einer ausführlicheren Untersuchung des Zusammenhangs von Staat und Markt.

125 Siehe Ariane Leendertz: Der erschöpfte Staat. Eine andere Geschichte des Neoliberalismus. Hamburg 2022, die als Historikerin nachweist, wie sehr sich sogenannte Neoliberale zunächst durchaus überzeugend von Symptomen

eines überforderten Staates in der sogenannten »Urban Policy« in der zweiten Hälfte des 20. Jahrhunderts haben beeindrucken lassen, ohne zugleich spätere Fehlentwicklungen und – wie ich ergänzen würde – absehbare Schwächen bei unbegrenzten Märkten zu antizipieren. Vgl. erneut Pistor, Der Code des Kapitals, a. a. O., wo eindrücklich transparent wird, wie intensiv der thematisierte Code durch die juristische Deutungsmacht von Bürokratien in der Interessenwahrnehmung gestaltet und oft geradezu deformiert wird. – Siehe zum folgenden Gesichtspunkt der kommunitaristisch verstehbaren Zivilgesellschaft Raghuram Rajan: The Third Pillar. How Markets and the State leave the Community behind. London 2019.

126 Gleichermaßen würde es sich lohnen, beispielsweise über das Zugleich von zu wenig Flexibilität und zu viel Prekärem beim Mangel an bezahlbarem Wohnraum besonders in deutschen Metropolen unbefangen jenseits einer Markt- oder Staatsfixierung nachzudenken: Die gegenwärtige Lage ist von Fehlanreizen zugunsten eines Luxuswohnens und eines Hortens von Wohnraum sowie einer bürokratischen Verhinderung des Bauens wegen fehlender Flächen und überzogener Baustandards in Details unter Blockierung von alternativen Fertigungstechniken geprägt, die im Ergebnis – wieder sehr konservativ – auf dem Mietmarkt Langzeitbewohner auf Kosten der mobil neu Zuziehenden begünstigt. Während Menschen mit wenig Einkommen es unnötig schwer haben, eine Wohnung zu finden, werden Eigentumsbildungen ebenso wie Mietverträge im Bestand von Wohlhabenden mit übergroßen Wohnungen unnötig subventioniert.

127 Achim Wambach: Klima muss sich lohnen. Ökonomische Vernunft für ein gutes Gewissen. Freiburg 2022, S. 121 und ebenso der folgende Zitatbrocken. Zuvor in diesem Absatz zu Wambach die Zitate und aufgenommenen Gesichtspunkte S. 56, 16, 102, 42, 23 und 120. Vgl. Horst von Buttlar: Das grüne Jahrzehnt. Wie die Klimakrise die Wirtschaft revolutioniert. München [2]2022 und Monika Rößiger: Die Wasserstoff-Wende. So funktioniert die Energie der Zukunft. Hamburg 2022.

128 Siehe Felix Ekardt: Das Prinzip Nachhaltigkeit. Generationengerechtigkeit und globale Gerechtigkeit. München [2]2010, S. 231. Vgl. sein Plädoyer für die Erzeugung von Veränderungsdruck in allen Bereichen der Gesellschaft Felix Ekardt: Wir können uns ändern. Gesellschaftlicher Wandel jenseits von Kapitalismuskritik und Revolution. München 2017.

129 Gigerenzer: Homo Heuristicus, a. a. O., S. 37. Vgl. S. 43: »Effiziente, einfache Regeln sind das Produkt von Millionen von Jahren evolutionären Lernens in einer unsicheren Welt.« Vgl. erneut Schularick: Der entzauberte Staat, a. a. O., u. a. S. 125.

130 Siehe Collier: Sozialer Kapitalismus, a. a. O., S. 177–213 unter der Überschrift »Die geografische Spaltung: Boomende Metropole, niedergehende Städte«

131 Friedrich A. von Hayek: Die Verfassung der Freiheit. Tübingen [4]2005,

S. 30. Das Folgezitat dort S. 36. Vgl. sehr viel ausführlicher Heiner Hastedt: Hayeks Sozialphilosophie: Neoliberaler Mainstream oder Quertreiberei? In: Emmanuel Alloa, Michael G. Festl u. a. (Hrsg.): Quertreiber des Denkens. Dieter Thomä – Werk und Wirken. Bielefeld 2019, S. 159–176. – Das spätere Zitat aus dem Spätwerk Friedrich A. von Hayek: Recht, Gesetz und Freiheit. Eine Neufassung der liberalen Grundsätze der Gerechtigkeit und der politischen Ökonomie. Tübingen 2003, S. 158. Vgl. Holm Friebe: Die Stein-Strategie. Von der Kunst nicht zu handeln. München 2013 sowie Frank Anechiarico, James B. Jacobs: The Pursuit of Absolute Integrity. How Corruption Control makes Government Ineffective. Chicago, London 1996. Hier wieder aufgegriffen aus Hastedt, Macht der Korruption, a. a. O., S. 72 f.

132 Han: Psychopolitik, a. a. O., S. 21. – Siehe zur systemtheoretischen Eingrenzung des Politischen Niklas Luhmann: Die Politik der Gesellschaft. Frankfurt/M. 2002 sowie Niklas Luhmann: Die Gesellschaft der Gesellschaft. Frankfurt/M. 1997. – Siehe danach Shklar: Ganz normale Laster, a. a. O., S. 273 mit ihrer anspruchsvollen Anforderung: »Die liberale Demokratie besteht aus mehr als nur einer Reihe politischer Prozedere. Sie ist eine Kultur von Subkulturen, eine Tradition von Traditionen, und sie vertritt ein Ethos entschiedener Vielfalt. Sie bürdet uns allen enorme Wahlmöglichkeiten auf und man sollte erkennen, dass sie höchste Anforderungen an uns stellt.«

133 Oskar Wilde hat diese Formulierung nach meinem Kenntnisstand auf den Sozialismus bezogen. Vielleicht handelt es sich auch nur wie bei anderen Bonmots um eine Art Wanderdüne, da ich eine entsprechende Stelle in seinem Text »Der Sozialismus und die Seele des Menschen« nicht verifizieren konnte. Siehe auch die Erörterung eines grundsätzlichen Wechsels von politischer Über- und Unterforderung im Leben von Menschen und Gesellschaften Albert O. Hirschman: Engagement und Enttäuschung. Über das Schwanken der Bürger zwischen Privatwohl und Gemeinwohl. Frankfurt/M. 1984. Dazu im Kontrast Hannah Arendt: Über die Revolution. München, Zürich [3]1986 und Gertrude Lübbe-Wolff: Demophobie – Muss man die direkte Demokratie fürchten? Frankfurt/M. 2023, die eindrücklich Grundsatzeinwände gegen Volksabstimmungen entkräftet.

134 Patricia Nanz, Claus Leggewie: Die Konsultative: mehr Demokratie durch Bürgerbeteiligung. Berlin 2016, S. 90. Die folgende Zusammenfassung nach S. 56. Vgl. anders ausgerichtet und theoretisch anspruchsvoller Volker Gerhardt: Partizipation: das Prinzip der Politik. München 2007 sowie Volker Gerhardt: Öffentlichkeit: die politische Form des Bewusstseins. München 2012.

135 Reybrouck: Gegen Wahlen, a. a. O., S. 115. Die Zitate davor finden sich auf S. 60, 47 und erneut auf S. 60. Ganz praktisch mit Wirklichkeitssinn propagiert der Autor nicht eine sofortige Abschaffung von Wahlen der Legislative zugunsten des Auslosens, sondern nach regionalen Erprobungen beispielsweise in einem Zwei-Kammer-System eine gewählte und eine ausgeloste

Volksvertretung (oder auch Teilkontingente von Ausgelosten). Über Details des Losens macht sich Reybrouck zum Beispiel im Hinblick auf ein Mindestalter, Vorkehrungen zur Abbildung eines repräsentativen Querschnitts der Bevölkerung, zur Freiwilligkeit der Losannahme und zur Freistellung aus bisherigen Berufen durchaus seine Gedanken. Aristoteles und mit ihm seine Mitbürger in Athen sahen im Losen für Reybrouck übrigens die eigentlich demokratische Institution; in einem schnellen Wechsel der Mandate führte das dazu, dass mehr als die Hälfte aller freien Bürger über 30 einmal zum Ratsmitglied wurden (S. 74). Diese Lostradition wurde neuzeitlich nicht weitergeführt: »*Die revolutionären Führer in Frankreich und in den USA hatten keine Lust auf das Losverfahren, weil sie keine Lust auf Demokratie hatten*« und sich bei fortbestehender Demokratierhetorik für ihre eigene Machtperspektive in Ablösung der Erbaristokratie mehr von einer Aristokratie durch Wahlen versprachen (S. 90 und 97). – Die weiteren Belege Collier: Gefährliche Wahl, a. a. O. sowie Jürgen Habermas: Ein neuer Strukturwandel der Öffentlichkeit und die deliberative Politik. Berlin 2022, S. 82: »Vor den Hurra-Vorstellungen eines umstandslosen Demokratieexports – ob friedlich oder mit militärischer Gewalt – muss man jedenfalls auf der Hut sein. Die liberale Demokratie ist deshalb eine so anspruchsvolle und fragile Staatsform, weil sie nur durch die Köpfe ihrer Bürger hindurch realisiert werden kann.« – Vgl. zum Konzept der deliberativen Demokratie schon John Dewey: Philosophy and Democracy. In: John Dewey: Middle Works. Volume 11. Carbondale/Illinois 1988, S. 41–53. – Siehe zu Beginn der Folgeabsatzes Carl Schmitt: Der Begriff des Politischen. Berlin 1987, S. 26.

136 Habermas: Neuer Strukturwandel, a. a. O., S. 79 f. sinngemäß in einer Antwort auf eine entsprechende Interviewfrage sowie zuvor S. 69 in der halben Distanzierung zu seinem früheren Aufsatz Jürgen Habermas: Wahrheitstheorien. In: Helmut Fahrenbach: Wirklichkeit und Reflexion. Walter Schulz zum 60. Geburtstag. Pfullingen 1973, S. 211–266. Weiter oben und jetzt im Folgeabsatz Habermas: Neuer Strukturwandel, a. a. O., S. 73.

137 Vgl. Avishai Margalit: Über Kompromisse und faule Kompromisse. Berlin 2011, S. 10: »Ein fauler, das heißt verwerflicher politischer Kompromiss ist in meinen Augen eine Übereinkunft, die ein unmenschliches Regime, ein Regime der Grausamkeit und der Erniedrigung, etabliert oder stützt, also ein Regime, das Menschen nicht wie Menschen behandelt.« Vgl. Ritter in Berlin: Wirklichkeitssinn, a. a. O., S. 27 f., der Berlins Wirklichkeitssinn mit dem Kompromiss verbindet: Zu einer realistischen Sicht der Dinge gehören demnach »Empirie, Toleranz, Kompromiss« und die »Ermunterung, mit weniger Gewissheiten auszukommen und sich von den Leitsternen großer unerreichbarer Ziele unabhängig zu machen«, sowie ein Pluralismus in dem Bewusstsein, dass »es auch andere Wege gibt, für die nicht weniger gute Gründe sprechen«, ohne daraus einen abstrakten Relativismus zu machen. – Siehe den Beleg zu der Passage davor Véronique Zanetti: Spielarten des Kompromis-

ses. Berlin 2022, S. 14 und dort S. 15 der Folgeaspekt. – Vgl. populär Yasmin M'Barak: Radikale Kompromisse. Warum wir uns für eine bessere Politik in der Mitte treffen müssen. Hamburg 2022 und vgl. Gerhardt: Partizipation, a. a. O., S. 408 der schon in der demokratischen Mehrheit selbst einen institutionalisierten Kompromiss sieht, was aber keinen im hier intendierten Sinn dauerhaft überzeugenden Kompromiss garantiert..

[138] Schumpeter: Kapitalismus, Sozialismus und Demokratie, a. a. O., S. 138. – Ulrike Wesser hat mir sehr viele sprachliche Verbesserungen und sachliche Verdeutlichungen für meinen Text vorgeschlagen. Dafür danke ich ihr ebenso wie Marcel Simon-Gadhof für sein gewohnt sorgfältiges und professionelles Lektorat!

LITERATURVERZEICHNIS

Adorno, Theodor W.: Negative Dialektik. Frankfurt/M. 1966.

– Ästhetische Theorie. Frankfurt/M. 1970.

Agamben, Giorgio: Was ist ein Dispositiv? Zürich, Berlin 2008.

Allen, Amy: Das Ende des Fortschritts. Zur Dekolonisierung der normativen Grundlagen der Kritischen Theorie. Frankfurt/M. 2019.

Aly, Götz: Hitlers Volksstaat. Raub, Rassenkrieg und nationaler Sozialismus. Bonn 2014.

Arendt, Hannah: The Origins of Totalitarianism. New York 1973

– Eichmann in Jerusalem. Ein Bericht von der Banalität des Bösen. München, Zürich 1995.

– Macht und Gewalt. München [7]1990.

– Über die Revolution. München, Zürich [3]1986.

– Das Urteilen. München [6]2021.

Aristoteles: Die Nikomachische Ethik. München [4]1981.

Anechiarico, Frank; Jacobs, James B.: The Pursuit of Absolute Integrity. How Corruption Control makes Government Ineffective. Chicago, London 1996.

Anter, Andreas: Theorien der Macht zur Einführung. Hamburg 2012.

Assmann, Aleida: Regeln für das Navigieren im Ungewissen. In: Karl-Rudolf Korte, Gert Scobel, Taylan Yildiz (Hrsg.). Heuristiken des politischen Entscheidens. Berlin 2022.

Axelrod, Robert: The Evolution of Cooperation. Cambridge/Massachusetts 1984.

Bajohr, Hannes: Arendt-Korrekturen. Judith Shklars Kritik an Hannah Arendt. In: Judith N. Shklar: Über Hannah Arendt. Berlin 2020, S. 123–161.

Banerjee, Abhijit V; Duflo, Esther: Poor Economics. A Radical Rethinking of the Way to Fight Global Poverty. New York 2011.

– Good Economics for Hard Times. Better Answers to our Biggest Problems. New York 2019.

Beck, Ulrich: Risikogesellschaft. Auf dem Weg in eine andere Moderne. Frankfurt/Mai 1986.

Berger, Wilhelm: Macht. Wien 2009.

Berlin, Isaiah: Wirklichkeitssinn. Ideengeschichtliche Untersuchungen. Berlin 1998.

– Zwei Freiheitsbegriffe. In: Julian Nida-Rümelin, Wilhelm Vossenkuhl (Hrsg.): Ethische und politische Freiheit. Berlin, New York 1998, S. 129–179.

– Die Macht der Ideen. Berlin 2006.

Bermbach, Udo: Wo Macht ganz auf Verbrechen ruht. Politik und Gesellschaft in der Oper. Hamburg 1997.

Bermes, Christian: Meinungskrise und Meinungsbildung. Eine Philosophie der Doxa. Hamburg 2021.

Betzler, Monika: Moralismus und die Tugend der Aufgeschlossenheit. In: Christian Neuhäuser, Christian Seidel (Hrsg.): Kritik des Moralismus. Berlin [2]2021, S. 106–133.

Bien, Günther: Praxis. In: Joachim Ritter, Karlfried Gründer (Hrsg.): Historisches Wörterbuch der Philosophie. Band 7: P-Q. Basel 1989, Spalte 1284.

Bieri, Peter: Das Handwerk der Freiheit. Über die Entdeckung des eigenen Willens. München 2001.

Bloch, Ernst: Tübinger Einleitung in die Philosophie I. Frankfurt/M. 1963.

– Das Prinzip Hoffnung. Drei Bände. Frankfurt/M. [3]1976.

Blühdorn, Ingolfur: Simulative Demokratie. Neue Politik nach der postdemokratischen Wende. Berlin [2]2019.

Blumenberg, Hans: Arbeit am Mythos. Frankfurt/M. 1979.

– Lebenszeit und Weltzeit. Frankfurt/M. 1986.

– Nachdenklichkeit. In: Heiner Hastedt (Hrsg.): Macht und Reflexion. Hamburg 2016, S. 41–45.

Bollongino, Judith; Götze, Tobias; Hastedt, Heiner; Höhn, Christopher; Huttel, Tim Fritjof; Maaser, Antje (Hrsg.): Umkämpftes Gemeinwohl. Deutungsmachtkonflikte um das gemeinsame Wohl. Frankfurt/M., New York 2023.

Bourdieu, Pierre: Die verborgenen Mechanismen der Macht enthüllen. In: Pierre Bourdieu: Die verborgenen Mechanismen der Macht. Schriften zu Politik & Kultur 1. Hamburg 1992, S. 81–86.

– Meditationen. Zur Kritik der scholastischen Vernunft. Frankfurt/M. 2001.

Bredow, Wilfried von; Noetzel, Thomas: Politische Urteilskraft. Wiesbaden 2009

Buchheim Thomas: Die Sophistik als Avantgarde normalen Lebens. Hamburg 1986.

Büchner, Georg: Dantons Tod. In: Georg Büchner: Werke und Briefe. München 1965, S. 5–63.

Bunz, Mercedes: Die stille Revolution. Wie Algorithmen Wissen, Arbeit, Öffentlichkeit und Politik verändern, ohne dabei viel Lärm zu machen. Berlin 2012.

Butler, Judith: Gefährdetes Leben. Politische Essays. Frankfurt/M. 2005.

– Gefährdetes Leben, Verletzbarkeit und die Ethik der Kohabitation. In: Deutsche Zeitschrift für Philosophie, 60. Jg., 2012, S. 691–704.
Buttlar, Horst von: Das grüne Jahrzehnt. Wie die Klimakrise die Wirtschaft revolutioniert. München [2]2022.

Collier, Paul: Die unterste Milliarde. Warum die ärmsten Länder scheitern und was man dagegen tun kann. München 2008.
– Gefährliche Wahl. Wie Demokratisierung in den ärmsten Ländern der Erde gelingen kann. München 2009.
– Sozialer Kapitalismus! Mein Manifest gegen den Zerfall unserer Gesellschaft. München [2]2019.
Clark, Christopher: The Sleepwalkers. How Europe Went to War in 1914. London 2013.
Crouch, Colin: Postdemokratie. Frankfurt/M. [12]2015.
Crutzen, Paul J.: Das Raumschiff Erde hat keinen Notausgang. Energie und Politik im Anthropozän. Frankfurt/M. 2011.

Damasio, Antonio R.: Descartes' Irrtum. Fühlen, Denken und das menschliche Gehirn. München, Leipzig 1995.
– Der Spinoza-Effekt. Wie Gefühle unser Leben bestimmen. München 2003.
Davies, William: Nervöse Zeiten. Wie Emotionen Argumente ablösen. München 2019.
Deaton, Angus: Der Große Aufbruch. Von Armut und Wohlstand der Nationen. Stuttgart 2017.
Derrida, Jacques: Guter Wille zur Macht (I). Drei Fragen an Hans-Georg Gadamer. In: Philippe Forget (Hrsg.): Text und Interpretation. Deutsch-französische Debatte. München 1984, S. 56–58.
Dewey, John: Philosophy and Democracy. In: John Dewey: Middle Works. Volume 11. Carbondale/Illinois 1988, S. 41–53.
– Die Erneuerung der Philosophie. Hamburg 1989.
– Die Suche nach Gewissheit. Eine Untersuchung des Verhältnisses von Erkenntnis und Handeln. Frankfurt/M. 1998.
Diamond, Jared: Kollaps. Warum Gesellschaften überleben oder untergehen. Frankfurt/M. 2005.
Doi, Takeo: Amae. Freiheit in Geborgenheit. Zur Struktur japanischer Psyche. Frankfurt/M. 1982.
Dornes, Martin: Macht der Kapitalismus depressiv? Über seelische Gesundheit und Krankheit in modernen Gesellschaften. Frankfurt/M. 2016.
Dueck, Gunter: Keine Sinnfragen, bitte! Wir arbeiten leidenschaftlich – für die Tonne. Frankfurt/M., New York 2022.

Eco, Umberto: Die Grenzen der Interpretation. München 2004.
– Gesten der Zurückweisung. Über den Neuen Realismus. In: Markus Gabriel (Hrsg.): Neuer Realismus. Berlin 2013, S. 33–51.
Ekardt, Felix: Das Prinzip Nachhaltigkeit. Generationengerechtigkeit und globale Gerechtigkeit. München [2]2010.
– Wir können uns ändern. Gesellschaftlicher Wandel jenseits von Kapitalismuskritik und Revolution. München 2017.
Elias, Norbert: Über den Prozess der Zivilisation. Soziogenetische und psychogenetische Untersuchungen. Zwei Bände. Frankfurt/M. 1976.
Eribon, Didier: Rückkehr nach Reims. Berlin [7]2016

Falk, Armin: Warum es so schwer ist, ein guter Mensch zu sein. München 2022
Felsch, Philipp: Der lange Sommer der Theorie. Geschichte einer Revolte 1960–1990. Frankfurt/M. [2]2018.
Flasch, Kurt: Nikolaus von Kues in seiner Zeit. Ein Essay. Stuttgart 2004.
Flaßpöhler, Svenja: Sensibel. Über moderne Empfindlichkeit und die Grenze des Zumutbaren. Stuttgart 2021.
Folkerts, Joshua: Hegelianische Sozialstaatlichkeit. Hegels Beitrag zur politischen Theorie und Ideengeschichte des sozialpolitischen Denkens (Dissertationsdruck). Rostock 2023.
Forst, Rainer: Normativität und Macht. Zur Analyse sozialer Rechtfertigungsordnungen. Berlin 2015.
– Die Rechtfertigung des Fortschritts und der Fortschritt der Rechtfertigung. In: Dan Diner, Carl Friedrich Gethmann (Hrsg.): Herrschaft des Konkreten. Göttingen 2020, S. 119–142
Foucault, Michel: Die Ordnung der Dinge. Eine Archäologie der Humanwissenschaften. Frankfurt/M. 1971.
– Überwachen und Strafen. Die Geburt des Gefängnisses. Frankfurt/M. 1976.
– Der Wille zum Wissen. Sexualität und Wahrheit I. Frankfurt/M. 1977.
– Geschichte der Gouvernementalität II. Die Geburt der Biopolitik. Frankfurt/M. 2004.
– Hermeneutik des Subjekts. Frankfurt/M. 2004.
– Die Maschen der Macht. In: Michel Foucault: Die Analytik der Macht. Frankfurt/M. 2005, S. 220–239.
– Subjekt und Macht. In: Michel Foucault: Die Analytik der Macht. Frankfurt/M. 2005, S. 240–263.
– Die Regierung des Selbst und der anderen. Frankfurt/M. 2009.
– Der Mut zur Wahrheit. Berlin 2010.
Frankfurt, Harry G.: Bullshit. Frankfurt/M. 2006.
Frankopan; Peter: Zwischen Erde und Himmel. Klima – eine Menschheitsgeschichte. Berlin 2023.

Fraser, Nancy: Der Allesfresser. Wie der Kapitalismus seine eigenen Grundlagen verschlingt. Berlin 2023.

Frick, Marie-Luisa: Zivilisiert streiten. Zur Ethik der politischen Gegnerschaft. Stuttgart [3]2017

Friebe, Holm: Die Stein-Strategie. Von der Kunst nicht zu handeln. München 2013.

Fulcher, James: Kapitalismus. Stuttgart [2]2011.

Gadamer, Hans-Georg: Wahrheit und Methode. Grundzüge einer philosophischen Hermeneutik. Tübingen [4]1975.

Galtung, Johan: Strukturelle Gewalt. Beiträge zur Friedens- und Konfliktforschung. Reinbek 1975.

Gehlen, Arnold: Der Mensch. Seine Natur und seine Stellung in der Welt. Wiesbaden [13]1986.

– Urmensch und Spätkultur. Philosophische Ergebnisse und Aussagen. Wiesbaden [5]1986.

– Moral und Hypermoral. Eine pluralistische Ethik. Wiesbaden [5]1986.

Gehring, Petra: Macht und Kritik. Über Machtanalyse als Kritikform. In: Heiner Hastedt (Hrsg.): Macht und Reflexion. Hamburg 2016, S. 83–103.

Gerhardt, Volker: Partizipation: das Prinzip der Politik. München 2007.

– Öffentlichkeit: die politische Form des Bewusstseins. München 2012.

Gess, Nicola: Halbwahrheiten. Zur Manipulation von Wirklichkeit. Berlin 2021.

Gigerenzer, Gerd: Risiko. Wie man die richtigen Entscheidungen trifft. München 2014.

– Homo Heuristicus. Entscheidungen unter Ungewissheit. In: Karl-Rudolf Korte, Gert Scobel, Taylan Yildiz (Hrsg.): Heuristiken des politischen Entscheidens. Berlin 2022, S. 25–43.

Göpel, Maja: Wir können auch anders. Aufbruch in die Welt von morgen. Berlin 2022.

Götze, Tobias: Negative Anthropologie. Zur Bewandtnis von Macht und Begründung von Unbestimmbarkeit in der Lehre vom Menschen (Dissertationsdruck). Rostock 2023.

Graeber, David: Bürokratie. Die Utopie der Regeln. Stuttgart 2016.

Greiner, Bernd: Die Kuba-Krise. Die Welt an der Schwelle zum Atomkrieg. München 2010.

Greiner, Steffen: Die Diktatur der Wahrheit. Eine Zeitreise zu den ersten Querdenkern. Berlin 2022.

Guriev, Sergei; Treisman, Daniel: Spin Dictators. The Changing Face of Tyranny in the 21st Century. Princeton, Oxford 2022.

Habermas, Jürgen: Wahrheitstheorien. In: Helmut Fahrenbach: Wirklichkeit und Reflexion. Walter Schulz zum 60. Geburtstag. Pfullingen 1973, S. 211–266.
– Die Neue Unübersichtlichkeit. Frankfurt/M. 1985.
– Ein neuer Strukturwandel der Öffentlichkeit und die deliberative Politik. Berlin 2022.
– (im Interview): Für eine demokratische Polarisierung. Wie man dem Rechtspopulismus den Boden entzieht. In: Blätter für deutsche und internationale Politik. 61. Jahrgang, Heft 11/2016.
Hall, Peter A., Soskice, David (Hrsg.): Varieties of Capitalism. The Institutional Foundations of Comparative Advantage. Oxford 2001.
Hampe, Michael: Erkenntnis und Praxis. Zur Philosophie des Pragmatismus. Frankfurt am Main 2006.
– Die Lehren der Philosophie. Eine Kritik. Berlin 2014.
– Die Dritte Aufklärung. Berlin 2018.
– Wahrheitspraktiken. In: Heiner Hastedt (Hrsg.): Deutungsmacht von Zeitdiagnosen. Interdisziplinäre Perspektiven. Bielefeld 2019, S. 49–66.
Han, Byung-Chul: Was ist Macht? Stuttgart 2005.
– Psychopolitik. Neoliberalismus und die neuen Machttechniken. Frankfurt/M. [2]2016.
Hank, Rainer: Lob der Macht. Stuttgart 2017.
– Die Loyalitätsfalle. Warum wir dem Ruf der Horde widerstehen müssen. München [2]2021.
Haraway, Donna: Situated Knowledge. The Science Question in Feminism and the Privilege of Partial Perspective. In: Feminist Studies, Band 14, 1988, S. 575–599.
Hasler, Felix: Neuromythologie. Eine Streitschrift gegen die Deutungsmacht der Hirnforschung. Bielefeld 2012.
Hastedt, Heiner: Das Leib-Seele-Problem. Zwischen Naturwissenschaft des Geistes und kultureller Eindimensionalität. Frankfurt/M. 1988.
– Aufklärung und Technik. Grundprobleme einer Ethik der Technik. Frankfurt/M. 1991.
– Der Wert des Einzelnen. Eine Verteidigung des Individualismus. Frankfurt/M. 1998.
– Gefühle. Philosophische Bemerkungen. Stuttgart 2005.
– Sartre. Leipzig 2005.
– Moderne Nomaden. Erkundungen. Wien 2009.
– Toleranz. Stuttgart 2012.
– Was ist Deutungsmacht? Philosophische Klärungsversuche. In: Philipp Stoellger (Hrsg.): Deutungsmacht. Religion und *belief systems* in Deutungsmachtkonflikten. Tübingen 2014, S. 89–102.
– Existenzphilosophische Topoi einer Philosophie der Praxis. In: Gregor

Betz, Dirk Koppelberg, David Löwenstein, Anna Wehofsits (Hrsg.): Weiter denken. Über Philosophie, Wissenschaft und Religion. Berlin, Boston 2015, S. 55–67.
– Reflexion der Macht und Macht der Reflexion. In: Heiner Hastedt (Hrsg.): Macht und Reflexion. Hamburg 2016, S. 17–40
– Deutungsmacht und Wahrheit als Qualitätskriterien von Zeitdiagnosen. In: Heiner Hastedt (Hrsg.): Deutungsmacht von Zeitdiagnosen. Interdisziplinäre Perspektiven. Bielefeld 2019, S. 11–33.
– Hayeks Sozialphilosophie: Neoliberaler Mainstream oder Quertreiberei? In: Emmanuel Alloa, Michael G. Festl u. a. (Hrsg.): Quertreiber des Denkens. Dieter Thomä – Werk und Wirken. Bielefeld 2019, S. 159–176.
– Wie aktuell sind Marx' Kernaussagen heute. Hat nur er einen Bart oder auch seine Philosophie? In: Udo Kern, Doris Neuberger (Hrsg.): Karl Marx. Aspekte seines Wirkens. Wiesbaden 2019, S. 43–59.
– Zur Deutungsmacht von ›Wahrheit‹ und ›Wirklichkeit‹ als philosophischen Grundbegriffen. In: Klaus Hock (Hrsg.): Wissen um Religion: Erkenntnis – Interesse. Epistemologie und Episteme in Religionswissenschaft und Interkultureller Theologie. Leipzig 2020, S. 133–149.
– Macht der Korruption. Eine philosophische Spurensuche. Hamburg 2020.
– (Hrsg.): Was ist Bildung? Stuttgart 2012.
Hayek, Friedrich August von: Die Verfassung der Freiheit. Tübingen [4]2005.
– Recht, Gesetz und Freiheit. Eine Neufassung der liberalen Grundsätze der Gerechtigkeit und der politischen Ökonomie. Tübingen 2003.
Hegel, Georg Wilhelm Friedrich: Grundlinien der Philosophie des Rechts oder Naturrecht und Staatswissenschaft im Grundrisse. Mit Hegels eigenhändigen Notizen und den mündlichen Zusätzen. Werke Band 7. Frankfurt/M. 1986.
Heidegger, Martin: Sein und Zeit. Tübingen 1986.
– Was heißt Denken? Stuttgart 1992.
Heine, Heinrich: Zur Geschichte der Religion und Philosophie in Deutschland. In: Heinrich Heine: Sämtliche Schriften. Band 5: Schriften 1831–1837. Frankfurt/M. u. a. 1981.
Herrmann, Ulrike: Das Ende des Kapitalismus. Warum Wachstum und Klimaschutz nicht vereinbar sind – und wie wir in Zukunft leben werden. Köln 2022.
Himmelmann, Beatrix: Nietzsches Kritik des Moralismus. In: Christian Neuhäuser, Christian Seidel (Hrsg.): Kritik des Moralismus. Berlin 2020, S. 243–272.
Hindrichs, Gunnar: Philosophie der Revolution. Berlin 2017.
Hirschman, Albert O.: Engagement und Enttäuschung. Über das Schwanken der Bürger zwischen Privatwohl und Gemeinwohl. Frankfurt/M. 1984.

Höffe, Otfried: Ethik als praktische Philosophie. Methodische Überlegungen (I1, 1094a22–1095a13). In: Otfried Höffe (Hrsg.): Aristoteles. Die Nikomachische Ethik. Berlin 1995, S. 13–38.

Honneth, Axel: Kritik der Macht. Reflexionsstufen einer kritischen Gesellschaftstheorie. Mit einem Nachwort zur Taschenbuchausgabe. Frankfurt/M. 1989.

– Das Recht der Freiheit. Grundriss einer demokratischen Sittlichkeit. Berlin 2013.

– Kampf um Anerkennung. Zur moralischen Grammatik sozialer Konflikte. Mit einem neuen Nachwort. Berlin [8]2014.

Horkheimer, Max; Adorno, Theodor W.: Dialektik der Aufklärung. Philosophische Fragmente. Frankfurt/M. 1969.

Hubig, Christoph: Die Kunst des Möglichen. Grundlinien einer dialektischen Philosophie. Drei Bände. Bielefeld 2006/2007/2015.

Hume, David: A Treatise of Human Nature. Oxford 1978.

Husserl, Edmund: Die Lebenswelt. Auslegungen der vorgegebenen Welt und ihrer Konstitution. Dordrecht 2008.

Hutchins, Edwin: Cognition in the Wild. Cambridge 1995.

Hüttemann, Andreas (Hrsg.): Zur Deutungsmacht der Biowissenschaften. Paderborn 2008.

Iser, Mathias: Empörung und Fortschritt. Grundlagen einer kritischen Theorie der Gesellschaft. Frankfurt/M., New York 2008.

Jonas, Hans: Das Prinzip Verantwortung. Versuch einer Ethik für die technologische Zivilisation. Frankfurt/M. 1979.

Kahneman, Daniel: Schnelles Denken, langsames Denken. München 2012.

Kahneman, Daniel; Sibony, Olivier; Sunstein, Cass R.: Noise. Was unsere Entscheidungen verzerrt und wie wir sie verbessern können. München 2021.

Kambartel, Friedrich: Philosophie der humanen Welt. Abhandlungen. Frankfurt/M. 1989.

Kant, Immanuel: Idee zu einer allgemeinen Geschichte in weltbürgerlicher Absicht. In: Immanuel Kant: Schriften zur Anthropologie, Geschichtsphilosophie, Politik und Pädagogik 1. Werkausgabe Band XI. Frankfurt/M. 1977, S. 31–50.

– Über den Gemeinspruch: Das mag in der Theorie richtig sein, taugt aber nicht für die Praxis. In: Immanuel Kant: Schriften zur Anthropologie, Geschichtsphilosophie, Politik und Pädagogik 1. Werkausgabe Band XI. Frankfurt/M. 1977, S. 127–172.

– Kritik der reinen Vernunft. Hamburg 1998.

Kakutani, Michiko: Der Tod der Wahrheit. Gedanken zur Kultur der Lüge. Stuttgart 2019.

Kersting, Wolfgang: Hobbes zur Einführung. Hamburg 1992.

Keynes, John Maynard: Allgemeine Theorie der Beschäftigung, des Zinses und des Geldes. Berlin [8]2000.

Klitgaard, Robert: Controlling Corruption. Berkeley, Los Angeles, London 1988.

Koestler, Arthur: Die Herren Call-Girls. Ein satirischer Roman. Frankfurt/M. 1985.

Koopmans, Ruud: Die Asyl-Lotterie. Eine Bilanz der Flüchtlingspolitik von 2015 bis zum Ukraine-Krieg. München 2023.

Koselleck, Reinhard: Fortschritt. In: Otto Brunner, Werner Conze, Reinhart Koselleck: Geschichtliche Grundbegriffe. Historisches Lexikon zur politisch-sozialen Sprache in Deutschland. Band 2 E–G. Stuttgart 1975.

Kuhn, Thomas S.: Die Kopernikanische Revolution. Braunschweig, Wiesbaden 1981.

Latour, Bruno: Wir sind nie modern gewesen. Versuch einer symmetrischen Anthropologie. Berlin 1995.

– Elend der Kritik. Vom Krieg um Fakten zu Dingen von Belang. Zürich, Berlin 2007.

Leendertz, Ariane: Der erschöpfte Staat. Eine andere Geschichte des Neoliberalismus. Hamburg 2022.

Lehofer, Michael: Alter ist eine Illusion. Wie wir uns von den Grenzen im Kopf befreien. München 2020.

Lessenich, Stephan: Neben uns die Sintflut. Die Externalisierungsgesellschaft und ihr Preis. München 2016.

Lethen, Helmut: Der Sommer des Großinquisitors. Über die Faszination des Bösen. Hamburg 2022.

Lübbe, Hermann: Politischer Moralismus. Der Triumph der Gesinnung über die Urteilskraft. Berlin 1987.

Lübbe-Wolff, Gertrude: Demophobie – Muss man die direkte Demokratie fürchten? Frankfurt/M. 2023.

Luhmann, Niklas: Die Gesellschaft der Gesellschaft. Frankfurt/M. 1997.

– Die Politik der Gesellschaft. Frankfurt/M. 2002.

– Macht. Konstanz, München [4]2012.

– Macht im System. Berlin 2013.

Lyotard, Jean-François: Das postmoderne Wissen. Ein Bericht. Wien 1986.

– Der Widerstreit. München 1989.

Mackenzie, Catriona; Rogers, Wendy; Dodds, Susan (Hrsg.): Vulnerability. New Essays in Ethics and Feminist Philosophy. New York, Oxford 2014.

McAfee, Andrew: More from Less. The Surprising Story of how we learned to prosper using fewer resources – and what happens next. London 2019.

Mackie, John L.: The Cement of the Universe. A Study of Causation. Oxford u. a. 1974.

Mainzer, Klaus: Die Berechnung der Welt: Von der Weltformel zu Big Data. München 2014.

Manemann, Jürgen: Kritik des Anthropozäns. Plädoyer für eine neue Humanökologie. Bielefeld 2014.

Mangold, Ijoma: Die Orange Pille. Warum Bitcoin weit mehr als nur ein neues Geld ist. München 2023.

Mann, Heinrich: Die Jugend des Königs Henri Quatre. Reinbek [31]2008.

– Die Vollendung des Königs Henri Quatre. Reinbek [25]2009.

Margalit, Avishai: Über Kompromisse und faule Kompromisse. Berlin 2011.

Marquard, Odo: Abschied vom Prinzipiellen. Philosophische Studien. Stuttgart 1981.

– Skepsis und Zustimmung. Philosophische Studien. Stuttgart 1994.

M'Barak, Yasmin: Radikale Kompromisse. Warum wir uns für eine bessere Politik in der Mitte treffen müssen. Hamburg 2022.

Mbembe, Achille: Kritik der schwarzen Vernunft. Berlin 2014.

Meier-Seethaler, Carola: Gefühl und Urteilskraft. Ein Plädoyer für die emotionale Vernunft. München 1997.

Meyer-Abich, Klaus Michael: Was es bedeutet, gesund zu sein. Philosophie der Medizin. München 2010.

Mouffe, Chantal: Für einen linken Populismus. Berlin 2018.

– Eine Grüne demokratische Revolution. Linker Populismus und die Kraft der Affekte. Berlin 2023.

Münkler, Herfried: Machiavelli. Die Begründung des politischen Denkens der Neuzeit aus der Krise der Republik Florenz. Frankfurt/M. [2]2007.

– Marx, Wagner, Nietzsche. Welt im Umbruch. Berlin 2022.

Musil, Robert: Der Mann ohne Eigenschaften. Reinbek 1981

Nandy, Ashis: Fortschritt. In: Hans Joas (Hrsg.): Vielfalt der Moderne – Ansichten der Moderne. Frankfurt/M. 2012, S. 53–65.

Nanz, Patricia; Leggewie, Claus: Die Konsultative. Mehr Demokratie durch Bürgerbeteiligung. Berlin 2016.

Norberg, Johan: Fortschritt. Ein Motivationsbuch für Weltverbesserer. München 2020.

Nussbaum, Martha C.: Gerechtigkeit oder das gute Leben. Frankfurt/M. 1999.

– Konstruktion der Liebe, des Begehrens und der Fürsorge. Drei philosophische Aufsätze. Stuttgart 2002.

– Die Grenzen der Gerechtigkeit. Behinderung, Nationalität und Spezieszugehörigkeit. Berlin 2010.
– Politische Emotionen. Warum Liebe für Gerechtigkeit wichtig ist. Berlin 2014.
– Fähigkeiten schaffen: neue Wege zur Verbesserung menschlicher Lebensqualität. München 2015.

Oschmann, Dirk: Der Osten: eine westdeutsche Erfindung. Berlin [9]2023.
Ott, Karl-Heinz: Verfluchte Neuzeit. Eine Geschichte des reaktionären Denkens. München 2022.
Ott, Konrad; Döring, Ralf: Theorie und Praxis starker Nachhaltigkeit. Marburg [3]2011.
Otto, Danny: Dem »Prekariat« auf der Spur. Eine Deutungsmachtanalyse soziologischer Wissensgenerierung. Weinheim 2019.

Piketty, Thomas: Das Kapital im 21. Jahrhundert. München [6]2015.
Pinker, Steven: Gewalt. Eine neue Geschichte der Menschheit. Frankfurt/M. 2011.
Pistor, Katharina: Der Code des Kapitals. Wie das Recht Reichtum und Ungleichheit schafft. Berlin 2020.
Plessner, Helmuth: Die Stufen des Organischen und der Mensch. Einleitung in die philosophische Anthropologie. Gesammelte Schriften IV. Frankfurt/M. 1981.
– Macht und menschliche Natur. Gesammelte Schriften V. Frankfurt/M. 1981, S. 135–234.
Pluckrose, Helen; Lindsay, James: Zynische Theorien. Wie aktivistische Wissenschaft Race, Gender und Identität über alles stellt – und warum das niemanden nützt. München 2022.
Plumpe, Werner: Das kalte Herz. Kapitalismus: Die Geschichte einer andauernden Revolution. Berlin 2019.

Rajan, Raghuram: The Third Pillar. How Markets and the State leave the Community behind. London 2019.
Reichertz, Jo: Kommunikationsmacht. Was ist Kommunikation und was vermag sie? Und weshalb vermag sie das. Wiesbaden 2009.
Reybrouck, David van: Kongo. Eine Geschichte. Berlin 2012.
– Gegen Wahlen. Warum Abstimmen nicht demokratisch ist. Göttingen [7]2021.
– Revolusi. Indonesien und die Entstehung der modernen Welt. Berlin 2022.
Riedel, Frank: Die Schuld der Ökonomen. Was Ökonomie und Mathematik zur Krise beitrugen. Berlin 2013.

Riedel, Manfred: Über einige Aporien in der praktischen Philosophie des Aristoteles. In: Manfred Riedel (Hrsg.): Rehabilitierung der praktischen Philosophie. Band I: Geschichte, Probleme, Aufgaben. Freiburg 1972, S. 79–97.

Riesman, David: Die einsame Masse. Eine Untersuchung der Wandlungen des amerikanischen Charakters. Darmstadt 1956.

Ritter, Henning: Warum nicht noch ein wenig in der Luft bleiben? Isaiah Berlins Wagnisse. In: Isaiah Berlin: Wirklichkeitssinn: Ideengeschichtliche Untersuchungen. Berlin 1998, S. 15–30.

Rohbeck, Johannes: Die Fortschrittstheorie der Aufklärung. Französische und englische Geschichtsphilosophie in der zweiten Hälfte des 18. Jahrhunderts. Frankfurt/M., New York 1987.

Rorty, Richard: Der Spiegel der Natur. Eine Kritik der Philosophie. Frankfurt/M. 1981.

– Kontingenz, Ironie und Solidarität. Frankfurt/M. 1989.

– Stolz auf unser Land. Die amerikanische Linke und der Patriotismus. Frankfurt/M. 1999.

– Pragmatismus als Antiautoritarismus. Berlin 2023.

Rößiger, Monika: Die Wasserstoff-Wende. So funktioniert die Energie der Zukunft. Hamburg 2022.

Rosling, Hans (zusammen mit Ola Rosling und Anna Rosling Rönnlund): Factfulness. Ten Reasons we're wrong about the World – and why Things are better than you think. New York 2018.

Röttgers, Kurt: Spuren der Macht. Begriffsgeschichte und Systematik. München 1990.

Saito, Kohei: Systemsturz. Der Sieg der Natur über den Kapitalismus. München 2023.

Salvadori, Massimo L.: Fortschritt – die Zukunft einer Idee. Berlin 2008.

Sartre, Jean-Paul: Das Sein und das Nichts. Versuch einer phänomenologischen Ontologie. Reinbek 1993.

– Der Existentialismus ist ein Humanismus. In: Jean-Paul Sartre: Philosophische Schriften I. Reinbek 1994, S. 117–155.

Schmitt, Carl: Der Begriff des Politischen. Berlin 1987.

Schmitz, Hermann: Der Leib, der Raum und die Gefühle. Ostfildern 1998.

– Situationen und Konstellationen. Wider die Ideologie totaler Vernetzung. München 2005.

Schnädelbach, Herbert: Philosophie der Gegenwart – Gegenwart der Philosophie. In: Herbert Schnädelbach, Geert Keil (Hrsg.): Philosophie der Gegenwart – Gegenwart der Philosophie. Hamburg 1993, S. 11–20.

Schnell, Martin W.: Das Ethische und das Politische. Sozialphilosophie am Leitfaden der Vulnerabilität. Weilerswist 2020.

Schröder, Winfried: Moralischer Nihilismus. Radikale Moralkritik von den Sophisten bis Nietzsche. Stuttgart 2005.

Schumacher, E.F.: Small is Beautiful. Die Rückkehr zum menschlichen Maß. Reinbek 1977.

Schularick, Moritz: Der entzauberte Staat. Was Deutschland aus der Pandemie lernen muss. München 2021.

Schulz, Stefan: Die Altenrepublik. Wie der demographische Wandel unsere Zukunft gefährdet. Hamburg 2022.

Schumpeter, Joseph A.: Kapitalismus, Sozialismus und Demokratie. Tübingen [8]2005.

Scobel, Gert: Komplexität, Urteilskraft, Weisheit. Philosophische Probleme der politischen Heuristik. In: Karl-Rudolf Korte, Gert Scobel, Taylan Yildiz (Hrsg.): Heuristiken des politischen Entscheidens. Berlin 2022, S. 109–147.

Searle, John R.: Die Konstruktion der gesellschaftlichen Wirklichkeit. Zur Ontologie sozialer Tatsachen. Berlin 2011.

Sen, Amartya: Ökonomie für den Menschen. Wege zu Gerechtigkeit und Solidarität in der Marktwirtschaft. München 2000.

– Die Idee der Gerechtigkeit. München 2012.

Sennett, Richard: Verfall und Ende des öffentlichen Lebens. Die Tyrannei der Intimität. Frankfurt/M. 1983.

Shklar, Judith: Liberalismus der Furcht. Berlin 2013.

– Ganz normale Laster. Berlin 2014.

– Über Hannah Arendt. Berlin 2020.

– Über Ungerechtigkeit. Erkundungen zu einem moralischen Gefühl. Berlin 2021.

Smith, Adam: Theorie der ethischen Gefühle. Hamburg 1994.

Sontag, Susan: Against Interpretation. London 1994.

Staab, Philipp: Anpassung. Leitmotiv der nächsten Gesellschaft. Berlin 2022.

Stangneth, Bettina: Eichmann vor Jerusalem. Das unbehelligte Leben eines Massenmörders. Reinbek 2011.

Steinvorth, Ulrich: Unterdrückung durch Beglückung. Eine liberale Revision der politischen Philosophie. Hamburg 2023.

Stemmer, Peter: Etwas geschieht durch mich. Menschliches Handeln und die Kontingenzen der Kausalität. Frankfurt/M. 2021.

Sternberger, Dolf: Drei Wurzeln der Politik. Frankfurt/M. 1979.

Stoellger, Philipp (Hrsg.): Deutungsmacht. Religion und *belief systems* in Deutungsmachtkonflikten. Tübingen 2014.

Taleb, Nassim Nicholas: The Black Swan. The Impact of the Highly Improbable. London 2008.

– Antifragile. Things that Gain from Disorder. New York 2012.

Tanneberger, Franziska; Schroeder, Vera: Das Moor. Über eine faszinierende Welt zwischen Wasser und Land – und warum sie für unser Klima so wichtig ist. München 2023.
Tapscott, Don, Tapscott, Alex: Blockchain Revolution: How the Technology behind Bitcoin is changing Money, Business, and the World. New York 2016.
Thaler, Richard H.; Sunstein, Cass R.: Nudge. Wie man kluge Entscheidungen anstößt. Berlin [15]2019.

Vogelmann, Frieder: Die Wirksamkeit des Wissens. Eine politische Epistemologie. Berlin 2022.
Vogl, Joseph: Kapital und Ressentiment. Eine kurze Theorie der Gegenwart. München 2021.
Vorländer, Hans (Hrsg.): Die Deutungsmacht der Verfassungsgerichtsbarkeit. Wiesbaden 2006.

Walzer, Michael: Zweifel und Einmischung. Gesellschaftskritik im 20. Jahrhundert. Frankfurt/M. 1991.
– Sphären der Gerechtigkeit. Ein Plädoyer für Pluralität und Gleichheit. Frankfurt/M., New York 1992.
– Über Toleranz. Von der Zivilisierung der Differenz. Hamburg 1998.
Wambach, Achim: Klima muss sich lohnen. Ökonomische Vernunft für ein gutes Gewissen. Freiburg 2022.
Wagner, Peter: Fortschritt. Zur Erneuerung einer Idee. Frankfurt/M. 2018.
Weber, Max: Der Sinn der »Wertfreiheit« der soziologischen und ökonomischen Wissenschaften. In: Max Weber: Gesammelte Aufsätze zur Wissenschaftslehre. Tübingen [7]1988, S. 489–540.
– Wirtschaft und Gesellschaft. Tübingen [5]1980.
– Politik als Beruf. Stuttgart 1992.
Wehling, Elisabeth: Politisches Framing. Wie eine Nation sich ihr Denken einredet – und daraus Politik macht. Köln 2016.
Welsch, Wolfgang: Unsere postmoderne Moderne. Weinheim [2]1988.
– Postmoderne: vordergründige Ablehnung, untergründiger Erfolg. Blick zurück auf eine besonders deutungsmächtige Zeitdiagnose. In: Heiner Hastedt (Hrsg.): Deutungsmacht von Zeitdiagnosen. Interdisziplinäre Perspektiven. Bielefeld 2019, S. 183–195.
Wieland, Wolfgang: Diagnose. Überlegungen zur Medizintheorie. Berlin, New York 1975.
Williams, Bernard: Ethics and the Limits of Philosophy. London, New York 2011.
– In the Beginning was the Deed. Realism and Moralism in Political Argument. Princeton 2008.

Wittgenstein, Ludwig: Philosophische Untersuchungen. Frankfurt/M. 1971.

Yack, Bernard (Hrsg.): Liberalism without Illusions. Essays on Liberal Theory and the Political Vision of Judith N. Shklar. Chicago, London 1996.

Yu, Liya: Vulnerable Minds. The Neuropolitics of Divided Societies. Columbia University Press 2022.

Zalasiewicz, Jan u. a. (Hrsg.): The Anthropocene as a Geological Time Unit. A Guide to the Scientific Evidence and Current Debate. Cambridge 2019.

Zanetti, Véronique: Spielarten des Kompromisses. Berlin 2022.

Zingales, Luigi: A Capitalism for the People. Recapturing the Lost Genius of American Prosperity. New York 2012.

Zitelmann, Rainer: Kapitalismus ist nicht das Problem, sondern die Lösung. Eine Zeitreise durch fünf Kontinente. München 2018

Zorn, Daniel-Pascal: Die Krise des Absoluten. Was die Postmoderne hätte sein können. Stuttgart 2022.

PERSONENREGISTER